吉林财经大学资助出版图书
2019 年吉林财经大学博士基金项目（项目编号：2019B06）

邵方婧 著

董事会资本
与企业创新投资决策

BOARD CAPITAL
AND ENTERPRISE
INNOVATION INVESTMENT DECISION

社会科学文献出版社
SOCIAL SCIENCES ACADEMIC PRESS (CHINA)

前　言

在经济新常态的背景下，国民经济增速放缓，如何提高企业的创新能力以增强其市场竞争力，从而实现产业的优化升级和经济的软着陆并使中国跨越中等收入陷阱，成为当前经济体制改革的难点。基于新的形势，2015年国家提出"大众创业、万众创新"的口号，掀起了全民投身创新创业的热潮，"十三五"规划纲要更进一步提出实施创新驱动发展战略的发展理念，强化企业的创新主体地位和主导作用，企业创新投资问题也由此成为实务界和学术界共同关注的热点。企业的创新投资活动离不开国家政策的鼓励和扶持，但同时也会受到自身软硬件实力的影响和制约，企业所拥有的有形和无形资本都会影响其在技术创新方面的投资意愿、投入规模和绩效水平。董事会资本作为企业重要的无形资本，毫无疑问会对企业创新投资活动产生深远的影响。然而，本书通过文献梳理发现，当前学术界对董事会资本与企业创新投资决策之间关系的研究还有待进一步拓展，对于董事会资本的内涵和外延、企业创新投资决策的阶段和步骤以及董事会资本影响企业创新投资决策的具体路径等问题还未能达成一致。为了解决这些问题，本书深入研究了董事会资本对企业创新投资决策的影响，将董事会资本分为董事会人力资本和董事会关系资本两种类型，并将企业创新投资决策划分为创新投资意愿、创新投入和创新绩效三个阶段,具体分析了不同类型董事会资本对企业创新投资决策不同阶段的影响,并进一步探讨了产品市场竞争、股权治理等因素对董事会资本与企业创新投资决策之间关系的影响。

  本书为了深入分析董事会资本与企业创新投资决策的关系,首先对董事会资本和企业创新投资决策的内涵、分类和测度等方面的相关研究进行了系统回顾。本书根据董事会资本来源的不同将其分为两类:一类是凝聚在董事身上的知识、经验和技能,源于董事会成员自身能力的资本,即董事会人力资本,包括受教育程度、任职期限和职业背景三个维度;另一类则是源于董事会成员与企业外部组织的关系,即董事会关系资本,包括企业关系、政府关系和金融关系三个维度。两类董事会资本对企业创新投资有着不同程度的影响。通过文献梳理,本书将企业创新投资决策细分为三个阶段:第一个阶段是对企业是否进行创新投资的决策,即企业创新投资意愿;第二个阶段是对企业创新活动投入多少资金的决策,即创新投入;第三个阶段是企业创新投资决策所取得的效果,即创新绩效。其中,企业的创新绩效又可以进一步细分为创新技术绩效和创新价值绩效两个环节,前者是创新投入转化为新专利和新技术等直接产出的过程,而后者则是新专利、新技术转化为企业的经营业绩和成长机会等最终成果的过程,本书创新性地将 RKRV 市账率分解模型拆解得出的企业成长机会用于创新价值绩效的测度,能够全面衡量企业长期价值及成长潜力。

  在此基础上,本书梳理了资源基础理论、资源依赖理论和企业创新理论等与本书研究内容密切相关的理论体系。本书对各理论的起源和发展脉络、核心思想、理论分支以及与本书相关的实际应用研究进行了详尽的分析,为推演董事会资本与企业创新投资决策之间的关系奠定了坚实的理论基础,为研究假设的提出提供了充实的理论依据。本书分别采用 Logit 回归分析、Tobit 回归分析以及 OLS

回归分析等方法，检验了董事会人力资本和董事会关系资本对企业创新投资意愿、创新投入和创新绩效的影响，并对产品市场竞争、股权治理等因素对董事会资本作用发挥的影响进行了进一步分析。

对企业创新投资意愿的实证结果表明，董事会人力资本的受教育程度、任职期限和职业背景维度均与企业创新投资意愿正相关，产品市场竞争对受教育程度和任职期限与创新投资意愿的关系具有增强型调节作用，而股权治理对受教育程度、任职期限和职业背景与创新投资意愿的关系具有削弱型调节作用。董事会关系资本之企业关系维度与创新投资意愿正相关，而政府关系和金融关系维度与创新投资意愿负相关，产品市场竞争对政府关系和金融关系与创新投资意愿的关系具有削弱型调节作用，而股权治理对企业关系与创新投资意愿的关系具有削弱型调节作用，对政府关系和金融关系与创新投资意愿的关系具有增强型调节作用。

对企业创新投入的实证结果发现，董事会人力资本的受教育程度、任职期限和职业背景维度均对企业创新投入有正向影响，产品市场竞争促进了任职期限正向作用的发挥，而股权治理削弱了受教育程度、任职期限和职业背景的正向作用。董事会关系资本的企业关系维度正向影响创新投入，而政府关系和金融关系维度对创新投入有负向影响，产品市场竞争削弱了政府关系和金融关系对创新投入的抑制作用，而股权治理削弱了企业关系的正向作用，增强了政府关系对创新投入的抑制作用。

对企业创新绩效的实证结果显示，董事会人力资本的受教育程度和职业背景维度对企业创新技术绩效并没有显著促进作用，而任职期限维度对创新技术绩效呈现抑制作用，董事会人力资本的各维度对企业创新价值绩效具有提升作用。董事会关系资本的政府关系和金融关系维度对创新技术绩效和创新价值绩效有提升作用。

最后，基于实证分析的结论，本书在企业董事会成员选聘、政府政策制定、公司治理机制完善等方面提出相关的对策建议，并基于不足之处对未来的研究进行了展望。本书对董事会资本与企业创新投资决策关系的研究拓展了企业创新影响因素的研究分析，期望能有益于改善企业创新投资决策、提高创新投资效率、提升企业创新能力与核心竞争力。

目 录

第一章 绪 论 ……………………………………………………… 1
- 第一节 研究背景 …………………………………………… 1
- 第二节 研究意义 …………………………………………… 5
- 第三节 相关概念界定 ……………………………………… 7
- 第四节 研究方法 …………………………………………… 13
- 第五节 研究内容 …………………………………………… 15

第二章 文献综述 ………………………………………………… 19
- 第一节 企业创新投资相关文献 …………………………… 19
- 第二节 董事会资本相关文献 ……………………………… 31
- 第三节 董事会资本与企业创新投资相关文献 …………… 38
- 第四节 本章小结 …………………………………………… 53

第三章 董事会资本对企业创新投资决策影响的理论基础 ……… 56
- 第一节 资源基础理论 ……………………………………… 56
- 第二节 资源依赖理论 ……………………………………… 63
- 第三节 企业创新理论 ……………………………………… 69

— 1 —

第四节　本章小结 ………………………………………… 74

第四章　董事会资本对企业创新投资意愿影响的实证分析 ……… 76
　　第一节　董事会资本与企业创新投资意愿的作用机理分析 …… 76
　　第二节　董事会资本与企业创新投资意愿的研究设计 ………… 87
　　第三节　董事会资本与企业创新投资意愿的实证结果分析 …… 97
　　第四节　董事会资本与企业创新投资意愿的稳健性检验 …… 113
　　第五节　本章小结 ………………………………………… 121

第五章　董事会资本对企业创新投入影响的实证分析 ………… 123
　　第一节　董事会资本与企业创新投入的作用机理分析 ……… 124
　　第二节　董事会资本与企业创新投入的研究设计 …………… 131
　　第三节　董事会资本与企业创新投入的实证结果分析 ……… 141
　　第四节　董事会资本与企业创新投入的稳健性检验 ………… 163
　　第五节　本章小结 ………………………………………… 167

第六章　董事会资本对企业创新绩效影响的实证分析 ………… 169
　　第一节　董事会资本与企业创新绩效的作用机理分析 ……… 169
　　第二节　董事会资本与企业创新绩效的研究设计 …………… 176
　　第三节　董事会资本与企业创新绩效的实证结果分析 ……… 189
　　第四节　董事会资本与企业创新绩效的稳健性检验 ………… 231
　　第五节　本章小结 ………………………………………… 238

第七章　结　论 ……………………………………………… 240
　　第一节　主要结论 ………………………………………… 240

第二节 政策建议 ………………………………………… 243

第三节 研究局限与展望 …………………………………… 245

参考文献 …………………………………………………… 247

第一章 绪 论

第一节 研究背景

进入 21 世纪，中国科技创新的成就举世瞩目，我们见证了从神舟载人飞船到嫦娥奔月的举国同庆，见证了从"歼十"到"歼二十"的激动人心，见证了辽宁号的顺利下水与国产大飞机的成功首飞，见证了高铁技术的不断进步以及量子科技的全球领先。国家科技创新的成就，固然值得全体国民感到骄傲和自豪，与此同时我们也应清晰地认识到我国在技术创新方面的短板。我国一直以来重视科学技术的发展，早在 20 世纪 80 年代，就已经提出了"科学技术是第一生产力"的论断。进入 21 世纪以来，在转型经济的背景下，政府部门一直强调企业创新对经济发展的重要作用，"十五"规划纲要提出了为产业升级提供技术支撑，以企业为技术创新主体，推进技术升级的创新发展理念，确立了企业在创新活动中的主体地位，并随之出台了一系列政策鼓励和引导企业开展创新活动。"十一五"规划纲要将提高自主创新能力作为全面贯彻落实科学发展观必须坚持的六个原则之一，强调增强企业创新能力的重要性。"十二五"规划纲要提出"坚持把科技进步和创新作为加快转变经济发展方式的重要支撑"、"坚持自主创新、重点跨越、支撑发展、引领未来的方针,加快建设国家创新体系,着力提高企业创新能力,促进科技成果向现实生产力转化,推动经济发展更多依靠科技创新驱动"。"十三五"规划纲要进一步提出了实施创新驱动发展战略的发展理念,强化企业创新主体地位和主导作用。为鼓励和引导企业创新,政府部门相继出台了一系列政策措施,从整体创新投入来看,我国R&D经费总支出在逐年上涨,由2007年的3710亿元增加到2016年的15676.7亿元,占GDP的比重由1.37%上升到2.1%,其中企业R&D经费支出由2007年的2682亿元增加到2016年的10944.7亿元,企业R&D经费支出占R&D经费总支出的比重基本保持在70%左右,可见企业在国家创新活动中确实发挥了主导力量。2008~2016年,在我国数量众多的企业中,有R&D活动的企业占全部企业的比重从6.5%上升至23%,尽管有R&D活动的企业比重在逐渐上涨,但仍有大部分企业没有开展创新活动。在开展创新活动的企业中,其创新投入程度也存在较大差异,我国上市公司研发投入占主营业务收入比重的最大值为21.2%,最小值不足0.01%[①],企业对待创新投入的态度存在巨大差异。缘何不同企业间创新投资方面的表现差异如此之大呢?作为国家创新体系的核心与主体,企业创新不仅有助于提升企业的核心竞争力,在驱动区域和国家经济发展方面也发挥着重要作用(Solow,1957;袁建国等,2015),这就使得研究企业创新投资决策的影响因素成为一个富有现实意义的课题。

"创新"作为一个管理学名词,最早由熊彼特在1912年提出,按照其观点,创新是"建立一种新的生产函数",即企业家将各类生产要素进行重新组合,在生产体系中引进从未使用过的生产要素抑或生产要素的新组合。随着经济发展,学者们在创新的基础上又提

[①] 根据《中国科技统计年鉴(2017)》相关数据以及书中样本数据整理计算得到。

出了"创新投资"的概念。根据联合国教科文组织的定义：创新投资是个人或者组织机构为了持续扩增知识总量而不断进行的基础研究、试验活动和应用研究等。企业的创新投资则是企业为了提高其市场竞争力以实现盈利改善和价值成长而进行的，将资金、人力和设备等企业资源投入新产品、新技术研究和开发的一系列活动的总称。

企业创新投资决策除了受企业规模、产权性质和现金约束等因素的影响以外，董事会作为执掌企业经营重大事项的决策机构，对企业的投资行为具有重要的话语权，因而与企业创新投资决策也具有密切的相关性。早期对董事会与企业创新投资关系的研究大多基于公司治理理论，关注企业董事会的构成与规模对创新投资决策的影响，然而随着研究的深入，学者们发现即便规模和结构完全相同的董事会，企业在战略决策、绩效表现方面也会存在差异。随着资源基础理论和资源依赖理论在管理学中的应用不断深入，学者们开始基于董事会为企业提供资源的视角对董事会资本与企业创新投资之间的关系展开研究。

学者们对董事会资本的研究主要从董事会人力资本和董事会关系资本两个方面展开。人力资本的概念早在斯密所著的《国富论》中就有所涉及，Becker（1964）和Coleman（1988）将人力资本的概念应用于董事会的相关研究，将董事会成员的知识、经验、声誉和技能统称为人力资本，董事会人力资本的概念由此出现。在董事会关系资本方面，White（1961，1963）和Jacobs（1965）率先对嵌入社会关系中的关系资本，即社会资本进行了研究。Hillman和Dalziel（2003）以及Kim和Cannella（2008）的研究正式确立了董事会关系资本的概念，并将其界定为董事会成员所拥有的企业内外部人际关系以及由这种关系所带来的潜在资源的总和。

在董事会人力资本与企业创新投资的关系方面，部分学者认为董事人力资本反映了董事通过教育或工作经验的积累所获得的知识、经验和技能（Hambrick and Fukutomi，1991；Hillman and Dalziel，2003），能够帮助企业进行战略决策并取得成功（Finkelstein et al.，1996），对企业技术创新有促进作用（Wincent et al.，2010；李长娥、谢永珍，2016）。还有部分学者持不同观点，认为高度同质化的董事会阻碍了创新观点的形成，不利于企业创新活动的开展（Van Der Vegt and Janssen，2003；Valenzuela et al.，2005）。在董事会关系资本与企业创新投资关系方面，一部分学者认为基于外部资源的董事会关系资本能够挖掘、利用、整合优质资源，有利于企业创新（Armstrong et al.，2013），另一部分学者则指出董事会关系资本是一把"双刃剑"，在带来企业可利用资源的同时，也加大了企业对于外部资源的依赖，不利于自身能力的培养，会对企业创新投资产生阻碍（Grimpe and Kaiser，2010）。

综上所述，尽管当前国内外学者对董事会资本与企业创新投资之间关系的研究取得了一定的成果，但是尚未形成一致性结论。并且大多数研究聚焦于董事会人力资本或董事会关系资本的某一细分维度对企业创新投资某一阶段的影响，少有研究系统地对董事会资本与企业创新投资决策每一阶段之间的关系进行全面分析。董事会资本影响企业创新投资决策的作用机理为何？董事会人力资本和董事会关系资本对企业创新投资决策的影响有无差异？董事会资本对企业创新投资各个阶段的影响又是否有所不同？哪些因素会影响董事会资本对企业创新投资决策作用的发挥？本书将对上述问题进行深入研究，具体分析董事会人力资本和董事会关系资本对企业创新投资决策不同阶段的影响，并进一步探讨产品市场竞争和股权治理因素对董事会资本作用发挥的影响，以期为提高企业的创新投资意愿、增加企业的创新投入和改善企业的创新绩效提供基于董事会资本视角的解决方案。

第一章 绪 论

第二节 研究意义

本书在对前人研究进行整合的基础上，将董事会资本区分为董事会人力资本和董事会关系资本两种类型，将企业创新投资决策拆分为创新投资意愿、创新投入和创新绩效三个阶段，探究不同类型的董事会资本对企业创新投资决策不同阶段的综合影响。本书的研究成果具有一定的理论意义和现实意义。

一 理论意义

首先，本书丰富了董事会资本的内涵及其作用机理方面的研究。当前学术界对于董事会资本的研究多从董事会人力资本和董事会关系资本两个角度展开，认为董事会资本反映了董事为企业提供资源的能力，在探索董事会资本的作用机理时，多从单一理论视角进行剖析。本书通过对董事会资本内涵系统深入的分析，根据其所能为企业提供资源的来源不同将董事会资本分为董事会人力资本和董事会关系资本，且两种类型的董事会资本发挥作用的理论基础存在差异。董事会人力资本是指凝聚在董事身上的知识、经验和技能的总和，本书以资源基础理论为依托阐释了董事会人力资本对创新投资决策的作用机理；董事会关系资本是指董事会成员所拥有的人际关系以及由这种关系所带来的潜在资源的总和，本书以资源依赖理论为基础探索了董事会关系资本影响企业创新投资决策的机制。本书的研究既区分了不同类型董事会资本的特点，又深入阐释了董事会资本的作用机理，从而深化了对董事会资本内涵的认识，并为未来的研究提供参考。

其次，本书对企业创新投资决策的阶段划分有助于系统全面地解读企业创新投资活动,并且拓展了企业创新投资绩效的相关研究。既有关于企业创新投资行为的研究多聚焦于企业创新投资决策的某一个具体阶段,少有研究探讨企业创新投资决策全过程的影响因素。本书在前人研究基础上将创新投资决策细分为创新投资意愿、创新投入和创新绩效,并将创新绩效进一步细分为创新技术绩效和创新价值绩效,前者是创新投入转化为新专利和新技术等直接产出的过程,而后者则是新专利、新技术转化为企业的经营业绩和成长机会等最终成果的过程,这一划分方式更好地体现了企业创新投资从投入到产出的全过程,有助于更加系统深入地分析企业创新投资活动。

最后,本书全面剖析了董事会资本与企业创新投资决策的关系,以及产品市场竞争和股权治理对二者关系的影响。针对企业创新投资决策不同阶段的特点,本书分别在资源基础理论和资源依赖理论的框架下推演了董事会人力资本和董事会关系资本对企业创新投资决策不同阶段的影响,并运用相应的实证分析方法进行检验。同时为了探索如何更好地发挥董事会资本在企业创新投资活动中的作用,本书分析并检验了产品市场竞争和股权治理因素对董事会资本与企业创新投资决策之间关系的影响。本书的研究较为全面地概括了在企业创新投资决策领域董事会资本的作用,丰富了董事会资本与企业创新投资决策关系的相关研究。

二 现实意义

首先,本书的研究为企业运用董事会资本提升创新投资决策质量提供了理论依据与实证证据。作为企业重要的无形资本,董事会资本对企业的创新投资决策具有重要影响,本书的研究发现董事会人力资本和董事会关系资本对企业创新投资决策不同阶段的影响存在差异,其作用的方向、影响的程度都有所区别。本书全面梳理了董事会资本与企业创新投资决策之间的关系,并探索了产品市场竞争和股权治理因素可能对董事会资本作用发挥的影响，有助于企业决策者根据企业实际情况，更加合理有效地运用董事会资本的力量，更加理性地制定创新投资决策。

其次，本书的研究也有助于企业根据发展需要合理配置董事会资本。本书对企业创新投资决策过程进行了细致的划分，有助于企业更好地认知创新投资决策的各个阶段之间的区别和联系及其影响因素，企业可以根据自身所处的发展阶段以及预期要实现的目标，合理配置内外部的资源，包括董事会资本，以帮助企业更好地应对创新投资各个阶段的困难与挑战，从而更好地实现企业目标。

最后，本书的研究为国家创新促进政策的制定提供了理论依据。一直以来，我国政府出台多项政策鼓励、扶持企业技术创新，然而仍有相当大部分的企业缺乏创新投资意愿，创新绩效表现不佳。本书的研究通过分析董事会资本以及产品市场竞争和股权治理因素对企业创新投资决策的影响，明确了改善企业创新投资决策行为的具体路径。故本书的研究可以为国家制定促进企业创新投资的相关政策提供借鉴和依据，从而提升我国企业的创新动力与创新绩效表现。

第三节　相关概念界定

本书的研究涉及如下几个基本概念，即董事会资本、董事会人力资本、董事会关系资本、创新投资决策、创新投资意愿、创新投入与创新绩效，通过梳理总结前人研究对所涉及的相关概念予以界定。

一 董事会资本

《公司法》赋予董事会决定公司的经营计划和投资方案的职权，作为企业的决策层，董事会职能的发挥备受关注。既有研究多从董事会的结构特征、规模特征角度探索董事会对企业战略决策与经营发展的影响（Kor，2006），然而随着研究的不断深入，学者们逐渐发现即便董事会的规模和结构完全相同，企业的战略决策和绩效表现也会存在差异（Hillman and Dalziel，2003），在深入探究造成这种差异原因的过程中，董事会为企业提供资源的能力，即董事会资本逐渐进入学者们的研究视野。董事会资本的概念由 Hillman 和 Dalziel（2003）在总结前人研究的基础上首次提出，他们认为董事会资本反映了董事会为企业提供资源的能力，而董事会所能提供的资源能够为管理者提供咨询和建议（Baysinger and Butler，1985；Gales and Kesner，1994；Carpenter and Westphal，2001）、为企业提供合法性支持（Pfeffer and Salancik，1978；Galaskiewicz，1985；Hambrick and D'aveni，1992；Daily and Schwenk，1996）、为企业与外部组织之间建立沟通与交流的渠道（Burt，1980；Palmer，1983；Hillman et al.，1999）以及帮助企业优先获取外部资源（Zald，1969；D'aveni，1990；Boeker and Goodstein，1991；Hillman et al.，2001）。自 Hillman 和 Dalziel（2003）提出董事会资本的概念以来，不断有学者对其进行丰富和扩展，学者们能够达成普遍共识的是董事会资本反映了董事会成员为企业提供资源并帮助企业制定战略决策的能力（Wu et al.，2008），基于此，本书借鉴 Hillman 和 Dalziel（2003）对于董事会资本的定义，认为董事会资本即董事会成员所能为企业提供资源的能力，是企业无形资本的一种，并进一步根据董事会所提供资源的来源不同将其区分为董事会人力资本和董事会关系资本。

二 董事会人力资本

人力资本的思想早在斯密所著的《国富论》中就有所涉及，其将社会成员通过教育和学徒过程获得的有用能力视为一种固定在个人身上的资本，并且这种资本的获取需要付出成本。Fisher（1906）首次提出了人力资本的概念，并将其引入经济学分析框架内。Becker（1964）和 Coleman（1988）将人力资本概念应用于董事会的相关研究，将董事会成员的知识、经验、声誉和技能统称为董事会人力资本。其后，学者们不断丰富和发展了董事会人力资本的概念，Hillman 和 Dalziel（2003）将董事的经验、专业知识和声望等视为董事会人力资本，而 Kor 和 Sundaramurthy（2009）将全体董事为董事会带来的知识、技能和能力总和视为董事会人力资本。通过总结既有研究对董事会人力资本的界定可以看出，无论是知识、经验、技能、能力抑或是声誉都是董事个人所固有的资本，具有不可分割性。本书在 Hillman 和 Dalziel（2003）以及 Kor 和 Sundaramurthy（2009）的概念界定基础上，将董事会人力资本界定为凝聚在董事身上的知识、经验和技能的总和，从董事会成员的受教育程度（Wincent et al.，2010）、任职期限（Hitt et al.，2001）和职业背景（Carpenter and Westphal，2001）三个维度予以反映。其中，受教育程度反映了董事的知识水平和技能基础；任职期限反映了董事的特有知识、经营管理经验与能力；职业背景反映了董事在职业领域内积累的工作经验与专业技能，以及对特定问题的理解与处理能力。

三 董事会关系资本

White（1961，1963）和 Jacobs（1965）对嵌入在社会关系中的关系资本进行了研究，指出获得关系资本的基础在于人际关系网络，这种关系资本也被其后的一些学者称为社会资本（Hillman and Dalziel，2003）。Nahapiet 和 Ghoshal（1998）认为关系资本是指通过与社会组织建立的人际关系网络所能获得的实际或潜在资源。董事会关系资本是指董事会成员所拥有的人际关系以及由这种关系所带来的潜在资源的总和，根据董事会成员人际关系处于企业内部抑或外部将其分为内部资本和外部资本两个方面（Hillman and Dalziel，2003；Kim and Cannella，2008）。本书基于资源依赖理论主要考量董事会从外部环境中获取潜在资源的作用，结合本书的研究目的与 Hillman 和 Dalziel（2003）的研究，将董事会关系资本界定为董事通过与外部组织之间的连锁关系所能获得的潜在资源。不同于董事会人力资本，董事会关系资本并非董事直接拥有的资源，其作用的发挥依赖于拥有相关资源的与董事存在关系的外部组织。董事会关系资本可以通过企业关系（Wincent et al.，2010）、政府关系（Jermias and Gani，2014）和金融关系（Jermias and Gani，2014）三个维度予以反映。其中，企业关系是指通过本企业董事在其他企业担任董事职务（即连锁董事）所建立的企业与外部企业之间的连锁关系；政府关系是指董事现在或曾在政府部门任职或具备政治背景，通过政府关系可以为企业带来政策性资源；金融关系是指董事现在或曾在金融机构任职，从而能为企业带来相关金融资源。

四　创新投资决策

"创新"这一概念最早由 Schumpeter（1912）提出，按照其观点，创新是"建立一种新的生产函数"，即企业家将各类生产要素进行重新组合，在生产体系中引进从未使用过的生产要素抑或生产要素的新组合。Freeman（1982）认为创新是新产品、新工程、新系统和新服务的取得并实现商业化。魏江和许庆瑞（1995）则认为创新是从新思想的形成到得以利用并市场化的整个过程，不仅包括创新的技术成果，也包括成果的推广、扩散和应用。学者们在创新的基础上进一步提出了创新投资的概念，根据联合国教科文组织的定义，创新投资是个人或者组织机构为了持续扩增知识总量而不断进行的基础研究、试验活动和应用研究等。企业的创新投资则是企业为了提高其市场竞争力以实现盈利改善和价值成长而进行的，将资金、人力和设备等企业资源投入新产品、新技术研究和开发的一系列活动的总称。王栋等（2016）认为企业的创新投资是指企业在能够改善产品的质量、提升产品的差异化程度的创新活动中投注的资金。由于充足的资金投入是保障企业创新成果产出的必要条件（Pavitt，1983；Akin，2010；王栋等，2016），本书对于企业创新投资的分析主要关注在新产品、新技术的研究与开发等活动中的资金投入，并根据企业创新投资决策的过程和结果从是否进行创新投资（即创新投资意愿）、在创新活动中投入多少（即创新投入）以及所产生的创新成果（即创新绩效）三个方面分别进行研究。

五 创新投资意愿

创新在提升企业竞争优势、促进经济持续增长方面的作用已被广泛证明（Solow，1957；Patterson，1998），创新投资是企业提高创新能力与市场竞争力的重要途径。学者们对于创新投资的研究多集中在创新投入的多少上，而少有研究关注企业是否进行创新投资。陈爽英等（2010）将企业创新投资分为两个阶段，即决定是否进行创新投资的阶段和决定在创新活动中投入多少的阶段。孙晓华等（2017）也按照是否投资和投资多少对企业创新投资进行了划分，并且发现企业在对于是否进行创新投资的态度上存在差异，规模以上工业企业中进行创新投资的企业占比不足15%。本书根据陈爽英等（2010）、孙晓华等（2017）的研究，将企业创新投资决策的第一阶段，即企业是否进行技术创新方面的资金投入界定为企业创新投资意愿。

六　创新投入

广义的创新投入是指企业在创新活动过程中各种资源的投入，包括人力资源、信息资源、物质资源和资金资源等（魏蒙、魏澄荣，2017），而狭义的创新投入单指企业在创新活动过程中的资金投入，学者们的研究多从狭义角度展开。杨建君和盛锁（2007）以企业在创新活动中的资金投入即 R&D 支出代表创新投入（冯根福、温军，2008；胡艳、马连福，2015）。根据学者们的研究，以及充足的资金投入对创新活动成功开展的重要性（Pavitt, 1983；Akin, 2010；王栋等，2016），本书将企业创新投资决策的第二阶段，即企业在创新活动中资金投入程度界定为企业创新投入。

七　创新绩效

绩效反映了企业经营管理活动的成效和成果，而创新绩效则是指企业通过对创新活动投入一定的资源而取得的成效（Alegre and Chiva, 2013）。Hall 等（1984）认为创新活动所取得的技术成果反映了创新绩效，Meeus 和 Oerlemans（2000）则认为创新绩效是指企业通过创新活动而产生的绩效提升，表现在企业价值提升、盈利能力提升等方面。企业进行创新投入后会经历两个不同的产出阶段，第一阶段是企业的创新投入经过研发过程转化为新专利和新技术等直接产出；而由于新专利和新技术并不能直接为企业带来经济利润，需要经过市场化过程转化为企业价值，因而创新产出的第二阶段即新专利、新技术转化为企业的经营业绩和成长机会等最终成果的过程。因此，在前人研究的基础上，本书将创新绩效进一步细分为创新技术绩效和创新价值绩效。其中，创新技术绩效是指企业创新投入所能产生的专利技术成果，而创新价值绩效则是指企业的专利技术成果能为企业带来的价值增加。

第四节 研究方法

为深入探索董事会资本对企业创新投资决策的影响，本书采用如下研究方法。

1. 文献分析法

文献分析法是指通过对文献的搜集、鉴别、整理与阅读分析而形成科学事实认识的方法。对前人文献的阅读与整理，有助于了解在相关研究领域内已经取得的研究成果、研究现状与趋势，找到尚存在的研究不足与可供深入研究的方向。

本书在相关概念界定、文献综述、理论分析、假设提出以及研究设计方面都运用了该种方法。在相关概念界定方面，通过对已有文献的梳理，获悉前人对董事会资本、董事会人力资本、董事会关系资本、创新投资决策、创新投资意愿、创新投入以及创新绩效的概念界定，并结合本书的研究目的界定上述概念在本书中的含义。在文献综述方面，运用文献分析法对相关文献进行梳理与分析，获悉已有研究的成果与不足，形成本书的研究思路。通过对创新投资相关文献的回顾，对已有文献中有关创新的研究分类进行总结与整理，确立了本书从创新投资决策的三个阶段即创新投资意愿、创新投入和创新绩效进行分析的研究思想。通过对董事会资本相关文献的回顾，在总结前人研究基础上根据董事提供资源的来源不同，将董事会资本划分为董事会人力资本和董事会关系资本进行研究；通过文献回顾发现有关董事会人力资本与企业创新、董事会关系资本与企业创新的相关研究多关注董事会资本的某一细分类型对创新活动的影响，而从系统角度对董事会资本与企业创新关系的研究较少，且未形成一致结论，这为本书在该领域开展进一步研究提供了方向。

在理论分析方面，通过对前人研究文献的梳理，汇总得到本书研究所涉及的资源基础理论、资源依赖理论和企业创新理论，并对其理论思想进行分析，这为研究假设的提出奠定了理论基础。在假设提出以及研究设计方面，根据已有的理论分析与前人研究成果提出本书有待检验的研究假设，并根据文献梳理过程中总结的测度方法、实证模型提出本书的研究变量与研究模型设计。

2. 描述性统计分析

描述性统计分析是用于整理、描述与解释数据的统计方法与技术。在实证研究中，运用描述性统计分析方法通过清晰直观的统计量刻画样本数据的集中、分散及波动程度等特征。本书对样本中企业的创新投资意愿、创新投入、创新绩效、董事会人力资本、董事会关系资本以及全部调节变量和控制变量进行描述性统计分析，通过均值、标准差、最小值、最大值和四分位数等指标对变量的分布情况进行整体了解。

3. 相关性检验

相关性检验是研究变量之间是否存在依存关系、依存关系的方向与程度的一种统计方法。在实证研究中，运用相关性检验方法可以初步分析被解释变量与解释变量之间是否存在依存关系，也可初步判断各解释变量之间是否存在会导致多重共线性问题的相关关系。本书分别对企业创新投资意愿、创新投入、创新绩效、董事会人力资本、董事会关系资本和全部调节变量与控制变量进行了相关性检验，由于部分变量为 0-1 变量且分布情况未知，本书综合运用 Pearson 相关分析和 Spearman 相关分析两种检验方法考察变量之间的相关关系。

4. 方差膨胀因子分析

方差膨胀因子分析用于检验多元回归分析中各个解释变量之间是否存在严重多重共线性问题，根据 Kleinbaum 等（1988）的研究，判定多重共线性的临界点为 10，即方差膨胀因子小于 10 可以认定为不存在严重多重共线性问题。本书对全部回归模型进行方差膨胀因子分析,结果显示各模型中变量的方差膨胀因子均值及最大值均小于2,远低于10,说明模型各解释变量之间不存在严重多重共线性问题。

5. Logit 回归分析

Logit 回归分析是二值响应模型的一种分析方法。所谓二值响应模型是指被解释变量只可能取两种值的模型,实证研究中将该回归函数视为被解释变量取值为1的概率。本书被解释变量创新投资意愿为0-1变量,因而运用Logit模型进行回归分析,依次检验董事会人力资本、董事会关系资本对创新投资意愿的影响,并分别检验产品市场竞争和股权治理对上述关系的调节作用。

6. Tobit 回归分析

Tobit 回归分析是受限因变量回归分析的一种,该回归模型中被解释变量的取值大致连续,但包含一部分以正概率取值为0的观察值。本书被解释变量创新投入取值大于等于0,因而运用Tobit模型进行回归分析,依次检验董事会人力资本、董事会关系资本对企业创新投入的影响,并分别检验产品市场竞争和股权治理对上述关系的调节作用。

7. OLS 回归分析

本书运用OLS回归方法依次检验董事会人力资本、董事会关系资本对企业创新技术绩效和创新价值绩效的影响。

第五节　研究内容

第一章为绪论。本章概括性地阐述了本书的研究背景、研究的理论意义及现实意义、相关概念界定、研究方法和研究内容。

第二章为文献综述。首先,本章从企业创新投资的相关文献着手，分别从企业创新投资的内涵与分类、创新投资的测度以及创新投资的影响因素三个方面对国内外文献进行梳理和评述，为本书从创新投资意愿、创新投入和创新绩效三个方面研究企业创新投资决策奠定基础。其次，本章对董事会资本的国内外相关文献进行梳理与评述，对董事会资本内涵与分类的文献评述为本书从董事会人力资本和董事会关系资本角度进行分析奠定了基础，对董事会资本测度方式的回顾为本书后续实证研究提供了依据。最后，本章通过对董事会人力资本和董事会关系资本与企业创新投资之间关系文献的回顾，在总结前人研究的成果与不足基础上，提炼出未来可供深入研究的方向并为本书研究思路的形成奠定了基础。

第三章为董事会资本对企业创新投资决策影响的理论基础。本章以前述文献梳理及凝练的本书研究整体思路的切入点为基础，通过对资源基础理论、资源依赖理论和企业创新理论的系统分析，明确了董事会资本对企业创新投资决策的作用机理，并进一步阐明董事会资本对企业创新投资决策的作用在不同情境下存在差异，这为本书后续实证研究奠定了理论基础。

第四章为董事会资本对企业创新投资意愿影响的实证分析。首先，在资源基础理论和资源依赖理论基础上，探索董事会人力资本和董事会关系资本对企业创新投资意愿的影响，在此基础上进一步探索产品市场竞争、股权治理因素对上述关系的调节作用，并提出相关研究假设。其次，基于提出的假设进行研究设计，构建进行假设检验的 Logit 回归模型。再次，以中国 A 股上市公司的数据为研究样本进行回归分析，检验假设的正确性。研究发现：董事会人力资本的受教育程度、任职期限和职业背景维度均对企业创新投资意愿有提升作用，而董事会关系资本的企业关系维度有助于创新投资意愿提升，政府关系和金融关系对企业创新投资意愿则表现为抑制作用；产品市场竞争能够增强董事会人力资本的受教育程度和任职期限维度对创新投资意愿的正向作用,削弱董事会关系资本的政府关系和企业关系维度对创新投资意愿的负向影响;股权治理削弱了董事会人力资本的受教育程度、任职期限和职业背景维度以及董事会关系资本的企业关系维度对创新投资意愿的正向作用,而增强了董事会关系资本的政府关系和金融关系维度对创新投资意愿的负向作用。最后,为保障研究结果的稳健性,根据不同上市板块划分子样本,对董事会资本与企业创新投资意愿之间的关系进行稳健性检验,结果表明实证分析具有较好的稳健性。

第五章为董事会资本对企业创新投入影响的实证分析。首先,基于前述理论分析,探索董事会人力资本和董事会关系资本对企业创新投入的影响,并进一步分析产品市场竞争、股权治理对上述关系的调节作用,提出相关研究假设。其次,基于提出的假设进行研究设计,构建进行假设检验的 Tobit 回归模型。再次,以中国 A 股上市公司的数据为研究样本进行回归分析,检验假设的正确性。研究发现:董事会人力资本各维度对企业创新投入有提升作用,而董事会关系资本的企业关系维度有助于创新投入的提升,政府关系和金融关系对企业创新投入则表现为抑制作用;产品市场竞争、股权治理对上述关系表现出不同的调节作用,产品市场竞争能够增强董事会人力资本的任职期限维度对创新投入的正向作用,削弱董事会关系资本的政府关系和金融关系维度对创新投入的负向影响;股权治理削弱了董事会人力资本的受教育程度、任职期限和职业背景维度以及关系资本的企业关系维度对创新投入的正向作用,而增强了董事会关系资本的政府关系维度对创新投入的负向作用。最后,为保障研究结果的稳健性,根据不同上市板块划分子样本,对董事会资本与企业创新投入之间的关系进行稳健性检验,结果表明实证分析具有较好的稳健性。

第六章为董事会资本对企业创新绩效影响的实证分析。首先,依据文献回顾和理论分析前人的研究经验，将企业的创新绩效分为企业创新技术绩效与企业创新价值绩效两个部分，即创新投入转化为专利等技术成果的过程和技术成果转化为企业价值的过程，并分别针对董事会人力资本和董事会关系资本与两种创新绩效的关系提出研究假设，以进一步挖掘董事会资本影响企业创新绩效的具体路径和创新投资对企业的深层影响。其次，基于提出的假设进行研究设计，利用企业年度新申请专利数量与研发投资金额的比值度量创新技术绩效，利用企业成长机会的变化情况与专利数量的比值衡量创新价值绩效，构建检验研究假设的 OLS 回归模型。研究发现：董事会人力资本的任职期限维度对创新技术绩效呈现抑制作用，董事会人力资本的受教育程度、任职期限和职业背景维度对企业创新价值绩效具有提升作用，而董事会关系资本的政府关系和金融关系维度有助于创新技术绩效和创新价值绩效的提升。最后，为了保证实证结果的稳健性，本书选择高技术产业的样本对董事会资本与创新技术绩效之间的关系进行稳健性检验，选用后金融危机时代的数据对董事会资本与创新价值绩效之间的关系进行稳健性检验，检验结果表明实证结果具有较好的稳健性。

第七章为结论。本章对前述章节的研究内容和结果进行归纳和总结，从而凝练为本书的主要研究结论，并结合我国转型经济时期的制度背景提出相应的政策建议，并对本书的研究局限和未来拓展方向予以阐释。

第二章 文献综述

首先，本部分从企业创新投资的国内外相关文献着手，归纳总结了创新投资的内涵与分类、创新投资的测度方法以及创新投资的影响因素，为本书后续研究奠定了基础。其次，从董事会资本的内涵与分类、董事会资本的测度方面回顾和梳理了国内外文献，为本书董事会资本的分类与测度提供依据。最后，系统梳理了董事会人力资本和关系资本与企业创新投资决策关系方面的国内外研究文献，分析了董事会资本与企业创新投资之间关系的研究成果与不足，探寻在该方向可深入研究的问题，为本书研究思路的形成奠定了基础。

第一节 企业创新投资相关文献

本部分从创新投资的内涵与分类、创新投资的测度方法以及创新投资的影响因素等方面对国内外相关研究文献进行回顾和梳理，为后续研究提供思路与方法。

一 创新投资的内涵与分类

"创新"这一概念是由美籍奥地利经济学家 Schumpeter 于 1912 年在其著作《经济发展理论》中首次提出。Schumpeter（1912）认为创新是"建立一种新的生产函数",即企业家将各类生产要素进行重新组合,在生产体系中引进从未使用过的生产要素抑或生产要素的新组合。Freeman(1982)认为创新是新产品、新工程、新系统和新服务的取得并实现商业化。我国学者魏江和许庆瑞(1995)则认为创新是从新思想的形成到得以利用并市场化的整个过程,不仅包括创新的技术成果,也包括成果的推广、扩散和应用。李传军(2003)进一步指出创新是包含决策、投入、生产和市场化等众多因素在内的活动,是按照市场需求将研究成果转化为产品或服务,并实现商业价值的过程。随着经济发展,学者们在创新的基础上提出了"创新投资"的概念。根据联合国教科文组织的定义,创新投资是指个人或者组织机构为了持续扩增知识总量而不断进行的基础研究、试验活动和应用研究等。王昱(2015)认为创新投资是企业为了扩大现有知识体系并发展新用途所进行的系统性投入,是创新过程的初始阶段。王栋等(2016)指出企业为了在竞争性市场中获取长期稳定的竞争优势,需要不断进行技术创新以提升其产品和服务的质量与差异性,而这种创新活动需要大量资金投入,在这一过程中投入的资金视为企业创新投资。魏蒙和魏澄荣(2017)则认为企业的创新活动过程需要各种资源投入,包括人力资源、信息资源、物质资源和资金资源等。可见,企业的创新投资是企业为了提高其市场竞争力以实现盈利改善和价值成长而进行的,是资金、人力和设备等企业资源投入新产品、新技术研究和开发的一系列活动的总称。鉴于充足的资金投入是保障企业创新成果产出的必要条件(Pavitt,1983;Akin,2010;王栋等,2016),本书对企业创新投资的分析主要聚焦在新产品、新技术的研究与开发等活动中的资金投入。

国外学者有关企业创新投资的研究大致可以分为三个类别:第一类为企业创新投资的决策方向,着重于研究企业创新投资的影响因素（Souder and Mandakovic，1986）；第二类为企业创新投资的决策过程，侧重于研究企业创新投资的决策机制、运行模式等（Bollen，1999）；第三类是对企业创新投资的综合评价，主要是研究企业创新投资的绩效（Lokshin et al.，2009；Caner et al.，2014）。还有一些学者从其他角度对创新投资进行了研究。日本学者斋藤优（1985）将创新过程分为设想、R&D、实用化和商品化四个阶段。Kamien 和 Schwartz（1978）基于 R&D 异质性特征，通过数理模型构建将创新投资划分为常规式创新投资和探索式创新投资，其中常规式创新投资以巩固并改善现有产品为目的，而探索式创新投资则以革命性的市场创新为目的。张汉江等（2008）在充分考量创新的成本函数及成功率的基础上，运用库诺特博弈模型将企业创新划分为以利润最大化原则确定创新投资额度和与其他企业进行产量博弈两个阶段。唐清泉和肖海莲（2012）采用与 Kamien 和 Schwartz（1978）相同的方法将创新投资区分为常规式和探索式两种类型，并分析了不同类型的创新投资对现金流的敏感性。王栋等（2016）根据创新目的将创新投资分为以改进技术为目的、以提高质量为目的、以降低成本为目的和以优化管理为目的的创新投资。

综合上述分析，国内外学者有关创新投资的分类研究多从投资的内容或目的角度进行划分，少有研究从创新投资决策过程进行分类，尽管在创新投资决策过程的每一阶段，即是否进行创新投资、对创新活动投入多少资金以及创新活动的成果都有大量的相关研究，但少有研究对整个创新投资决策过程进行系统性分析。因此，本书在前人研究基础上将创新投资决策划分为是否进行创新投资的决策（即企业创新投资意愿），对企业创新活动投入多少资金的决策（即创新投入），企业创新投资的成果产出（即创新绩效）三个阶段，并展开系统研究。

二 创新投资的测度

本部分对国内外学者有关创新投资意愿、创新投入和创新绩效的相关研究进行梳理,总结整理国内外学者所使用的测度方法与指标,为后续研究奠定基础。

1. 创新投资意愿的测度

创新投资意愿的测度一般有两种方法,其一是以企业是否有研发投入为判断依据,即进行研发投入的企业具有创新投资意愿,而没有进行研发投入的企业则不具有创新投资意愿,通过设置0-1变量进行测度(陈爽英等,2010;孙晓华等,2017)。其二是构建量表,通过问卷调查的方式获悉企业创新投资意愿(De Jong and Kemp,2003;Choi,2004;赵卓嘉,2017)。问卷调查方式涉及问卷回收率、量表的信度和效度等问题,本书基于大样本数据进行分析研究,选择企业是否进行研发投入作为创新投资意愿的测度指标。

2. 创新投入的测度

创新投入的测度主要有绝对指标和相对指标两种测度方式,其中,绝对指标是指用企业研发投入的金额衡量创新投入(张维迎等,2005;Bogliacino and Pianta,2013;李英等,2016)。然而,有学者认为企业在规模、盈利能力等方面存在差异,用绝对指标衡量创新投入会导致偏误,不利于企业之间的比较分析,因而提出用相对指标进行测度。相对指标主要有研发投入占主营业务收入的比重(Yasuda,2005;Makri et al.,2006;陈爽英等,2010;王燕妮、王瑛,2010;孙晓华等,2017)、研发投入占总资产的比重(周建等,2012;周瑜胜、宋光辉,2016)、研发投入员工人数占总员工人数的比重(Nurmi,2004;Falk,2012)等。

3. 创新绩效的测度

创新绩效反映了企业通过对创新活动的投入而取得的成效

第二章 文献综述

（Alegre and Chiva，2013）。创新过程可以分为技术开发阶段和成果转化阶段两部分。技术开发主要指进行新知识和新技术的研究开发，其成果表现主要为专利技术；成果转化是指利用新知识、新技术生产出新产品和新工艺等以实现商业化应用，其成果表现主要为企业价值的增加（李培楠等，2014）。根据创新绩效在这两个阶段的不同体现，本书将其细分为技术绩效和价值绩效。

企业创新技术绩效是创新投资的直接成果。Scherer（1965）开展了研发投入与专利之间关系的早期研究。Pavitt（1983）的研究表明企业研发和专利之间有明显的相关性。Hall 等（1984）以美国121家企业1968～1975年的专利和研发支出数据为样本进行研究，发现企业研发资金投入与专利产出之间有显著的因果关系，且研发投资对专利的影响作用具有滞后性。我国学者孙婷婷和唐五湘（2003）对企业专利申请数量与研发投入之间的关系进行检验，发现研发投入对专利申请有显著正向影响。顾国爱等（2012）也采用专利申请量测度创新绩效，发现企业的研发投入对提高专利申请量至关重要。

创新价值绩效是企业创新的专利成果为企业带来的价值提升，部分学者认为创新活动有助于企业价值提升，且能为企业带来较好的价值绩效表现。Griliches（1981）用托宾 Q 衡量企业价值，对美国大型企业的研究分析发现专利数量对托宾 Q 有显著正向影响。Blundell 等（1999）实证研究企业创新与企业市场价值之间的关系，发现企业专利数量对市场份额有稳健而显著的正向影响。Akin（2010）研究发现企业研发投资与企业价值存在显著相关关系，且计算出每1美元的研发投资能够带来5美元企业价值的提升。而也有部分学者认为创新活动并不能提升企业价值，即创新活动的价值绩效表现不佳。Hall（1992）实证研究发现，20世纪80年代中期开始，研发支出对企业价值的促进作用逐渐消退，这可能是企业的研发活动的收益率下降、自主研发资产被过度摊销以及股票市场缺乏远见所导致的。Jeanjean 和 Cazacan-Jeny（2006）的研究也发现企业创新投资与总资产收益率、股价之间存在负向相关关系。

我国学者关于创新价值绩效的研究起步较晚，汤湘希和贡峻（2002）以无形资产作为创新的产出指标，研究发现无形资产对企业价值有显著正向影响。冯家丛等（2017）以 2007~2015 年全部高科技上市公司为样本，探索研发投资对高科技公司价值提升的影响，以托宾 Q 衡量企业价值，结果表明我国高科技上市公司的研发投入对企业价值的影响在滞后 1~5 年时显著正相关，而且在创业板中研发投资对企业价值的促进作用高于中小板企业。

综合上述分析，学者们对于企业创新价值绩效的测度多采用托宾 Q、总资产收益率等指标，但这些度量方式难以全面衡量创新投资对企业价值的综合影响尤其是对企业长期成长潜力的影响。为解决这一问题，本书借鉴了 Rhodes-Kropf 等（2005）创建的 RKRV 市账率分解模型，利用创新投资影响下的企业成长机会变动率作为本书创新价值绩效的测量指标。该模型基于财务会计理论和金融计量方法，将作为市场对企业价值评估指标的市账率拆分成三个因素：企业偏误（FSE），即企业市值对行业短期价值的比值；时间偏误（TSSE），即行业短期价值对行业长期价值的比值；成长机会（LRVTB），即行业长期价值对公司账面价值的比值。而在这其中，成长机会（LRVTB）代表了市场对企业的估值中剔除了短期与长期价值误估之后的真实价值，反映了企业未来的成长潜力。本书用成长机会的变动来衡量企业的创新价值绩效，探究董事会人力资本和关系资本以及其他因素对企业创新绩效的长期影响。

三 创新投资的影响因素

创新是企业在当代经济体系中取得成功的关键前提（Covin and Slevin, 1991; Stopford and Baden-Fuller, 1994; Kor, 2006），有助于

企业竞争力的提升。有关创新投资影响因素的研究成为国内外学者关注的热点，现有研究多从企业规模、产权性质、现金约束、董事会独立性、财务杠杆、机构投资者持股以及政府干预等方面分析对创新投资的影响。此外，也有大量研究从董事会资本、产品市场竞争和股权治理等角度探索其对企业创新投资的影响，本书后续章节将会对其进行系统梳理与分析。

1. 企业规模的影响

企业规模是国内外学者首要关注的影响企业创新投资的因素。部分学者认为企业规模对创新投资有促进作用。Schumpeter（1942）认为，规模越大的企业越有能力负担大规模的创新投资，因而企业规模与创新投资之间呈正相关关系。其后，Fisher 和 Temin（1973）以及 Booyens（2011）的研究也再次验证了企业规模与创新投入之间存在正相关关系，表明规模越大的企业资源更加充裕，更能够在创新活动中有充足的投入。然而，另一部分学者的研究得出了相反的结论。Scherer（1965）以销售收入测度企业规模，分析其与研发投入的关系，研究发现企业规模与研发人员数量之间并不存在正相关关系，并且一些大规模企业的创新投资强度要低于小规模企业。Zenger 和 Lazzarini（2004）指出，对于小规模企业而言，其研发项目和研发投资相对较少，不存在对企业资源分配的取舍问题，而大规模企业研发项目的确立受社会关系等多种因素影响，各个研发项目的进展情况会决定研发投资，这在一定程度上不利于大规模企业的创新。Ren 等（2015）则指出中小型企业在全球创新体系中占据十分重要的核心地位，中小型企业的研发投资强度更高。还有一部分学者认为企业规模和创新投资之间存在非线性关系（Soete，1979）。

我国学者在企业规模与创新投资关系方面的研究结论与国外学者相似。周黎安和罗凯（2005）运用动态面板数据模型进行实证分析，发现我国的企业规模与创新投资之间呈正相关关系，并且在非国有企业中该正向关系更显著。白旭云（2014）的研究也发现企业规模对创新投资有正向影响。而赵洪江等（2008）、温军等（2011）的研究则发现企业规模负向影响企业创新投资。还有一些研究表明企业规模与创新投资之间存在非线性关系（聂辉华等，2008）。

综合上述分析，国内外学者对于企业规模与创新投资之间的作用方向尚存争议，这可能是研究样本选择、研究方法的不同导致的，但普遍认为企业规模会对创新投资产生影响。

2. 产权性质的影响

企业创新投资受到企业产权性质的影响，国有企业与非国有企业在政策支持与监管力度方面存在差异，在制定创新投资决策时所受到的约束与限制亦不相同，这会影响企业创新投资决策。Love 等（1996）研究发现企业引入外资股权有利于创新投资的开展。Lin 等（2010）的研究也发现非国有企业更有动力和意愿开展创新活动，降低国有股权比例有利于推动企业创新方面的投资。而 Dixon 和 Seddi（1996）的研究没有发现国有企业与非国有企业在创新投资方面的差异。

在我国，部分学者认为国有产权性质有助于推动企业创新投资。钟廷勇等（2019）认为当企业缺乏进行创新投资的资金时，国有企业更有可能获得政府的信贷支持以增加创新投资。肖兴志等（2013）从企业面临的融资约束与政府补贴角度进行研究，发现国有产权性质更有利于创新投资的开展。而另一部分学者则认为国有产权性质不利于创新投资。国有企业需要承担更多的社会职能，这导致管理者为了追求短期经济利益而降低在创新这种高风险战略上的投资（李丹蒙、夏立军，2008；张保柱、黄辉，2009）。

综合上述分析，国内外学者对于产权性质与创新投资之间的作用方向尚存争议，但普遍认为产权性质会对创新投资产生影响。

3. 企业现金约束的影响

企业创新投资受到现金约束的影响，金融市场中普遍存在的信息不对称问题使企业内部融资成本低于外部融资成本，而内部融资很大程度上取决于企业的现金流量，融资不足会导致企业创新投资不足。一般用经营现金流与总资产比值反映企业现金约束状况（Opler等，1999；何玉润等，2015）。Hall（1992）通过对美国制造业上市公司的研究发现，企业现金流与创新投资之间存在显著正相关关系。Bond等（1999）对德国和英国大型制造业企业内部现金流与创新投资之间的关系进行对比分析，发现英国的企业面临的融资约束更强，现金约束对创新投资决策的影响更明显。

王文华和张卓（2013）研究发现企业创新投资与现金流之间有较高的敏感性，企业能够获取的资金是影响创新投资的关键因素。陈燕宁（2017）以2011~2014年我国中小板高新技术上市公司为研究样本进行实证分析，结果表明由于受到现金约束，中小板高新技术上市公司创新投资不足。综合上述分析，国内外学者普遍认为企业现金流不足会抑制创新投资。

4. 董事会独立性的影响

独立董事作为公司治理机制重要的制度安排，能够有效地监督管理者，使企业所有者与经营者利益保持一致（Jensen，1976），降低代理成本（Fama and Jensen，1983），提高决策质量（Monks and Minow，1995），保障企业的成长与发展，为股东创造财富（Shleifer and Vishny，1997）。由于独立董事的监督作用，管理者会减少损害企业利益的机会主义行为，这有助于增加能够提高企业竞争力的创新投资（Fama，1980）。Boone（2007）以及Chen和Hsu（2009）对董事会独立性与企业创新投资的研究也得到相同的结论，即独立董事比例越高企业创新投资越多。而Wright和Western（1996）的研究则发现董事会的独立性降低了企业创新投资水平。

刘笑霞和李明辉（2009）、赵旭峰和温军（2011）的研究均表明董事会独立性与企业创新投入之间存在显著正相关关系。然而，周杰和薛有志（2008）实证研究发现董事会独立性与创新投资之间没有显著相关关系，他们认为我国企业设置独立董事并非企业自愿行为，而是受法律约束进行的设置，这导致独立董事的作用不能有效发挥。综合上述分析，国内外学者对于董事会独立性与企业创新投资之间的关系尚未形成一致意见，但多数研究认为董事会独立性影响企业创新投资。

5. 财务杠杆的影响

国外学者有关财务杠杆与企业创新投资关系的研究存在三种不同观点。部分学者认为财务杠杆限制了企业创新投资。Billings 和 Fried（1999）指出企业创新投资与全要素生产率之间存在紧密关系，并且随着企业财务杠杆的增高，全要素生产率增长速度放缓，进而限制了企业创新投资。Ogawa（2007）研究发现企业的财务杠杆即资产负债率越高，其创新投资强度越低。另一部分学者则指出财务杠杆有利于创新投资的进行。Bhagat 和 Welch（1995）通过对发达国家企业的数据进行实证分析，发现资产负债率高的企业更倾向于增加创新投资。还有部分学者认为财务杠杆与企业创新投资之间存在非线性关系。Baek 等（2004）研究发现资产负债率与创新投资之间呈倒 U 形关系。Martinsson（2009）则发现企业长期负债与创新投资之间存在一种"悬置效应"，当企业资产负债率水平处于 60% 左右时，负债与研发投入之间呈现正相关关系，而当资产负债率高于或低于该水平时，两者之间呈现负相关关系。我国学者赵洪江（2009）通过实证分析发现企业资产负债率与创新投资强度之间存在负相关关系。

综合上述分析，国内外学者对于财务杠杆与企业创新投资之间的作用方向没有达成统一结论，但普遍认可的是财务杠杆确实在一定程度上影响企业创新投资。

6. 机构投资者持股的影响

机构投资者持股亦会对企业创新活动产生影响。国外学者有关机构投资者持股与创新投资之间关系的研究存在两种不同观点。一部分学者认为机构投资者持股不利于创新投资，即机构投资者短视论。由于机构定期考核基金经理的业绩表现，为了应对这种绩效考核压力，基金经理往往比较重视企业短期盈利水平，这种短视行为可能导致企业缩减长期的创新投资（Drucker，1986；Graves and Waddock，1997；Walls and Berrone，2015）。另一部分学者认为机构投资者持股有助于创新活动的开展，即机构投资者积极论。Holderness 和 Sheehan（1988）认为机构投资者持股比例较高造成的流动风险增加使"用脚投票"的成本增加，机构投资者会增强对企业的监管并鼓励企业创新。Monks 和 Minow（1995）以及 Wahal 和 Mc connell（1998）的研究也发现机构投资者持股能够显著提高企业创新投资水平。

我国学者在这方面的研究大多认为机构投资者持股有助于创新投资的增加。王斌等（2011）研究发现机构投资者能够有效降低企业代理成本，促进企业研发投资，从而有助于企业长期价值提升。范海峰和胡玉明（2012）认为机构投资者是相对理性的投资者，能够意识到创新投资对于企业长远发展的重要性，并且能够在一定程度上抑制管理者机会主义行为，从而有利于企业创新投资活动的开展，并且机构投资者持股对创新投资的积极作用在非国有企业表现更明显。

综合上述分析，国内外学者有关机构投资者持股对创新投资作用方向的研究尚未达成一致，但普遍认为机构投资者持股对创新投资有显著影响。

7. 政府干预的影响

政府部门可以通过研发项目补贴、税收减免等一系列措施影响企业的投资决策。部分学者认为政府干预对企业创新投资有积极的影响。政府对企业创新的支持能够降低创新项目的风险（Folster，1995；Yager et al.，1997），有利于企业增加创新投资。Hinloopen（2000）研究了政府公共支出对企业创新投资的影响，发现二者之间存在互补关系，即政府公共支出在一定程度上能够提高企业创新投资水平。政府的财政补贴和税收优惠同样能够促进企业创新投资，并且这种促进作用在非合作研发活动中表现更为明显。Lach（2002）对以色列制造业企业的研究发现政府补贴对小规模企业创新投入有促进作用，而对于大规模企业的促进作用则不明显。

我国学者的研究也普遍认为政府干预对创新投资有促进作用。朱平芳和徐伟民（2003）研究发现税收减免政策与政府补贴对企业创新投入的增加有促进作用，但是当政府的直接补贴超过一定水平时，其促进作用会减弱。姜宁和黄万（2010）研究发现尽管政府补贴在不同行业中存在巨大差异，但总体而言政府补贴对创新投资有促进作用。杨洋等（2015）研究发现政府补贴对民营企业创新绩效的促进作用要高于对国有企业的促进作用。

综合上述分析，国内外学者普遍认为政府通过直接补贴、税收减免等方式对企业的干预会影响企业的创新投资。

本书通过对企业规模、产权性质、现金约束、董事会独立性、财务杠杆、机构投资者持股以及政府干预与企业创新投资之间关系的国内外研究进行梳理与分析，发现国内外学者普遍认为上述因素会对企业创新投资产生影响，为后续研究奠定了基础。

第二节 董事会资本相关文献

本部分从董事会资本的内涵、董事会资本的测度方面对国内外相关研究文献进行回顾，为董事会资本的概念界定以及后续实证研究奠定基础。

一 董事会资本的内涵与分类

董事会资本概念是由 Hillman 和 Dalziel（2003）在前人研究基础上，于公司治理研究中首次明确提出的，他们认为董事会资本反映了董事会为企业提供资源的能力，由董事会人力资本和董事会关系资本两部分组成。

人力资本的思想由来已久，Smith（1776）在《国富论》中的论述就涉及了人力资本思想，其将社会成员通过教育和学习过程获得的有用能力视为一种固定在个人身上的资本，而这种资本的获取需要付出成本。Marshall（1890）继承并发展了 Smith（1776）的理论思想，认为通过教育学习能够提升劳动者的能力和工作机会，将知识和能力视为推动或制约企业成长与发展的重要因素。尽管他们都认为人的能力和技能应该被包含在资本的范围之内，但并没有明确地提出人力资本的概念。这一概念由古典经济学家 Fisher（1906）首次提出，并将其引入经济学分析框架内。Schultz（1961）对人力资本的概念、性质及其在经济增长中的作用进行了系统论述，将人力资本界定为凝聚在人身上的知识、技能、经验、经历以及熟悉程度等，并指出人力资本对经济增长的促进作用强于物质资本。Becker（1964）和 Coleman（1988）将人力资本概念应用于董事会的相关研究中，将董事会成员的知识、经验、声誉和技能统称为人力资本。

其后，学者们对董事会人力资本的研究不断深入，Hillman 和 Dalziel（2003）认为董事会人力资本包含董事的经验、专业知识和声望等，Kor 和 Sundaramurthy（2009）认为董事会人力资本是指全体董事为董事会带来的知识、技能和能力的总和，而 Tian 等（2011）将通过工作所获得的具体情景化的知识和技能称为董事会人力资本。

White（1961，1963）和 Jacobs（1965）对嵌入在社会关系中的关系资本，也称为社会资本进行了研究。其后学者们分别从社会网络（Bourdieu，1984）、社会功能（Coleman，1988）、社会组织（Putnam et al.，1994）以及资源（Lin，1982）等角度出发界定关系资本，学者们对关系资本的定义各有侧重，但普遍认为获得关系资本的基础在于人际关系网络。Nahapiet 和 Ghoshal（1998）认为关系资本是指通过与社会组织建立的人际关系网络所能获得的实际或潜在资源。而董事会关系资本是指董事会成员所拥有的企业内外部人际关系以及由这种关系所带来的潜在资源的总和（Hillman and Dalziel，2003；Kim and Cannella，2008）。根据董事会成员人际关系的边界可以分为内部关系资本和外部关系资本。其中，董事会内部关系资本是由董事会成员与企业内部高级管理人员之间的人际关系而形成的（Fischer and Pollock，2004），有助于董事熟悉企业经营管理、了解企业内部知识、提高董事与高级管理人员之间信息交流与沟通的质量（Letendre，2004）。董事会外部关系资本是由董事会成员与企业外部实体（包括供应商、主要客户以及政府监管部门等）之间建立良好关系所形成的（Mizruchi and Stearns，1988），有助于企业及时获取外部信息和资源，降低企业对外部环境的依赖程度（Pfeffer，1972；Pfeffer and Salancik，1978），帮助企业建立竞争优势（Barney，1991），有助于企业取得成功（Burt，1992）。我国学者李永壮和刘小元（2012）、严子淳和薛有志（2015）根据与董事会存在关系的外部组织不同，进一步将董事会关系资本分为横向关系资本和纵向关系资本。横向关系资本主要是指董事会成员与其他单位、企业和社会团体之间的关系，通过这些关系给董事所在企业带来潜在资源的能力。纵向关系资本主要是指董事会成员通过与政府之间关系所能获得的潜在资源。

自 Hillman 和 Dalziel（2003）提出董事会资本的概念以来，学者们对董事会资本的研究不断深入，尽管我们容易理解董事会资本由董事会人力资本和董事会社会资本两个维度构成，但学者们也注意到人力资本和社会资本的相互依存性（Coleman，1988；Nahapiet and Ghoshal，1998）。Haynes 和 Hillman（2010）在其有关企业战略变革的研究中重新审视了董事会资本这一概念，不再将其视为董事会成员人力资本和社会资本的汇总，而是将董事会资本划分为董事会资本广度和董事会资本深度两个方面。董事会资本广度指的是董事会成员在教育、职业等阶段内建立的组织间关系的异质性（Haynes and Hillman，2010）。董事会资本广度包含了人力资本和社会资本异质性的多个方面。董事会资本广度的概念是基于群体异质性的研究提出的（Jackson et al.，1995），一般而言群体异质性程度越高，该群体越富有创造力，且群体的决策质量越高。董事会资本深度指的是董事会在企业所属行业的嵌入程度，即董事会成员现在或曾经的行业工作经验，董事与行业内企业间的横向或纵向联系（Pennings et al.，1998），或者更广义而言，董事会资本深度是指通过现在或曾经的连锁董事和诸如行业特定的法律咨询等职业背景嵌入企业所在行业的程度（Haynes and Hillman，2010）。通过行业内的多种关系链，董事会能够获取及时准确的行业信息，帮助企业减轻行业环境变化导致的不确定性的不利影响，有助于企业更好生存与发展。

综合上述分析，学者们根据研究需要从不同角度界定了董事会资本，但能够达成共识的是董事会资本反映了董事会成员为企业提供资源并帮助企业制定战略决策的能力（Wu et al.，2008）。本书研究主要检验不同来源的董事会资本对企业创新投资决策的影响，因而将董事会资本划分为董事会人力资本和董事会关系资本。其中，董事会人力资本是指董事的知识、经验和技能的总和，人力资本凝聚在董事个人身上，具有不可分割性；而董事会关系资本是指董事通过与其他企业、政府以及金融机构之间的连锁关系所能获得的潜在资源，关系资本并非董事个人直接携带的，其作用的发挥依赖于与董事会存在连锁关系的外部组织。

二 董事会资本的测度

董事会资本是相对较新的概念，学者们从各自的研究目的出发对其进行测度，目前尚未形成一致的测度指标体系。

1. 董事会人力资本与关系资本的测度

董事会人力资本是指凝聚在董事个人身上的知识、经验和技能，可以通过董事会受教育程度（Carpenter and Westphal，2001；Wincent et al.，2010）、任职期限（Pennings et al.，1998；Hitt et al.，2001；Fischer and Pollock，2004；Kor and Sundaramurthy，2009）和职业背景（Carpenter and Westphal，2001）三个维度予以反映。

（1）受教育程度。受教育程度表明一个人的知识水平和技能基础（Hambrick and Mason，1984），是反映人力资本水平的重要指标。学者们关于董事会受教育程度的测度主要有三种不同方式：其一，用董事会成员接受学校教育年限的平均数进行测度（Carpenter and Westphal，2001；Chen，2014）；其二，用董事会成员中具备某一学历水平的董事人数及其占董事会总人数的比重进行测度，例如用董事会中拥有本科学历的董事人数（Wincent et al.，2010）、拥有本科学历的董事人数占董事会总人数的比重（张慧、安同良，2006；何强、陈松，2011）以及拥有硕士学历的董事人数占董事会总人数的比重（Barroso et al.，2011）作为董事会受教育程度的测度指标；其三，按照董事最高学历水平从博士研究生、硕士研究生、本科、大专和中专及以下学历分别赋值为5到1，用董事会成员最高学历的平均水平测度董事会受教育程度（周建等，2012；陈悦等，2015；邵毅平、王引晟，2015；王楠等，2017）。

（2）任职期限。任职期限反映了董事对企业特有知识的了解程度（Kim et al.，2014）、与企业内部成员之间的交流沟通状况（Fischer and Pollock，2004）以及工作经验的积累状况，是反映董事会人力资本水平的重要指标。国外学者一般选择用董事会成员在职时间的平均年数作为董事会任职期限的测度指标（Pennings et al.，1998；Hitt et al.，2001；Fischer and Pollock，2004；Kor and Sundaramurthy，2009），我国学者也一般用董事会成员截至统计年度的平均任职年限作为测度（洪震、金莉，2013；龚辉锋、茅宁，2014；鲁虹等，2014）。此外，李维安等（2014）指出考虑到我国董事任职期限的实际情况，为精确度量董事任期，以月份为单位进行测度，其中任职时间超过15天的按整月计算，否则不计入任期。

（3）职业背景。职业背景反映了董事在各个功能领域积累的工作经验与专业技能、对特定问题的理解能力与处理能力（Hambrick and Mason，1984；Hambrick and Fukutomi，1991；Kor，2003），是董事会人力资本的重要测度指标。Hambrick和Mason（1984）将职业划分为"输出型职能"和"生产型职能"两大类别，其中，"输出型职能"包括营销、产品设计与研发等职业，强调发展和对新机遇的探寻；而"生产型职能"包括产品生产、流程工程与财务等职业，更注重转换过程的效率提升。Hambrick和Mason（1984）指出企业拥有"输出型职能"的经验及程度与创新和成长性正相关。Wincent等（2010）用董事会成员集体拥有的不同职业背景的数目进行测度。周建等（2012）用董事会中具有"输出型职能"职业背景的董事人数占董事会总人数的比重测度董事会职业背景。

董事会关系资本是指董事通过与外部组织之间的连锁关系所能获得的潜在资源,可以通过董事会企业关系(Kor and Sundaramurthy,2009;Wincent et al.,2010)、政府关系(周建等,2012;Jermias and Gani,2014)以及金融关系(Jermias and Gani,2014;陈悦等,2015)三个维度予以反映。

(1)企业关系。企业关系是指通过本企业董事在其他企业担任董事职务(即连锁董事)所建立的企业与外部企业之间的关系。在测度上通常使用连锁董事人数(Wincent et al.,2010;李小青、吕靓欣,2017)、连锁董事人数占董事会总人数的比重(周建等,2012;Jermias and Gani,2014;Chen,2014;严子淳、薛有志,2015;严若森、钱晶晶,2016)以及通过连锁董事与企业外部组织建立关系的数量(彭正银、廖天野,2008;Kor and Sundaramurthy,2009;Wincent et al.,2010;李小青、吕靓欣,2017)进行测度。

(2)政府关系。董事现在或曾在政府部门任职或具备政治背景也是董事会关系资本的重要表现形式,通过政府关系可以为企业带来政策性资源。在测度方面,通常用具有政治背景的董事人数占董事会总人数的比重(周建等,2012;Jermias and Gani,2014;严子淳、薛有志,2015)、董事曾任政府要职的人数占董事会总人数的比重(范建红、陈怀超,2015;李小青、吕靓欣,2017)来衡量董事会的政府关系状况。

(3)金融关系。董事现在或曾在金融机构任职能为企业带来相关金融资源,是企业关系资本的重要方面。在测度上多用董事会成员中具有金融机构从业经验的董事人数所占比重进行衡量(Jermias and Gani,2014;陈悦等,2015)。此外,陈爽英等(2010)用企业是否与银行拥有良好关系测度金融关系状况,其中企业以往资金借贷源自国有银行、股份制银行、城镇商业银行或信用社视为拥有良好金融关系。

2. 董事会资本广度和董事会资本深度的测度

在董事会资本广度和董事会资本深度的测度方面，Haynes 和 Hillman（2010）分别计算董事会职能背景、职业背景以及组织间关系的异质性，并将其加总得到董事会资本广度指数，用于衡量董事会资本整体的异质性程度。其中，Blau 指数被用于计算异质性。Blau 指数被广泛地应用于评估团队中的个人在一些重要类别中的分散程度（Blau，1977），计算公式为 $H = 1 - \sum_{i=1}^{n} P_i^2$，其中 P_i 为董事会成员在第 i 个类别中所占的比重。Blau 指数的取值介于 0~1，指数值越大代表董事会成员之间的异质性程度越高，指数值越小则说明董事会成员是更加同质的。董事会资本深度旨在通过同构的组合模型（Kozlowski and Klein，2000）来捕捉董事会人力资本和社会资本，该模型以共享知识为特征，其测算主要通过求和或者平均数的方法实现。董事会资本深度反映了行业的知识共享。Haynes 和 Hillman（2010）通过行业内连锁董事以及行业嵌入度两个指标加总得到董事会资本深度指数。其中行业内连锁董事是指现在或曾经在同行业企业任职的连锁董事人数占董事会总数的比重，行业嵌入度则是指通过连锁董事与外部企业建立的关系中，与焦点企业属于同一行业的关系链所占比重。我国学者马连福和冯慧群（2014）借鉴 Haynes 和 Hillman（2010）的做法，将董事会资本划分为董事会资本丰富性和董事会资本深入性两个维度，运用 Blau 指数计算董事职能丰富性、职业丰富性和兼职丰富性，并将其合成董事会资本丰富性的总体指标，而董事会资本深入性则由董事会成员曾经的同行业工作经历、外部董事的同行业工作经历拟合而成。这种测度方法从总体上度量了董事会资本的深入性与丰富性程度，但不能反映董事会为企业提供资源的具体来源，也就无法判断何种类型的董事对企业更有价值。

第三节 董事会资本与企业创新投资相关文献

本部分分别对董事会人力资本和董事会关系资本与企业创新之间关系的国内外相关文献进行回顾,为后续实证研究提供研究方法与方向。

一 董事会人力资本与企业创新

董事会人力资本反映了董事通过教育与工作经验的积累所获得的知识、经验和技能（Hambrick and Fukutomi, 1991; Becker, 1993; Hillman and Dalziel, 2003; Kor, 2003; Dakhli and De Clercq, 2004），董事的过往经历塑造了董事的思维、观点和知觉（Huff, 1982; Tsoukas, 1996; Westphal and Fredrickson, 2001），使董事有能力掌握关于董事会、企业和行业运作的具体技能和意会知识（Polanyi, 1962; Becker, 1993; Nahapiet and Ghoshal, 1998），帮助企业制定战略决策并取得成功（Finkelstein et al., 1996; Boeker, 1997）。本书从董事会人力资本与企业创新投资意愿、创新投入和创新绩效之间的关系三方面梳理已有研究。

1. 董事会人力资本与企业创新投资意愿

部分学者研究发现董事会人力资本水平与企业创新投资意愿之间存在正相关关系。Lucas（1998）和 Romer（1990）在其所构建的生产函数中引入了知识这一要素，研究发现知识是推动经济增长的重要生产要素，并意识到知识的积累与内生技术进步之间的相关性。教育是个人知识积累的重要途径（Hambrick and Mason, 1984），受教育程度高的董事知识水平更加丰富、获取的有效信息更多（Tihanyi et al., 2000）、信息处理能力更强（Hitt and Tyler, 1991），风险承担能力以及对于新事物、新技术的接受能力都更高（Westphal and Bednar，2005；Mcelroy et al.，2007；Lin et al.，2011），更有可能选择对企业发展有利的投资渠道。Wincent等（2010）以及Chen（2014）的研究都表明董事会受教育程度越高，企业越愿意进行创新投资。我国学者周建和李小青（2012）、周建等（2013）、李长娥和谢永珍（2016）也有相似的研究发现，即董事会受教育程度越高，企业越倾向于进行创新投资。然而，Bantel和Jackson（1989）认为是董事会成员教育背景的多样化程度而不是其较高的平均受教育水平促使企业进行创新投资。Barrick等（2007）也有相同的研究发现，他们认为不同教育水平的个人代表了不同的视角与社会关系，能够在董事会中形成信息互补，从而更有利于企业选择创新投资。我国学者周建等（2013）对董事会受教育程度的异质性和企业创新投资之间的关系进行研究，没能发现受教育程度异质性与创新投资之间显著的相关性。而李小青和胡朝霞（2016）的研究发现董事会受教育程度的多元性与企业创新投资意愿之间正相关。

企业特有的经验知识对于董事会有效地制定战略决策、规划企业未来发展方向十分重要（Penrose，1959）。随着董事在企业任职时间的增加，其对企业特有知识、过去的承诺以及独特的资源和能力的了解更加深入，积累了更加丰富的人力资本，同时董事会成员之间的沟通协调更加顺畅，能够有效地整合利用他们的知识（Spender and Grant，1996；Nahapiet and Ghoshal，1998；Postrel，2002），与企业内部成员之间的熟悉程度增强了人际信任（Westphal，1999；Sundaramurthy and Lewis，2003），从而使董事会能够更有效地关注企业成长战略问题，尤其是企业创新投资决策问题。随着任期的增加，团队成员相对稳定，成员间已形成的良好协作状态有利于创新投资的开展（Allen，1981；刘运国、刘雯，2007）。同时，任职期限较短的团队成员之间缺乏充分的交流与沟通，对企业内外部环境信息的掌握不够充分，企业更加不愿意选择不确定性高、复杂程度高的创新投资活动（李国勇等，2012）。洪震和金莉（2013）对高管任职期限和企业创新投资之间的关系进行实证检验，发现任职期限与创新投资之间存在正向关系，但在统计上没能达到显著性水平。然而，也有学者研究指出任期的增加并非全无坏处，任期的增加限制了信息的流动（Oh et al.，2006）。随着任期的延长，董事对企业现行战略的承诺更多，与外界信息的交流减少，不利于创新观念的产生，对企业战略方向的变化也会有抵制情绪（Katz，1982；Hambrick and Fukutomi，1991；Boeker，1997）。Grimm 和 Smith（1991）认为，随着任职期限的增加，管理者对于企业现有经营战略的承诺更高，从而不愿意采取高风险、高不确定性的创新投资战略去改变企业现有战略。

董事的职业背景反映了董事在各个功能领域积累的工作经验、对特定问题的理解能力与处理能力，不同职业背景的董事面对同一问题时，倾向依照各自活动领域的目标来处理问题（Dearborn and Simon，1958），职业背景定位会对企业战略选择产生影响（Hambrick and Mason，1984）。Hambrick 和 Mason（1984）将职业划分为"输出型职能"和"生产型职能"两大类别。Hambrick 和 Mason（1984）认为企业拥有"输出型职能"的经验与创新程度正相关。此外，学者们的研究也发现拥有技术相关背景（Subrahmanya，2005）、技术知识（Marvel and Lumpkin，2007）以及高技术水平成员（Schneider et al.，2010）与企业创新投资意愿之间存在正相关关系。然而，也有学者认为并非在"输出型职能"职业领域越深入越有利于创新投资，多种职业背景的相互结合有利于企业创新投资（Simonton，1999）。

2. 董事会人力资本与创新投入

董事会受教育程度反映了董事会成员的知识水平和技能基础，

受教育程度与企业技术创新能力正相关（Becker，1970；Kimberly and Evanisko，1981）。董事会受教育水平越高，为企业提出创新解决方案的能力越强，能帮助企业实现创造性突破（Gradstein and Justman，2000；Souitaris，2002）。Wincent 等（2010）研究发现董事会受教育水平促进企业创新投入，并且对于不同类型的组织创新的影响不尽相同，对于突破性技术创新和小规模企业技术创新而言，董事会受教育水平尤为重要。因为小规模企业可能更缺乏 Selznick（1949）所说的"合法性"，受过高等教育、具有不同专业知识的董事会的"声誉溢出效应"在小规模企业的创新中发挥更大的作用。Lin 等（2011）认为接受过良好教育的董事对新技术、新思想的接受力更强，对企业创新投入有正向影响。何强和陈松（2011）以 2004~2007 年我国制造业上市公司中有创新投入数据披露的企业为样本进行实证分析，发现董事会受教育程度对企业创新投入有促进作用。周建等（2012）、周建和李小青（2012）以及邵毅平和王引晟（2015）也有相同的研究发现。

然而，有部分学者研究发现董事会受教育程度对企业创新投入并没有促进作用（Kimberly and Evanisko，1981；Bantel and Jackson，1989）。Kimberly 和 Evanisko（1981）的研究并没有发现教育背景与企业创新投入之间存在相关关系，Bantel 和 Jackson（1989）研究发现，董事会的受教育程度对企业创新投入的影响并不显著。Daellenbach 等（1999）以半导体和原金属行业企业为样本进行实证分析，发现受教育程度与企业创新投入之间相关性不高。Pitcher 和 Smith（2001）指出董事会教育背景与企业创新投入观点不一致有理论和方法上的原因，而更重要的原因在于样本选择和情境差异。Pitcher 和 Smith（2001）认为，在相对简单和稳定的环境中，由于企业对创新的需求较小，研究不易发现教育水平对创新投入的积极作用。

随着董事任职期限的增加，董事的知识水平、经营管理经验与能力都在不断增强（Allen，1981；Haleblian and Finkelstein，1993），面对激烈的竞争环境更愿意增加企业创新投入以提升企业的竞争力（刘运国、刘雯，2007）。Finkelstein 等（1996）调查研究发现企业管理团队的任期与企业绩效之间存在显著正相关关系。朱焱和张孟昌（2013）认为任期的增加意味着团队成员之间经过多次博弈已经意识到团队合作对于企业业绩提升和自身利益的好处，同时，任期的增加也有助于减少团队成员冲突，建立良好的沟通模式，成员对企业创新投入决策容易形成一致意见。鲁虹等（2014）的研究也发现任职期限与企业创新投入之间存在正相关关系。然而，也有学者认为任期的增加导致团队成员集体思维，不利于创新观点的形成（Janis，1972）。Valenzuela 等（2005）研究发现高管团队任期差异越大，企业越倾向于领先竞争对手进行创新活动、推出新产品，成为行业的领导者而非模仿者。Tuggle 等（2010）研究指出董事任期的异质性导致董事在创新相关议题上的讨论时间增加，这使多样性的认知观点得到充分交流与沟通，为企业决策提供更加广泛的视角，有利于创新观点的形成。然而，李小青（2012）以2007～2010年我国高技术行业上市公司为样本对 Tuggle 等（2010）的观点进行实证检验，发现董事会任期异质性与企业创新投入之间存在负相关关系。

  董事的职业背景反映了董事的专业经验与技能，会对企业战略选择产生影响（Hambrick and Mason，1984）。具有研发或技术相关职业背景的董事对企业创新问题的了解更全面，更加重视企业的发展、进步与创新，倾向于增加企业创新投入。Hambrick 和 Mason（1984）将市场营销、产品研发与设计定义为"输出型职能"，具有"输出型职能"职业背景的董事更关注新的发展机会，重视创新机遇，其在研发领域的经验能为高度不确定的技术创新活动提供有力支持，从而企业更愿意进行创新活动。Hitt 和 Tyler（1991）以及

Barker 和 Mueller（2002）的研究指出职业背景会影响企业的战略选择，拥有研发与工程背景的董事与企业技术创新之间存在正相关关系。我国学者（周建等，2012；邵毅平、王引晟，2015）的研究也发现董事"输出型职能"职业背景与企业创新投入正相关。然而，也有学者认为多样化的职业背景有利于企业增加创新投入。职业背景的多样性通过对董事会成员不同观点的识别、提炼与综合，能够产生高质量的创新决策（Schwenk，1990；Amason，1996；Hambrick et al.，1996；Van Der Vegt and Janssen，2003）。此外，若董事会成员知识和技能高度同质化，会阻碍外部知识的融入，不利于创新思想的产生（Cohen and Levinthal，1990）。Wincent 等（2010）研究发现董事会知识和技能的异质性对于中小企业技术创新有促进作用，并且董事会职业背景多样性对技术创新的积极影响在渐进式创新、小规模企业创新中的作用更强。我国学者（李小青，2012；周建、李小青，2012）的研究也支持董事会职业背景多样化促进企业创新投入的观点。还有部分学者认为职业背景的多样化会抑制企业创新投入。Ancona 和 Caldwell（1992）发现职业背景多样化对企业创新投入有显著的负面影响，由于董事会成员知识背景差异妨碍了交流与沟通，不利于企业就创新思想达成一致意见。Maznevski（1994）的研究指出尽管多样化为企业提供了多维度的思想观念和信息，但在达成共识上存在问题会阻碍发展。Jackson 等（1995）也认为董事会职业背景差异导致观点多样化，多样化观点之间相互干扰，会造成沟通不畅、组织混乱、效率低下等组织运作问题，不利于企业创新投入。

3. 董事会人力资本与创新绩效

Winne 和 Sels（2010）在分析人力资本与创新的关系时指出现有研究多以企业绩效来表示产出，而对创新的关注不足。学者们研究分析了董事会人力资本对企业绩效的影响，认为董事会人力资本

（即董事会成员所拥有的知识、经验和技能）是企业特有的、难以被模仿的资源，有助于企业建立并保持竞争优势（Barney，1991；Leana and Buren，1999），有助于董事会向企业提供咨询和建议（Zahra and Pearce，1989；Westphal，1999），提升董事会监督与评价管理层（Baysinger and Hoskisson，1989）以及帮助企业制定战略的能力（Judge and Zeithaml，1992），促使企业业绩提升。

学者们研究了以知识、经验和技能为表现形式的人力资本与企业绩效之间的关系（Carpenter et al.，2001；Hitt et al.，2001；Kor and Leblebici，2005）。研究发现组织成员的人力资本影响着企业行动及其有效性（Pennings et al.，1998；Oh et al.，2006），董事会人力资本影响着董事会的治理能力及其向管理层提供咨询和建议的能力（Certo，2003；Hillman and Dalziel，2003）。董事个人可能不具备满足企业咨询建议以及治理需求的全套知识，然而，董事会作为一个组织，能够汇集各个董事的知识与观点，使其相互补充，有效地履行其职责，进而提升企业绩效表现（Conger et al.，2001）。基于企业的经验知识对于董事会有效指导企业未来发展至关重要（Penrose，1959）。有关企业的经验知识为企业内部沟通提供了共同的语言基础，董事能够深入了解企业当前以及过去的承诺，评估管理层提出的企业发展计划的可行性，能更加有效地整合并利用他们的知识（Grant，1996；Nahapiet and Ghoshal，1998；Postrel，2002），帮助企业制定成长战略，促进绩效提升（Kor and Sundaramurthy，2009）。

我国学者有关董事会资本的研究起步较晚，周建等（2010）对国外学者有关董事会资本的研究进行综述，指出董事会人力资本有助于企业绩效提升。王端旭和陈帅（2010）研究指出企业人力资本投资与绩效正相关，并且内资民营企业的人力资本投资对绩效的促进作用更强，处于创立期和成长期的企业人力资本投资与绩效的正向关系也很强。陈悦等（2015）以董事年龄、性别和教育背景测度董事会人力资本，研究发现女性董事比例与董事平均受教育水平对企业绩效有正向影响，而以年龄所指代的董事会经验与技能等人力资本特征对企业绩效存在负向影响。

在为数不多的人力资本与创新技术绩效关系的研究方面，Dakhli和De Clercq（2004）运用国家层面数据分析了人力资本对创新的影响，研究发现用平均受教育水平、收入和年龄三个指标合成的人力资本综合指标对专利数量有显著正向影响。Subramaniam和Youndt（2005）运用企业层面数据设计人力资本指标用以反映员工知识、专业水平和技能，并分析人力资本与创新的关系，研究发现尽管人力资本对重大创新的直接影响为负，但人力资本通过对社会资本的作用间接对企业创新做出重要贡献。Hayton（2005）研究发现高管团队教育背景以及职业背景的差异性对企业新产品和服务的数量有正向影响。Allen等（2007）研究发现任期的增加有助于专利的产生。Kaasa（2009）运用国家层面数据研究发现平均受教育年限与专利强度显著正相关，且平均受教育年限和接受过高等教育的劳动力占比通过影响创新投入对专利强度产生间接促进作用。Marvel和Lumpkin（2007）发现企业家的教育背景、技术知识对企业创新绩效有促进作用。Wu等（2008）运用调查问卷方法分析人力资本与创新的关系，发现受教育程度、知识技能的提升与企业新产品与服务的数量正相关。Schneider等（2010）以德国制造业企业为样本进行实证分析，检验受教育程度、工作经验与职业特征对创新绩效的影响，发现高技术背景的企业更愿意进行创新。杨俊等（2007）的研究则认为我国人力资本尚未能达到全面自主创新的要求。李平等（2007）也有相似的研究发现，他们以发明专利、实用新型和外观设计的申请数量测度不同层次的创新能力，发现创新投入对不同层次创新能力的提升有促进作用，而人力资本对不同层次创新投入产出绩效的影响有明显差异。何庆丰等（2009）以国家层面数据分析人力资本与创新之间的关系，以发明专利、实用新型和外观设计三种专利的申请受理数量衡量创新绩效，研究发现人力资本对创新绩效有正向影响，但人力资本对创新绩效的影响程度低于对创新投入的影响程度。吴延兵和刘霞辉（2009）分析了我国民营企业法人代表、总经理和员工三个层面的人力资本对创新的影响，受调研数据限制，他们以企业是否拥有独立研发机构测度企业创新水平，研究发现企业法人代表、总经理和员工的人力资本水平与企业创新行为之间存在显著正相关关系。卢馨（2013）的研究发现高管的技术背景、工作经验等人力资本对企业专利产出有显著促进作用，并且人力资本驱动的创新产出有效性大于创新投入的作用。

此外，人力资本对创新绩效的影响不仅表现在创新成果产出方面，而且体现在创新成果的转化（即对创新成果的采纳和技术扩散）方面。Nelson 和 Phelps（1965）指出人力资本不仅是推动经济增长的重要因素，也是促进技术吸收和扩散的重要因素。Romer（1990）认为人力资本通过影响创新成果的转化速度进而影响经济增长。Jamison 和 Moock（1984）研究发现教育水平对农业技术广泛应用有促进作用。Dewar 和 Dutton（1986）、Bartel 和 Lichtenberg（1987）、Croppenstedt 等（2003）以及 Weir 和 Knight（2004）分别运用不同地区的数据验证了人力资本对创新成果的应用和扩散有显著促进作用。我国学者李小青（2012）以2007~2010年高科技行业上市公司为样本，实证检验了企业创新投入在董事会任期和职业背景异质性与企业价值之间存在中介效应，认为董事会任期和职业背景异质性影响企业创新投入，而企业创新投入通过创新成果的转化提升企业价值。邵毅平和王引晟（2015）以2011~2013年创业板上市公司为样本进行实证研究，也发现董事会人力资本在企业创新投入和绩效表现之间有中介效应，董事会人力资本水平影响创新的投入，而创新投入程度不同又会形成不同的创新结果,作用于企业绩效。李长娥和谢永珍(2017)的研究也发现创新投入在董事会受教育程度和职业背景与企业成长性之间存在中介效应。

综上所述,国内外学者就董事会人力资本与企业创新投资决策之间关系的现有研究尚未形成一致结论,部分学者认为董事会人力资本的受教育程度、任职期限和职业背景与企业创新投资意愿、创新投入正相关,而还有一部分学者持反对意见。有关创新绩效方面,学者们的研究多从国家或企业整体层面考量人力资本对创新技术绩效和创新价值绩效的影响,少有研究直接关注董事会这一战略决策和战略管理主体的人力资本水平对企业创新技术绩效和价值绩效的直接影响,尽管有部分的研究表明创新投入在董事会人力资本与企业绩效表现之间存在中介效应,这间接证明了董事会人力资本对创新绩效的促进作用,但仍缺少直接的实证检验。因此,本书在前人研究的基础上,对董事会人力资本与企业创新投资决策之间的关系进行系统性分析,分别研究董事会人力资本与企业创新投资意愿、创新投入以及创新绩效之间的关系。

二 董事会关系资本与企业创新

企业处于开放的系统环境之中,董事会的关系资本有助于企业获取环境中被外部组织所掌控的资源,而企业的资源获取情况会影响企业战略选择,也包括企业创新投资决策。本书将从董事会关系资本与企业创新投资意愿、创新投入和创新绩效的关系方面梳理已有研究。

1. 董事会关系资本与企业创新投资意愿

部分学者研究认为基于外部资源的董事会关系资本能够挖掘、利用、整合优质资源,从而更有意愿进行创新投资,对于公司的创新投资行为有显著的积极影响(Cohen and Levinthal, 1990; Rothwell and Dodgson, 1991; Nahapiet and Ghoshal, 1998; Pennings et al., 1998; Carpenter and Westphal, 2001; Hillman and Dalziel, 2003; Lee and Cavusgil, 2006; Armstrong et al., 2013; Chen, 2014; 严子淳、薛有志, 2015)。董事会关系资本能够为企业提供确保创新活动顺利进行的资源, 包括关键知识 (Kale et al., 2000)、互补性技能 (Eisenhardt and Schoonhoven, 1996)、进入新市场或新技术领域的合法性 (Grandori and Soda, 1995) 以及其他创新行为的信息 (Biemans, 1991), 加快信息交流, 并解决企业在创新发展过程中面临的问题, 做出更利于企业自身发展的策略 (蔡志岳、吴世农, 2007), 从而促进企业技术创新以获取并保持竞争优势。例如, 新设企业成立时间短, 缺乏经验, 外部关系有助于企业快速进入商业环境, 获得有利形势。

董事会企业关系使决策信息在企业间传播 (Palmer et al., 1983), 实现了资源共享, 有助于传播创新 (Haunschild and Beckman, 1998; Hillman and Dalziel, 2003)。董事会政府关系有利于企业获取政治资源, Anup 和 Knoeber (1996) 发现拥有政府关系的企业游说相关政府部门并从中获利的可能性更大, 政府关系可以帮助企业在执行相关创新投资决策中解决困难和障碍 (Fried et al., 1998; Kale et al., 2000; Hillman and Dalziel, 2003; Maere et al., 2014)。我国学者也有相似的研究发现, 政府关系有助于企业创新投资意愿的提升 (张维迎, 2001; 白重恩等, 2005; 吴俊杰、戴勇, 2013; 李维安等, 2015)。刘圻和杨德伟 (2012) 以我国民营上市公司为样本进行实证分析, 发现企业家的政府关系有助于企业获取科技发展的最新动态、享有政策优惠和政府补贴, 便于企业吸引技术人才, 对企业的创新起到促进作用。David 等 (2008) 研究发现拥有金融关系更容易获得信贷支持, 关系性的贷款会直接影响创新投资意愿。刘浩等 (2012) 认为有银行背景或者银行关系的董事有助于企业吸引金融机构的兴趣，带来更多的资金投入。

还有一部分学者则认为董事会关系资本对企业创新投资意愿有不利影响（Janis，1972；Dacin et al.，2002；Cushing et al.，2002）。Dakhli 和 De Clercq（2004）认为董事会关系资本是一把"双刃剑"，在带来企业可利用资源的同时，也加大了企业对于外部资源的依赖，为外部组织提供了控制企业的机会（Bruce and Rodgus，1991；Kor，2006），不利于自身能力的培养，对企业创新投资形成阻碍。企业在进行投资决策时，有时会迫于董事成员间的内在关系达成一致意见，由于缺少外部信息流入，容易形成群体思维，盲目规避风险而规避创新投资（Cushing et al.，2002；Dakhli and De Clercq，2004；杜兴强等，2012）。此外，拥有强大关系资本的企业，可能存在过度自满、厌恶改变现状的创新投资行为（Keefer and Knack，1997；Cushing et al.，2002；Dakhli and De Clercq，2004；Wincent et al.，2010）。企业的政府关系为企业提供政治资源的同时也阻碍了竞争者的进入（Bellettini et al.，2009），这种牢固的关系限制了企业的灵活性，导致企业缺乏创新的动力。

2. 董事会关系资本与创新投入

部分学者的研究认为董事会关系资本有助于企业增加创新投入。Chen（2014）指出董事会企业关系为企业提供的资源能降低研发过程的不确定性，对企业技术创新投资有正向影响。连锁董事人数占董事会人数比重越大，对于资源的把控能力越强，在变化莫测的市场环境中发现创新机会的可能也就越大，创新投入的强度就越高（O'Hagan and Green，2004；Kor and Sundaramurthy，2009；Kim et al.，2015）。Li 和 Atuahene-Gima（2001）认为政府关系是企业发展的独特资本，可以帮助企业更加快速了解最新政策导向、产业发展趋势，享受更多的政策优惠和政府补贴，起到规避风险的作用，有助于企业增加创新投入。Herrera 和 Minetti（2007）的研究发现企业与银行的关系会影响企业创新投入，从银行获得贷款的额度和时间会影响企业的创新能力。尤其对于重大开发项目，企业往往受到资金的限制，金融关系能够帮助企业得到金融机构的资金支持（Khwaja and Mian，2005）。大量资金的获得，保证了企业创新投入的资金需求，使企业有更加长远的发展（David et al.，2008；Cosci et al.，2016）。我国学者的研究也有相似的发现，蔡地等（2014）认为董事会关系资本有助于企业获取丰富的外部资源，促进企业创新投入（严子淳、薛有志，2015；邵毅平、王引晟，2015；严若森、钱晶晶，2016）。罗党论和唐清泉（2007，2009）以中国民营上市公司为样本进行实证分析，发现政府关系有助于企业获取更多的政策性资源，有利于企业各项投资决策的开展。陈冬华（2003）、刘圻和杨德伟（2012）以及王维等（2014）的研究也得到相同的结论，政府关系为企业提供了信贷支持，有助于企业减轻税负，降低创新活动的风险，有利于企业创新投入的增加。而金融关系有助于企业获取外部融资，保障企业创新投入过程的资金，使企业的创新投资力度更大（杜兴强等，2012；武力超等，2015）。

也有部分研究发现董事会关系资本不利于企业创新投入的增加。Gulati 和 Westphal（1999）认为高新技术企业董事往往会利用其企业关系发展战略联盟，而这种联盟关系降低了企业自身创新投入的程度（Grimpe and Kaiser，2010）。Song 等（2015）的研究发现政府关系对创新投入的作用受企业融资约束程度的影响。Ghosh（2016）在金融关系与企业创新投入关系的研究中发现，在资产负债率较高的企业，金融关系抑制企业创新投入。Zhou 等（2017）在制度与效率逻辑视角下研究政治关联对创新投入的作用，发现政治关联与创新投入之间的积极作用在激烈的竞争环境中得以发挥，并且强政治关联抑制企业创新投入。我国学者谢言等（2010）研究发现企业关系与创新投入之间存在倒 U 形关系。梁莱歆和冯延超（2010）认为，董事会有较强的金融关系确实使企业容易获得信贷资金方面的支持，但是这类企业往往会更加注重短期的收益，从而降低长期的创新投入。王楠等（2017）以创业板企业为样本进行实证分析，发现企业关系、政府关系均对企业的研发投入产生负向影响。彭红星和毛新述（2017）认为尽管高管的政府关系会给企业带来更多的资源，但无法提升创新投入。一些具有政府背景的董事还会出于绩效考核的目的，倾向采用多元化经营和企业并购等快速实现资本增值的战略（余明桂、潘红波，2008；张敏、黄继成，2009），而对于回报周期长的创新投资项目不会过多投入资本。

3. 董事会关系资本与创新绩效

已有文献对董事会关系资本与创新投资关系的研究多集中在董事会关系资本对企业创新投资意愿和创新投入的影响上，而关于董事会关系资本对创新绩效影响的研究较少。创新投资是企业提升竞争力的关键途径，但是创新过程蕴含着大量的不确定性和复杂性，因此我们有必要考量创新投入所产生的技术成果以及技术成果转化所带来的价值增长。根据 Mitchell（1964）的研究，企业家通过企业外部关系获得了更多的机会和支持，促进了企业创新绩效的提升。Hillman 和 Hitt（1999）认为拥有政府资源的企业家可以将政府资源转化为企业前进的动力，对企业的创新绩效产生积极影响。Anderson 和 Reeb（2003）发现董事会关系资本融合各种社会资源，进行有效配合，提高了决策质量，对企业创新绩效有积极作用（戴勇、朱桂龙，2011；朱福林等，2016）。通过董事会关系资本与外部组织建立的关系有助于推动创新成果转化、扩散（史欣向、梁彤缨，2013）。Lee 和 Cavusgil（2006）的研究发现董事会关系资本有利于提高企业的创新绩效，而网络关系的强度直接影响企业之间信息资源传递的速度，对企业的创新投资能力和效果有重要的影响（Granovetter，1983；朱福林等，2016；俞峰、钟昌标，2017）。Cainelli 等（2007）

通过对生物医药行业的研究发现，研发投入和关系资本共同影响创新绩效，当创新投资的机会成本较低时，关系资本才会对创新绩效产生积极的影响，二者对于创新绩效是一种协同的作用。邵毅平和王引晟（2015）的研究发现董事会关系资本通过促进企业创新投入，进而达到促进企业绩效提升的目的，对企业创新投资绩效有积极影响。

但也有学者的研究得到了不一致的结果。Rowley 等（2000）发现对于不同行业的公司，不同的关系网络对企业的创新业绩有不同的影响。Guner 等（2008）指出尽管金融关系缓解了企业的资金压力，降低了企业的经营风险，但充裕的资金流可能会导致企业过度投资，降低创新绩效。Wu 等（2008）的研究发现政府关系对于企业创新绩效存在先增强后减弱的关系，即存在倒 U 形关系。徐向艺和汤业国（2013）以中小上市公司为样本研究发现董事会关系资本与创新的投入与产出关系并无显著影响。袁建国等（2015）的研究发现具有政府关系的企业创新投入偏高，但是这些高投入带来了较低的专利产出。存在政府关系的企业往往将大量资源用于寻租以维持与政府部门的关系，耗费了企业有限的资源与精力，导致企业较低的创新绩效（杨其静，2001；丁重、邓可斌，2010）。李小青和吕靓欣（2017）根据连锁董事任职数量将连锁董事分为低连锁组和高连锁组，研究发现董事会关系资本在一定程度上促进了企业创新投资，提升了创新投资效率，但超过某一界限后关系网络会对企业创新投资效率的提升产生障碍。

综上所述，国内外学者就董事会关系资本与企业创新投资决策之间关系的现有研究尚未形成一致结论，部分学者的研究认为董事会企业关系、政府关系和金融关系对企业创新投资意愿、创新投入和创新绩效有正向影响，而另一部分学者则持有不同的观点。并且学者们的研究多从董事会关系资本的某一侧面分析其与创新投资决策之间的关系，少有研究从企业关系、政府关系和金融关系整体角度进行系统分析。同时在董事会关系资本对企业创新绩效的影响方面，学者们并未对企业创新绩效的两个阶段加以区分。本书将在前人研究的基础上，对董事会关系资本与企业创新投资意愿、创新投入和创新绩效之间的关系进行系统分析，并将企业创新绩效进一步细分为技术绩效和价值绩效，分别探索董事会关系资本对其产生的影响。

第四节 本章小结

为厘清董事会资本与企业创新投资决策之间的研究脉络、研究价值以及本书可深入研究的内容，本书围绕研究主题与研究目的，依次对企业创新投资相关文献、董事会资本相关文献、董事会资本与企业创新投资关系相关文献进行回顾与梳理。

首先，本书从创新投资的内涵与分类、测度及其影响因素三方面对国内外文献进行梳理与评述。通过对创新投资的内涵与分类的评述，形成本书所使用的创新投资的内涵，并汇集成本书从创新投资决策过程的三个阶段即创新投资意愿、创新投入和创新绩效进行分析的研究思想。通过对创新投资各阶段测度方式的回顾，发现既有研究关于创新绩效的评价多运用专利数据和企业价值指标，无法准确反映企业创新投入所带来的专利产出，以及专利市场化而形成的企业价值的增加，进而提出本书用以测度创新技术绩效和创新价值绩效的指标。通过对创新投资影响因素的系统回顾，发现企业规模、产权性质、现金约束、董事会独立性、财务杠杆、机构投资者持股以及政府干预等国内外学者普遍认可的创新投资影响因素，为后续研究奠定基础。

其次，回顾了董事会资本的内涵与分类、测度方式的国内外相关文献。其一，通过对董事会资本的内涵与分类相关文献的梳理与评述，在总结前人研究基础上提出本书董事会资本的内涵，并根据董事提供资源的来源不同将董事会资本划分为董事会人力资本和董事会关系资本。其二，通过对董事会资本测度方式的国内外文献梳理，发现董事会资本目前尚未形成统一的测度指标体系，结合前人研究确定本书董事会资本的测度方法，以董事会受教育程度、任职期限和职业背景反映董事会人力资本，以董事会企业关系、政府关系和金融关系反映董事会关系资本。

最后，梳理了董事会资本与企业创新投资之间关系的国内外相关文献。一方面，通过对董事会人力资本与企业创新投资关系的国内外相关文献梳理发现，国内外学者就董事会人力资本与企业创新投资决策之间关系的现有研究尚未形成一致结论，部分学者认为董事会人力资本与企业创新投资意愿、创新投入正相关，而还有一部分学者持反对意见。有关创新绩效方面，少有研究直接关注董事会这一战略决策和战略管理主体的人力资本水平对企业创新技术绩效和创新价值绩效的直接影响。因此，本书在前人研究的基础上，对董事会人力资本与企业创新投资决策之间的关系进行系统性分析，分别探究董事会人力资本与企业创新投资意愿、创新投入以及创新绩效之间的关系，其中创新绩效又细分为创新技术绩效和创新价值绩效。另一方面，通过对董事会关系资本与企业创新投资关系的国内外相关文献梳理发现，国内外学者就董事会关系资本与企业创新投资决策之间关系的现有研究尚未形成一致结论，部分学者认为董事会企业关系、政府关系和金融关系对创新投资意愿、创新投入和创新绩效有正向影响，而另一部分学者则持有不同的观点。并且学者们的研究多从董事会关系资本的某一侧面分析其与创新投资决策之间的关系，少有研究从企业关系、政府关系和金融关系整体角度进行系统分析。同时在董事会关系资本对企业创新绩效的影响方面，学者们并未对企业创新绩效的两个阶段加以区分。本书在前人研究的基础上，对董事会关系资本与企业创新投资意愿、创新投入和创新绩效之间的关系进行系统分析。

第三章　董事会资本对企业创新投资决策影响的理论基础

本书通过前述文献梳理，对企业创新投资决策与董事会资本的前人研究成果进行了系统的回顾，对相关概念之间的关系及其理论基础有了明确的认知，凝练出整体研究思路。本部分将对研究中所涉及的资源基础理论、资源依赖理论和企业创新理论进行分析，归纳其理论的起源与发展、核心观点与思想以及对企业创新投资决策的作用，为后续实证研究中假设的提出和实证结果的分析奠定理论基础。

第一节　资源基础理论

资源基础理论为董事会人力资本提供了合理的解释，也为董事会人力资本与企业创新投资决策之间的关系提供了理论依据，本部分将对资源基础理论的起源与发展、分析框架以及董事会人力资本与创新投资之间的关系进行系统分析，以期为后续实证研究提供理论依据。

一 资源基础理论的起源与发展

20世纪80年代至90年代，从企业拥有资源的角度探寻企业持续卓越绩效解释的资源基础理论迅速形成并发展。在当时，学术界关于企业持续卓越绩效的解释主要有两种不同的理论观点：其一，以波特竞争优势源自产业结构为代表的产业组织理论，认为企业卓越绩效表现是外生的；其二，以沃纳菲尔特和巴尼为代表的竞争优势源自企业特有资源的资源基础理论，认为企业卓越绩效表现是内生的。

产业组织理论的分析沿用经典的SCP范式，即"结构－行为－绩效"分析范式，认为企业所处产业的市场结构决定了企业从事活动的范围，即企业的行为方式，而企业所采取的不同行为进一步影响了企业的绩效表现。其将企业面临的市场竞争程度、进入与退出壁垒等市场结构因素视为企业绩效的决定性因素。然而，市场结构并非企业绩效的唯一决定因素，即便是同一行业的企业之间也存在利润差异，甚至同一行业的企业之间利润差异程度要大于不同行业企业之间的利润差异程度（Lippman and Rumelt, 1982），这说明产业组织理论至少无法对企业持续卓越绩效做出完备解释。

而资源基础理论从企业拥有的独特资源角度分析企业持续竞争优势的源泉，其理论思想源自彭罗斯的《企业成长理论》。彭罗斯脱离了传统经济分析将企业视为同质的生产函数的分析框架，认为企业是在特定管理框架下一系列资源的组合，正是企业异质性的资源及其使用方式决定了企业的成长。资源基础理论继承了彭罗斯企业资源异质性的观点，认为企业之间资源的差异导致企业不同的绩效表现。

沃纳菲尔特最早发表了有关资源基础理论的研究，他试图从互补的角度发展一种理论作为对波特基于产品市场地位的竞争优势理论的补充，认为竞争优势是基于企业所拥有的资源而实施不同产品市场战略所获得的。原则上讲，对于每一个能够分析企业产品市场竞争力的概念（如进入壁垒），应该存在一个能够分析企业所拥有资源的竞争程度的互补概念（如模仿壁垒）。Wernerfelt（1984）意识到企业间基于资源和资源组合的竞争对企业实施产品市场竞争战略以获取竞争优势有重要意义，这为资源基础理论的产生与发展奠定了基础。同年，鲁梅尔特发表了资源基础领域的第二篇论文，与沃纳菲尔特从企业拥有资源角度解释企业间绩效差异的观点不同，鲁梅尔特试图构建一种解释企业为何存在以及经济租金的获取能力的企业战略理论，着重阐述交易专用性投资的作用。交易专用性投资被资源基础理论的学者视为最可能产生经济租金的资源。Rumelt（1984）将企业视为一组生产性资源的集合，指出这些资源的价值会随着其应用环境的变化而发生改变，并且提出企业资源被"隔绝机制"所保护的程度决定了资源的可模仿性，其开始探索那些不可模仿的资源的属性，许多观点均被资源基础理论所沿用。与沃纳菲尔特的观点相似，巴尼认为开发一种基于企业所控制资源属性以解释企业持续卓越绩效的理论是可行的。Barney（1986）在其研究中引入战略性要素市场的概念，将战略性要素市场视为企业获取其产品市场战略所需资源的场所，企业能否获得竞争优势不仅取决于其采取的战略行动能否在产品市场上创造不完全竞争，还取决于企业实施该项战略的成本高低，而这一成本是由战略性要素市场的竞争程度所决定的。若战略性要素市场是完全竞争的，即企业能够无差别地获取实施战略所需的各项资源，那么企业将无法在产品市场上获取持续的竞争优势，因为企业获得竞争优势的战略所需资源能够无差别地被其他企业所获取，其他企业通过战略模仿分享产品市场中的竞争优势，最终导致该战略无法为任何企业带来经济租金。因此，与需要在战略性要素市场上争取资源以支持战略实施的企业相比，基于企业现有的、无弹性供给能力的资源而实施战略的企业更能取得竞争优势，获取经济租金。Dierickx 和 Cool（1989）丰富并扩展了巴尼的研究，论述了能够为企业带来经济租金的资源的属性，他们以鲁梅尔特有关"隔绝机制"的论述为基础，认为具有路径依赖性、与竞争优势之间因果模糊性、资产存量相互关联性或资产累积效率特征的资源不易受到战略性要素市场竞争的干扰，与其他类型的资源相比，更易为企业带来经济租金。

上述学者的研究共同塑造了资源基础理论的雏形，Barney（1991）在总结前述研究成果的基础上，正式提出了资源基础理论，阐明了资源基础理论的基本概念、基本假定以及资源与竞争优势的关系，建立了资源基础理论的分析框架。此外，Rumelt（1991）、Amit 和 Schoemaker（1993）、Spender 和 Garnt（1996）以及 Barney（2001）等学者的研究丰富并发展了资源基础理论。

二 资源基础理论的分析框架

Barney（1991）在前人研究基础上提出了资源基础理论，明确了企业资源的基本概念，将企业资源视为企业用以制定和实施战略的各种有形资产和无形资产。这是一种广义的资源概念界定，包括物质资本资源、财务资本资源、人力资本资源和组织资本资源四大类别。其中，物质资本资源包括企业的固定资产、原材料、区域位置以及有形技术等，财务资本资源包括企业的全部收入，人力资本资源包括企业员工、管理者与所有者个人所具备的教育、经验以及技能等，组织资本资源包括组织文化、组织结构等。

资源基础理论包含两个基本假定：其一，资源的异质性，即企业所拥有的资源及其组合之间存在差异；其二，资源的不可流动性，即资源是供给缺乏弹性的或者高模仿成本的，这限制了其他企业对同一资源的获取，使企业之间的资源差异持续存在。这意味着企业如果能通过其所拥有的有价值的资源实施产品市场战略以获取竞争优势和经济租金,那么当这种资源具备不可流动性特征时,企业能够获得持续的竞争优势和经济租金。

然而,并非所有资源都能为企业带来持续竞争优势,在资源基础理论的基本假定下,学者们探讨了资源基础理论的分析框架,即具备何种特性的资源能够成为企业持续竞争优势的来源。Barney(1991,2001)研究指出当企业资源具备价值性(value)、稀缺性(rarity)、不可完全模仿性(inimitability)以及组织性(organization)时能为企业带来持续的竞争优势,即 VRIO 分析框架。而 Peteraf(1993)则认为具备异质性、对资源竞争的事前限制性、对资源竞争的事后限制性以及不可移动性的资源是持续竞争优势的来源。Amit 和 Schoemaker(1993)认为具有稀缺性、有限移动性、不可完全替代性以及可占用性的资源能够带来持续竞争优势。学者们提出的资源基础理论的分析框架有较大的相似性,其中 VRIO 分析框架更为全面,Barney(1991,2001)提出了企业的资源只有参与到组织过程中去才可能为企业创造竞争优势与经济租金,即资源的组织性,而闲置资源无法形成竞争优势。因此,本书采用 VRIO 框架进行分析。

在能够为企业创造持续竞争优势的资源中,人力资本作为一种无形资本是最重要的资源,其对企业卓越绩效的作用超越了物质资本资源。而董事会作为企业战略决策制定的主体,能够协调与控制企业的其他资源,董事会人力资本水平更是影响企业竞争优势的获取。首先,董事会人力资本具备价值性。资源的价值表现为帮助企业制定和实施提升企业绩效表现的战略,利用环境中的机会并抵御环境威胁。《公司法》赋予董事会决定公司经营计划和投资方案的职权,董事运用其丰富的知识、经验和技能(即董事会人力资本)对企业自身发展状况以及外部环境适应性进行综合的评判,帮助企业识别与把握发展机会并规避风险,为企业制定适宜的战略方案以实现绩效提升。其次，董事会人力资本具备稀缺性。资源的稀缺性要求资源不能为企业所共有，如果某项资源为众多企业同时拥有，每个企业都有能力对该项资源进行开发利用，那么即便该项资源是有价值的，企业也无法获取竞争优势。任何个人在与工作相关的技能和能力方面都存在差异（Wright et al.，1994），不同企业的董事会成员之间在知识种类、技能类型和经验积累上也存在差别，尤其是董事通过在企业内工作所积累的知识和经验，是企业特有的一种意会知识，无法被其他企业获取，因此董事会人力资本是一种稀缺资源。再次，董事会人力资本具备不可完全模仿性。有价值的且稀缺的资源可能是企业竞争优势的来源，仅当该项资源无法被其他企业完全模仿时才成为持续竞争优势的源泉，否则该项资源只能为企业带来暂时的竞争优势。董事会成员的知识、经验和技能的获得具有一定的历史性和路径依赖性（Westphal and Fredrickson，2001），是长时期积累的结果，其他企业无法完全还原董事会人力资本的积累过程，因而难以模仿。即便某些企业可以聘请竞争对手的董事为自己工作，但也存在一定程度的模仿壁垒。仅依靠单个资源并不必然能给企业带来竞争优势，占主导地位的资源作用的发挥需要与企业其他资源之间相互组合（Black and Boal，1994），董事人力资本发挥作用的有效程度受到诸如组织氛围、协调程度（Oliver，1997）等多种因素的影响，而这些因素是企业难以复制与模仿的。此外，董事会人力资本涉及成员之间知识、经验与技能的融汇，企业必须建立整个团队才能获得相应的团队人力资本，而董事会成员之间关系的形成、董事会与企业管理层之间的交流与沟通是一个循序渐进的过程，企业很难完全复制整个团队及其运行的组织情境（Hambrick，1987）。最后，董事会人力资本具备组织性。资源被组织过程加以开发利用要求资源投入企业生产经营过程中以创造经济租金，而处于闲置状态的资源，即便是有价值的、稀缺的以及难以模仿的，也无法成为企业竞争优势的来源。董事会人力资本被广泛地应用于企业生产经营过程的各个方面。例如，为企业管理者生产经营决策提供咨询和建议、帮助企业制定战略以及提升董事会监督效力等（Hillman and Dalziel，2003）。

综上所述，董事会人力资本作为一种无形资本，能为企业带来持续竞争优势与经济租金。然而，资源基础理论的分析框架更多地关注资源属性，忽视了资源如何转化为企业竞争优势的过程。资源本身无法产生卓越绩效（Foss and Ishikawa，2007；Mckelvie and Davidsson，2009），企业只有制定并采取适当的战略行动，才能实现从资源到竞争优势以及卓越绩效的转化（Combs and Ketchen，1999；Klingebiel and Rammer，2014）。

三 董事会人力资本与企业创新投资决策

依据资源基础理论的思想，董事会人力资本所左右的战略行动将影响企业持续竞争优势和经济租金，创新是提升企业持续竞争优势的有效且重要战略路径（Stuart and Podolny，1996；Del Canto and Gonzáles，1999；De Carolis，2003；Ahuja et al.，2005），而企业董事会人力资本的构成不同将进一步影响企业是否倾向选择通过创新路径保证持续竞争优势并获取经济租金。董事会作为企业决策层，是战略决策的主体，对企业创新投资决策有决定权，创新投资决策的选择及实施受董事会人力资本水平的影响。创新活动具有高度不确定性、高风险性、长周期性以及复杂程度高等特点，需要大量的资源（Wu et al.，2005），例如信息、技术、知识、经验和金融资本，缺乏充足的资源与有效的指导很难形成持续性创新能力及成果，而高水平的董事会人力资本能够为企业创新活动提供信息、咨询和建议等多方面的支持，并对企业创新过程实施有效管理，从而促使企业从事创新活动并产生较好的创新绩效。

首先，董事会人力资本水平影响企业创新机遇的识别。高水平的董事会人力资本意味着较强的信息识别、处理和加工能力（Dalziel et al.，2011），董事根据对企业内外部环境的深入了解，对企业所处行业的发展状况和未来趋势有着科学的判断，对于潜在的创新机遇有着敏锐的洞察力，通过搜集企业内外部相关信息并进行分析处理能够识别出对企业发展有益的创新机会，而创新机会的识别是企业创新投资决策的必要前提（George and Zhou，2001）。其次，董事会人力资本水平影响企业创新投资意愿与投入程度。较高的董事会人力资本水平意味着较高的知识水平、技术能力与阅历广度。较高人力资本水平的董事会根据其创新相关的知识和技术经验对企业面临的创新项目进行相对专业和科学的评估，制定合理的创新投资决策，为创新投资过程提供专业的咨询和建议，有助于降低创新风险。此外，人力资本水平较高的董事会对新技术、新观念的接受能力较强，风险承担能力较强，因此更愿意进行创新投资，并加大创新投入。最后，董事会人力资本水平影响企业创新绩效。较高的董事会人力资本水平能够对创新过程进行有效管理，为企业创新过程提供知识、技术和信息等支持，保障创新成果的产出。此外，较高的董事会人力资本水平更有利于创新成果的应用、转化与扩散，增强企业成长的动力。

综上所述，董事会人力资本作为能为企业带来持续竞争优势的资源影响企业创新投资决策，董事会人力资本水平正向影响企业创新投资意愿、创新投入和创新绩效。

第二节 资源依赖理论

资源依赖理论为董事会关系资本提供了合理解释，也为董事会关系资本与企业创新投资决策之间的关系提供了理论依据,本部分将对资源依赖理论的起源与发展、核心观点以及董事会关系资本与创新投资之间的关系进行系统分析,以期为后续实证研究提供理论依据。

一 资源依赖理论的起源与发展

早期对于组织管理的理论研究一般认为组织所处的环境是可预见并且相对稳定的,将企业组织视为一个封闭的系统,关注组织内部结构和规章制度的作用,几乎不考虑外部环境以及外部资源的影响。随着20世纪60年代开放系统观念的发展,学者们开始关注组织与外部环境之间的关系,组织管理研究进入了开放系统的研究模式,在这一背景下资源依赖理论也得到迅速发展。开放系统观认为组织的战略选择和行动受其所处的环境和位置的影响,作为关注组织与外部环境之间关系的理论之一,由 Emerson(1962)提出的社会交易理论有力地证实了外部环境对组织生存发展的重要作用,为资源依赖理论的形成与发展奠定了基础。

"依赖"一词由 Thompson(1967)首次提出,Thompson 认为一个组织对于另一个组织的依赖程度取决于对其所能提供的资源和服务的需求程度,同时也受到其他组织可替代资源或服务的负向影响。Pfeffer 和 Salancik 于1978年出版了《组织的外部控制:资源依赖性的分析》一书,阐述了组织之间的联系、互动以及组织与外部环境的关系,使资源依赖理论受到了理论界的广泛关注,并发展成为组织理论研究和战略管理研究领域最具影响力的理论之一。其后,不断有学者对资源依赖理论进行丰富和发展。Burt(1983)和 Baker(1993)深入探讨了相互依赖的组织间关系,Burt(1983)认为,社会网络中的组织在行动中应该尽量避免依赖别人,同时如果其在社会网络中所占位置被其他组织所依赖,那么该组织就可以从这种依赖关系中获益。Baker（1993）通过对企业与投资银行关系的研究证明了Burt（1983）的观点，当企业在资金和信息等方面高度依赖投资银行时，企业就会主动努力保持与投资银行的长期关系，而依赖程度不高时，与投资银行间的合作可能只是短暂的。Madhok和Tallman（1998）将资源依赖进一步分为结构依赖和过程依赖，丰富了资源依赖理论。

二 资源依赖理论的核心观点

"资源依赖"即组织对外部环境中资源的依赖程度，而这些资源往往被外部环境中的其他组织所控制。为了获得关键资源，组织就会同外部环境中控制着这些资源的其他组织进行联系和互动。资源依赖理论的核心假设是，组织的生存离不开外界环境中的资源，而这种资源组织是没办法自给自足的，只能够通过外部环境进行交换。

资源依赖理论的主要观点如下。首先，组织存在于有着相互联系的网络之中，获取和维护资源的能力是组织生存和兴旺的关键，而这些维持组织生存的资源来自外部环境。资源依赖理论认为，没有一个组织可以通过完全自给自足而实现对资源的全部控制。为了获取资源必然与外部环境不断进行互动，以确保组织能够获得足够的资源以保障其生存和发展，若缺少这些资源组织将不复存在，这就造成了组织对于外部环境及其资源的依赖。其次，组织为了获取生存发展所需的资源，一定会与环境中的其他因素进行联系，比如交换、交易或者是权力上的控制。如果某种资源对于企业而言是必不可少的关键资源，企业就会对这种资源的提供者产生强烈的依赖性。作为提供资源的回报，企业不可避免地重视该提供者的需求，赋予其部分权力。最后，组织为了更加广阔的发展前景不断完善组织的经营模式和发展战略，尽力减少对于外部环境的依赖。组织时刻需要外部资源的供给，这不仅仅是因为组织对于外部环境的依赖，还因为环境具有不确定性。环境是时常发生变化的,组织不得不面临着死亡或者改变自身以适应环境的选择。为了生存和发展,组织重要的目标是降低对外部资源的依赖程度,提高自身对于外部环境的控制力。

在考量一个组织对其他组织的依赖程度时,有三个重要的因素:资源的重要性、对资源的控制能力以及替代资源的可得程度(Pfeffer and Salancik,1978)。其一,资源的重要性。资源对于组织成长发展而言越重要,组织对于拥有该项资源的外部组织的依赖程度就越高。资源的重要性往往表现在两个方面。一方面是资源交换的相对数量,即组织提供或索取产品和服务的数量及种类。提供单一产品或服务的组织对于顾客的依赖程度远远高于能够提供多元产品或服务的组织。同样,组织生产经营需要单一要素投入比需要多种要素投入更加依赖要素的供给。另一方面是资源对于组织而言具有关键性,即该资源对于组织起到关键的作用。即使这种资源占组织费用总支出的很小比例,也有可能起到关键性的作用。而资源对于组织的关键性作用并不是一成不变的,它会随着组织环境的条件变化而发生改变。其二,对资源的控制能力。如果组织完全拥有某项资源的所有权,那么不用依赖其他组织就可以对该项资源进行分配、使用和处置。然而如果组织不具备某项资源的所有权,那么该项资源的取得依赖于拥有该资源的外部组织。由于资源依赖理论认为组织并不能完全掌握所有需要的资源,这就要求组织通过所有权让渡或者获取资源的使用权来利用所需外部资源。越是稀缺的资源,组织对于外部环境或者其他组织的依赖性就越强。其三,替代资源的可得程度。若组织生存发展所需的资源掌握在少数组织手中,且该项资源无可替代,那么组织对拥有这种稀缺资源的外部组织的依赖程度较高。但若外部环境中存在诸多可供替代的资源,那么组织的对外依赖程度将有所降低。

三 董事会关系资本与企业创新投资决策

按照资源依赖理论的观点,企业处于开放的系统环境之中,无法自给自足地获取企业生存发展所需的全部资源,例如财政资源、信息资源和物质资源等,而这些资源掌握在外部组织手中,企业为了获取相关资源以保障自身的生存与发展必须与拥有资源的外部组织之间进行互动,企业可通过战略联盟、并购或董事会关系等来获取由外部组织所控制的资源(Scott and Davis,2013)。其中董事会关系是一种较为便捷且低成本的资源获取方式。董事会通过与外部组织(其他企业、政府和金融机构)建立关系以帮助企业获取相关资源,形成了董事会关系资本。

董事会关系资本能为企业带来四个方面的资源(Boyd,1990;Hillman and Dalziel,2003;Hillman et al.,2000)。其一,为企业建立与外部组织交流沟通的渠道。董事会通过连锁董事与其他企业建立关系,促进信息在企业间的传播,提升企业环境监测能力并获取其他企业经营管理的相关信息(Burt,1980,1983;Palmer et al.,1983),有助于企业战略决策制定并提升企业绩效表现(Eisenhardt and Schoonhoven,1996;Geletkanycz and Hambrick,1997)。其二,帮助企业优先获取重要外部资源。董事会与外部组织间的关系使企业能以更加便利的条件获取有利的关键资源(Zald,1969;D'aveni,1990;Boeker and Goodstein,1991),拥有政府背景董事的企业更易获得税收减免、政府补贴等政策性资源(Anup and Knoeber,1996,2001;李维安等,2015),有助于企业绩效改善(Hillman and Hitt,1999),拥有金融背景董事的企业更易获取财务资源(Mizruchi and Stearns,1988;Booth and Deli,1999;刘浩等,2012)。其三,为企业提供合法性支持。董事会成员在其他企业的任职经历、在政府部门和金融机构任职所享有的社会地位向外界传递着积极的信号,代表着董事会向其他组织和个人提供的有关公司价值的保障（Pfeffer and Salancik，1978），能增强外界对于企业的认可度。其四，为企业提供咨询和建议。由与战略上相关的企业存在关系的董事构成的董事会能够更加有效地提供咨询和建议（Carpenter and Westphal，2001），通过关系资本掌握充裕的信息，为企业的决策过程提供有力支持。

由于组织之间依赖关系的非对称性，拥有相关资源的组织能够在被依赖关系中获得相对权力，并对其他组织产生影响（Pfeffer and Salancik，1978）。企业通过董事会关系资本获取相关资源的同时，也为外部组织提供了对企业实施控制的渠道（Bruce and Rodgus，1991）。企业对于资源的依赖程度越高，拥有资源的外部组织对其实施影响的能力越大。在我国特殊的转型经济时期，各项制度安排尚在不断建立健全的完善过程中，关系资本在企业获取外部资源以保障企业生存、推动企业发展方面发挥重要作用。而对于企业创新投资决策，由于创新活动的高度不确定性、高风险性、长周期性以及复杂程度高等特点，更需要外部资源予以支持（Hillman et al.，2009），而企业对外部资源的这种依赖会导致董事会关系资本对企业创新投资决策产生影响。

与董事会存在关系的外部组织为企业提供资源，以期从这种被依赖关系中获益，进而影响其为企业提供资源的用途。创新投资需要大量的资金投入（Pavitt，1983），且创新投资的回报具有较长的周期性（Lee and O'neill，2003）。而创新活动需要较长时间用以研发，待取得创新的技术成果后，还需要一段时期将其转化为能够市场化的产品与服务，才能为企业带来经济利益。此外，由于创新活动高度的不确定性、风险性和复杂性，创新投入的资金可能无法取得任何回报（Lee and O'neill，2003）。与创新投资这一需要较长周期才能观察到效果的高风险投资相比，还存在着诸如技术购买、并购、多元化等能够相对快速提升企业绩效表现的投资战略，外部组织从获利和风险角度综合考量，更倾向于其他的投资战略。企业为了满足外部组织的利益诉求以保障企业发展所需的资源获取，也会选择能够较为快速取得回报的相对低风险的投资战略，从而导致企业创新投资意愿和创新投入均较低，即董事会关系资本负向影响企业创新投资意愿和创新投入。而对于已发生的创新投入，为了不使其变为沉没成本而给企业自身和为之提供资源的外部组织造成经济损失，董事会关系资本会为企业创新过程提供有力支持以保障企业创新成果产出，并促使企业创新技术成果转化以获取经济利益，有助于提升企业创新投入效率与成果转化效率，即董事会关系资本对企业创新绩效有促进作用。

综合上述分析，董事会关系资本在为企业提供外部组织所控制资源的同时，也为外部组织提供了对企业施加影响的渠道，对企业创新投资意愿、创新投入和创新绩效产生不同影响。

第三节　企业创新理论

创新无论是对于国家的经济增长还是企业的长远发展都起到至关重要的作用，本部分将对创新理论的起源与发展、创新的驱动机理进行系统分析，以为本书从多方面探索创新驱动因素的作用机理奠定理论基础。

一　创新理论的起源与发展

创新概念最早由熊彼特（Schumpeter）提出并引入经济系统，他认为创新是重新组合各种生产要素，将新的生产要素抑或生产要素的全新组合引入生产体系，即建立一种新的生产函数，并将创新视为经济发展的持续动力（Schumpeter，1912）。创新包含五种形式：其一，采用一种新产品，即提供一种全新的产品或者提升已有产品的品质，对应着产品创新；其二，采用一种新的生产方法，即尚未在制造业领域中得到验证的方法，对应着工艺创新；其三，开辟一个新市场，即进入一个以前没有涉足的市场，对应着市场创新；其四；获得一种原材料或半成品的新供给来源，对应着资源开发创新；其五，实现一种新的组织形式，即打破一种垄断地位或造就一种垄断地位，对应着制度与管理创新。这是一种广义的创新概念，熊彼特于1939年较为系统地提出了创新理论，将创新视为一个过程，开启了创新理论研究的先河。但是，由于受到同时期"凯恩斯革命"理论的影响，创新理论在提出的当时并未引起理论界与实务界的广泛重视。随着社会经济的逐步发展，许多现象已无法用传统经济理论予以解释，创新在经济发展中的作用逐渐受到学者们的重视，学者们开展了大量研究丰富并发展了创新理论，逐渐形成了新熊彼特学派、新古典学派、制度创新学派和国家创新体系学派等有代表性的研究流派。

1. 新熊彼特学派的创新理论

20世纪50年代，随着新技术革命的蓬勃发展，如何以技术创新推动经济增长成为备受关注的热点问题，熊彼特的创新理论成为学术研究的焦点，并出现了新熊彼特学派，该学派在熊彼特创新理论的基础上，提出了技术创新理论，强调技术创新与进步在经济增长中的重要作用。新熊彼特学派从新思想及其引入、创造及其介绍、打破传统观念及同现有观点的区别等方面探索技术创新的内涵。

Mansfield（1961）从推广速度和影响推广的因素角度探索了新技术的推广问题，建立了新技术推广模式。Mansfield（1961）的研究有四个基本假定，即完全竞争市场、专利不会影响新技术的模仿、推广过程中新技术不会发生改变，以及企业规模对新技术的采用没有影响。在这些假定前提下，新技术并非垄断的，可以被市场中的企业自由地模仿和使用，此时影响新技术推广的因素主要有模仿的比例、相对盈利率以及投资额。其中，新技术被模仿的比例越高、模仿新技术的相对盈利率越高、采用新技术需要的投资额越低，则新技术推广速度越快。然而，Mansfield（1961）的理论假设前提过于完美，现实世界中无法达到完全竞争市场的理想化状态，且法律对于专利权的保护也会影响新技术的模仿，科技的发展日新月异，需要不断进行技术升级与革新才能保障其生命力，同时企业规模也影响其投资新技术的能力。Kamien 和 Schwartz（1975）从市场结构的角度对企业技术创新过程进行探析。他们认为市场竞争程度越剧烈，企业进行创新活动的动力越充足；市场垄断程度越高，企业通过创新所获取的市场控制力就越强，创新为企业带来的经济租金就越持久。此外，Myers 和 Marquis（1969）、Utterback（1975）等学者的研究也丰富了新熊彼特学派的创新理论。

2. 新古典学派的创新理论

以 Solow（1957）为代表的学者运用新古典生产函数的原理，探索技术创新对经济增长的驱动作用，形成了创新理论的新古典学派。该学派将技术视为与资本和劳动力同等重要的生产要素，认为技术进步是影响经济增长的重要因素。Solow（1957）开创性地将创新分为两个阶段，即新思想的产生及其后续的实现与发展，在对美国制造业总产值的分析过程中发现，技术上的进步解释了 88% 的经济增长。与此同时，新古典学派也强调政府干预对创新的作用，提出技术创新的市场机制失效时，政府应给予适当的干预和调控，以充分利用创新在促进经济发展方面的重要作用。但新古典学派并不关注创新的内部过程，将创新过程视为一个"黑箱"，仅关注创新带来的结果，即对经济发展的作用。

3. 制度创新学派的创新理论

20 世纪 70 年代，Davis 和 North（1971）在其出版的《制度变迁与美国经济增长》一书中提出制度创新的观点，将制度创新视为经济的组织形式和经营管理方式的革新。制度创新学派以制度的形成和变革为主要研究内容，将创新理念与制度相结合，对制度创新与经济发展之间的关系进行深入挖掘，发展了熊彼特的制度创新思想。20 世纪 80 年代，德鲁克在其出版的《创新与企业家精神》一书中有关创新的论述进一步丰富了熊彼特创新理论的内涵，发展了其管理创新的理论思想（Drucker，1985）。德鲁克将企业创新视作企业在生产经营、组织管理等活动中采用新理念、新方式、新生产函数或资源新配置方式的行为，能够使人力资源和物质资源创造财富的能力更强，强调经济的发展方式已经从管理的经济转变为创新的经济，他从企业内部因素和外部环境因素探索创新的源泉。

4. 国家创新体系学派的创新理论

以 Freeman（1982）和 Nelson（1993）等学者为代表的国家创新体系学派认为尽管企业是技术创新的生力军，企业创新在推动经济增长方面有重要作用，然而创新并不是企业孤立进行的行为，需要国家创新体系予以推动。企业创新需要多方面的资源予以支持，而国家创新体系正是参与并影响创新资源配置的各个组织、机构、关系网络和运行机制的综合体系，参与创新的各方相互作用，共同推动新技术的产生、扩散与应用，促进整个国家的创新绩效提升。Freeman（1982）在对日本企业的研究中发现，日本的创新主体众多，创新活动无处不在，而政府在其中起到了重要的推动作用，通过建立国家创新体系，协调各方资源推动创新活动的开展，实现了日本经济的快速发展。Nelson（1993）分析了国家创新体系的制度安排，并指出由于创新活动的高度不确定性，国家创新体系的制度安排应该具有弹性、适应性和灵活性。国家创新体系学派的研究为政府如何通过制度安排激励企业、科研机构以及高等院校等创新主体从事创新活动，加快新技术的产生、扩散与应用提供了理论借鉴。

二 创新的驱动机理

鉴于创新对于企业发展和经济增长的重要作用，创新的驱动机理研究受到学术界广泛重视，以期通过对驱动机理的探索更好地推动创新活动开展。对于创新驱动机理的研究经历了从一元论到多元论的过程。

创新驱动机理一元论主要从单一角度考量创新的驱动力量，分为技术推动说和需求拉动说。其中，技术推动说认为创新是由于技术发展的推动而产生的，在科学技术上取得的重大突破是企业进行创新的直接动力，也是推动创新的根本原因。而需求拉动说则认为创新源于市场的需求，即创新的起点是市场需求信息，这些信息描述了市场期望得到的产品和技术，企业根据这些需求进行创新，生产新的产品与服务以满足市场需求，进而在市场中占据优势地位以获取经济租金，因此，市场需求及其相应的经济收益是创新的直接驱动力量。

在创新驱动机理多元论方面，Cooper（1979）研究发现从单一角度对创新驱动机理进行分析无法解释现实中的许多现象，并指出创新是在技术成果和市场需求平衡的基础上产生的，即技术推动和市场需求共同推动了创新的开展。Balachandra和Friar（2002）研究创新驱动机理时发现，当研究背景发生改变时，即便是相同的驱动因素也会对创新产生不同的影响，即对创新驱动机理的研究需要考虑情境因素，如若不然可能导致研究结论存在偏误。Zona等（2013）也发现创新的驱动力量在不同的情境下会有差异化的表现。依据上述理论观点，董事会资本对企业创新决策的影响也会因情境因素的不同而存在差异，这为本书在产品市场竞争和股权治理情境下探索董事会资本对创新投资决策的影响奠定了基础。

第四节　本章小结

本章通过对资源基础理论、资源依赖理论和企业创新理论的系统分析，明确了董事会资本对企业创新投资决策的作用机理，对理解本书所涉及的相关概念的含义、厘清概念之间的关系具有重要意义，也为本书后续实证研究奠定了理论基础。

基于资源基础理论探索了董事会人力资本对企业创新投资决策的作用机理。董事会作为企业战略决策制定的主体，决定着企业创新投资意愿、创新投入与创新绩效，同时依据资源基础理论的观点，董事会的决策受到董事会人力资本这一能为企业带来持续竞争优势的企业特有资源的影响。董事会人力资本水平直接影响企业创新机遇的识别，高水平的董事会人力资本更能够识别环境中的创新机遇。同时，董事会人力资本水平也影响企业创新投资意愿、创新投入与创新绩效，拥有高水平董事会人力资本的企业更愿意进行创新投资并加大投入程度，也能够取得更好的创新绩效。

基于资源依赖理论探索了董事会关系资本对企业创新投资决策的作用机理。企业处于开放的系统环境之中，并且需要从外部环境中获取企业生存发展的资源，董事会关系资本为企业获取相关外部资源提供了渠道，同时也为拥有相关资源的外部组织提供了对企业实施控制的路径，企业创新投资决策受到董事会关系资本的影响。受企业所依赖的、为企业提供资源的外部组织利益诉求的影响，董事会关系资本对企业创新投资决策的不同阶段影响存在差异，董事会关系资本负向影响企业创新投资意愿和创新投入，但对创新绩效有促进作用。

第三章 董事会资本对企业创新投资决策影响的理论基础

本章通过对企业创新理论的分析，从新熊彼特学派、新古典学派、制度创新学派和国家创新体系学派对创新理论的起源与发展进行了梳理，对于创新的内涵及其对经济发展的作用有更加深刻的理论认识；分析了创新驱动因素的作用机理，创新驱动因素在不同情境下的作用存在差异，这为本书从多方面探索创新驱动因素的作用机理奠定了理论基础，即为本书在不同产品市场竞争、股权治理情境下探索董事会资本对创新投资决策的影响奠定了基础。

第四章 董事会资本对企业创新投资意愿影响的实证分析

创新在提升企业竞争优势,促进经济持续增长方面的作用已被广泛证明(Solow,1957;Patterson,1998)。企业作为国家创新体系的主导力量,其创新投资问题备受实务界和学术界关注。董事会作为企业的决策层,所能为企业提供的资源影响着企业决策的制定,而董事会资本反映了董事会为企业提供资源的能力,即董事会资本水平影响企业决策制定。本书根据企业创新投资决策过程的阶段及其后果从企业创新投资意愿、创新投入和创新绩效三方面探索董事会资本对创新投资决策的影响。本章率先探析了董事会资本对企业创新投资意愿的影响,在前述文献梳理与理论分析的基础上,实证检验了董事会资本对创新投资意愿的影响,并进一步探究了产品市场竞争、股权治理对董事会资本与创新投资意愿关系的调节效应。

第一节 董事会资本与企业创新投资意愿的作用机理分析

本部分在对已有文献梳理和总结的基础上,以本书所阐释的理论为基石,探索董事会资本对企业创新投资意愿的作用机理,以及产品市场竞争、股权治理对上述关系的调节效应,并提出相关研究假设。

一 董事会资本与企业创新投资意愿的关系

依据资源基础理论以及资源依赖理论的思想,董事会作为企业决策层,其所能为企业提供的资源影响着战略决策的选择与制定,董事会能为企业提供的资源包括咨询和建议(Mintzberg,1983;Lorsch and Maciver,1989)、维护公司的公共形象(Selznick,1949)、与外部组织建立联系以便信息传递(Burt,1980;Hillman et al.,2001)、优先获得重要的外部资源(Mizruchi and Stearns,1988)、传播创新(Haunschild and Beckman,1998)以及帮助企业制定战略(Lorsch and Maciver,1989;Judge and Zeithaml,1992)等,而董事会提供资源的前提在于拥有董事会资本,即董事会资本影响企业的战略选择与制定。依据董事会所能为企业提供的资源来源不同,本书将董事会资本划分为董事会人力资本与董事会关系资本,分别探索其对企业创新投资意愿的影响。

依据资源基础理论的思想,董事会人力资本水平的差异会导致企业不同的战略选择,进而导致企业创新投资意愿存在差异。董事会人力资本是指凝聚在董事身上的知识、经验和技能,可以通过董事会的受教育程度(Wincent et al.,2010)、任职期限(Hitt et al.,2001)和职业背景(Carpenter and Westphal,2001)三个维度予以反映。

在董事会受教育程度方面,受教育程度高的董事知识水平更加丰富,他们具有较强的认知能力、信息处理能力与风险承担能力(Dalziel et al.,2011)。创新活动的高风险性和不确定性对决策制定者的信息识别、处理和加工能力提出了较高要求,受教育程度高的董事会能够通过对企业内外部信息的搜集与分析识别出对企业有益的创新机会，对创新项目的潜在风险和收益进行科学评估，能更加清晰地意识到投资创新活动对企业成长的长远影响，从而倾向于进行创新投资活动。同时，受教育程度高的董事会对新观念、新事物的接受能力更强，对不确定性的容忍度更高（Mcelroy et al.，2007），从而其创新投资意愿也更强。Wincent 等（2010）通过实证研究发现，较高教育水平的董事为企业带来的知识资源有助于企业从事创新活动（Lin et al.，2011；Chen，2014），而 Kimberly 和 Evanisko（1981）的研究则指出受教育程度与创新意愿之间没有显著关系（Bantel and Jackson，1989；Daellenbach et al.，1999）。观点存在差异的原因在于样本选择和情境因素，在相对稳定和简单的环境中，对创新的需求小，不易观察到董事会受教育程度对创新意愿的作用（Pitcher and Smith，2001）。

在董事会任职期限方面，任职期限的增加使董事的知识水平、经营管理经验与能力都有所提升，董事会的战略决策制定更加科学有效（Haleblian and Finkelstein，1993）。随着董事任职时间的增加，其对企业内部经营管理以及企业所置身的外部环境的了解更加深入具体，包括企业所处的竞争状态、顾客需求以及供应商能力等（Chen，2014），对企业所处行业的发展状况和未来趋势有着科学的判断，有助于企业识别并把握环境中潜在的创新机遇，从而提升创新投资意愿。任职期限的增加也促进了董事会成员之间的交流与沟通，董事会能够更加有效地整合利用其知识和经验（Postrel，2002），在面对复杂多变的创新问题时，董事会能够给予及时迅速的反应，通过成员之间良好的协作关系就企业面临的创新问题展开讨论，并根据董事成员丰富的知识与管理经验制定创新解决方案，有助于企业开展创新活动。Allen（1981）实证研究发现任期的增加有助于企业创新活动的开展；而 Grimm 和 Smith（1991）的研究则发现任期的增加导致企业不愿意从事能够改变现状的创新活动（Boeker，

第四章 董事会资本对企业创新投资意愿影响的实证分析

1997；Oh et al.，2006）。

在董事会职业背景方面，董事的职业背景反映了董事在各个功能领域积累的工作经验、对特定问题的理解能力与处理能力。Hambrick 和 Mason（1984）指出市场营销、产品研发与设计等"输出型职能"职业背景与企业创新战略选择正相关。具有市场营销职业经验的董事对企业的市场定位、顾客需求有更加深刻的认知，能够帮助企业选择更加符合市场预期的创新方向；具有产品研发与设计等技术相关职业经验的董事对创新过程有更加全面的了解，其在技术领域的经验能为高度不确定的创新活动提供有力支持，从而提升企业创新投资意愿。Subrahmanya（2005）通过实证研究发现拥有技术相关职业背景董事的企业更愿意从事创新活动（Marvel and Lumpkin，2007；Schneider et al.，2010）；而 Simonton（1999）则认为在单一职业领域过度深入不利于企业开展创新投资活动（Cohen and Levinthal，1990；Van Der Vegt and Janssen，2003）。

在我国转型经济背景下，政府一直强调企业创新对于经济发展的重要作用，通过"十五"、"十一五"、"十二五"和"十三五"规划纲要[①]持续强调创新的重要性以及企业的创新主体地位。2008～2016年，在我国数量众多的企业中，有 R&D 活动的企业占全部企业的比重从 6.5% 上升至 23%[②]，尽管有 R&D 活动的企业比重在逐渐上涨，但仍有大部分企业没有开展创新活动。面对企业创新投资意愿之间的差异，我国学者也从董事会资源提供能力角度分析了作为决策主体的董事会人力资本水平对企业创新活动的影响，周建等

---

① 书中所提及的"十五"、"十一五"、"十二五"和"十三五"规划纲要分别为《国民经济和社会发展第十个五年规划纲要》、《国民经济和社会发展第十一个五年规划纲要》、《国民经济和社会发展第十二个五年规划纲要》和《国民经济和社会发展第十三个五年规划纲要》。

② 根据《中国科技统计年鉴（2017）》相关数据计算得到。

(2012)实证研究发现董事会人力资本促进了企业创新活动的开展（邵毅平、王引晟，2015；王楠等，2017）。

综合上述分析，本书认为董事会人力资本的不同维度受教育程度、任职期限和职业背景均对企业创新投资意愿有积极影响，即董事会人力资本正向影响企业创新投资意愿，因此，提出如下假设。

假设1：在其他条件不变的情况下，董事会人力资本与企业创新投资意愿正相关。

依据资源依赖理论的思想，企业处于开放的系统环境之中，其生存发展需要外部环境中的资源予以支持。董事会关系资本是通过与其他企业、政府以及金融机构所建立的关系以获取企业发展所需的但被外部组织控制的资源，与此同时也为外部组织提供了对企业实施控制的渠道（Bruce and Rodgus，1991）。不同于董事会人力资本，董事会关系资本并非董事直接拥有的资源，其作用的发挥依赖于拥有相关资源的与董事存在关系的外部组织，外部组织的态度直接影响董事会相关资源的获取，进而影响企业的战略选择。高度复杂和不确定的创新投资更需要企业外部资源的支持（Hillman et al.，2009），而拥有资源的外部组织是否愿意为企业提供创新所需的资源影响着企业创新投资意愿水平，即董事会关系资本影响企业创新投资意愿。董事会关系资本可以通过企业关系（Wincent et al.，2010）、政府关系（Jermias and Gani，2014）和金融关系（Jermias and Gani，2014）三个维度予以反映。

在董事会企业关系方面，董事会通过连锁董事与其他企业建立企业关系以获取资源，同时也使企业创新投资决策受到连锁企业的影响。企业关系为企业之间的信息传递建立渠道，有助于战略知识、决策过程以及组织结构等信息在企业间传播（Palmer，1983），以帮助企业及时获取外部环境变化的信息和其他相关资源（Kor and-Sundaramurthy，2009），同时也使创新投资意愿受到企业关系的影

第四章 董事会资本对企业创新投资意愿影响的实证分析

响。连锁企业出于保持自身被依赖地位的考量,并不希望企业从事能够改变自身相对优势地位的创新活动,一旦企业通过自身努力克服了对连锁企业的依赖,连锁企业将不能再从这一依赖关系中获利。Gulati 和 Westphal（1999）研究发现当通过连锁董事关系建立的企业关系中连锁企业为高技术企业时,企业更倾向通过战略联盟的形式共享连锁企业的创新资源,这种联盟关系降低了企业自身的创新投资意愿（Grimpe and Kaiser,2010）。同时,较强的连锁关系导致企业之间的依赖程度增加,固化了董事会成员的创新思维,使其不愿意从事能够改变现状的创新投资活动（Cushing et al.,2002）。

在董事会政府关系方面,董事会政府关系是企业为了获取政府补贴、税收减免、行业准入以及信贷支持等（白重恩等,2005）资源而形成的非正式制度的产物,在一定程度上影响着企业资源配置。由于政府关系存在,企业可以通过向政府的寻租行为获取生存发展所需的资源以提升企业业绩（杨其静,2001）,这降低了企业通过创新提升绩效表现的动力,造成企业创新投资意愿不高。具有政府背景的董事出于其职位晋升绩效考核的考量,更倾向于选择技术购买、多元化以及并购等能够较为快速实现企业规模扩张的投资战略（余明桂、潘红波,2008；张敏、黄继成,2009）,而由于创新投资的回报周期长、不确定性高（Wu et al.,2005）,政府关系较强的企业并不主张一味地依靠创新投资这一发展方式。

在董事会金融关系方面,董事会金融关系在帮助企业获取金融资源的同时,也使企业的投资决策受到影响（Fried et al.,1998）。较强的董事会金融关系使企业容易获得信贷支持,这类企业融资约束程度低,更加注重企业短期产能的提升（梁莱歆、冯延超,2010）,从而降低创新投资意愿。鉴于创新投资回报周期长且不确定性高（Wu et al.,2005）,与企业存在金融关系的金融机构更加注重投资的风险与收益,更倾向于选择风险可控的、回报周期短的投资

— 81 —

项目，这导致企业的创新投资意愿较低。

在我国转型经济时期和关系型社会背景下，各项制度安排尚在不断的建立健全的完善过程中，企业发展所需的外部资源的获取更多地依赖关系资本，这给予了与企业存在关系的外部组织对企业投资决策实施控制和影响的权力，导致企业创新投资意愿受到与董事会存在关系的、拥有相关资源的外部组织的影响。我国学者周建等（2012）通过实证研究发现董事会关系资本对企业创新投资有促进作用（严子淳、薛有志，2015；邵毅平、王引晟，2015）；而范建红和陈怀超（2015）的研究则发现董事会关系资本并不利于企业创新活动的开展（王楠等，2017）。

综合上述分析，本书认为董事会关系资本的不同维度企业关系、政府关系和金融关系均对企业创新投资意愿有消极影响，即董事会关系资本负向影响企业创新投资意愿。因此，本书提出如下假设。

假设2：在其他条件不变的情况下，董事会关系资本与企业创新投资意愿负相关。

二 产品市场竞争对董事会资本与企业创新投资意愿关系的调节作用

结合资源基础理论、资源依赖理论的思想，企业运行于不断变化的环境之中，并非一个封闭的系统，其战略决策受到企业内外部因素的共同作用。企业的创新投资意愿受到董事会资本水平的影响，且董事会在制定战略决策的过程中也需要考虑外部市场环境的作用。作为企业生产经营所处的重要场所，产品市场的竞争程度影响企业战略决策的制定，也影响董事会资本对企业创新投资意愿的作用。

既有研究关于产品市场竞争与企业创新活动之间的关系尚未定

论，存在三种主流观点：其一，产品市场竞争不利于创新（Schumpeter，1942），其二，产品市场竞争促进创新（Arrow，1962），其三，产品市场竞争与创新存在倒U形关系（Scherer，1980；Aghion et al.，2002）。上述观点在市场化程度较高的国家和地区均得到了不同程度的验证，而处于转型经济时期的中国，与西方发达国家相比，市场化进程尚在逐步完善，部分行业仍有较高的进入壁垒，存在大型国有企业垄断现象，产品市场竞争程度尚无法达到Aghion等（2002）所谓的过度激烈的市场竞争造成的"熊彼特效应"（张杰等，2014；何玉润等，2015）。当企业面临的产品市场竞争程度较低时，企业所处行业中的企业数目相对较少，企业占据一定的垄断地位，企业生产经营的产品与服务的种类属于供给驱动，企业凭借其市场地位能够获取垄断租金，这导致企业从事高风险、高不确定性的创新活动的动力不足。而当产品市场竞争程度较为激烈时，众多的企业提供差异化的产品和服务以满足消费者的需求，能够更好地迎合消费者偏好的企业将获得暂时的成功，而那些没能迎合消费者偏好的企业如果不能创新其产品和服务、提升其产品与服务的特殊性以更好地满足消费者的需求，将会被市场淘汰，这迫使企业为了生存和发展不得不进行创新活动。

在产品市场竞争对董事会人力资本与创新投资意愿关系的影响方面，随着产品市场竞争程度的加剧，企业面临更加严峻的生存威胁（Schmidt，1997），若无法从内部提升自身的竞争力终将被市场淘汰。受到产品市场竞争程度的影响，董事会人力资本通过对企业外部环境的感知与分析，能更加清晰地意识到创新对于企业生存与发展的重要作用。董事会将更加积极地运用其人力资本为企业探寻创新机遇、制定创新解决方案，更加积极地从事创新投资活动，以促进企业创新能力建设，提升企业在市场中的竞争优势地位，以保障企业生存与发展。结合前文所述的董事会人力资本与企业创新投资意愿正向关系的主假设，产品市场竞争使董事会人力资本对企业创新投资意愿的促进作用增强。

而在产品市场竞争对董事会关系资本与创新投资意愿关系的影响方面，结合前文所述董事会关系资本负向影响企业创新投资意愿，面对激烈的产品市场竞争以及生存威胁，董事会关系资本首要考量的是企业的生存问题，面对能够提升企业竞争能力，保障企业在市场中竞争地位的创新投资决策，其反对观念也将有所缓和。与此同时，随着市场竞争程度的增加，信息的透明度有所提高，市场资源配置也更加有效率，企业所需的外部资源可以更多地通过市场配置所获取，对与企业存在关系的外部资源拥有者的依赖程度降低，这使董事会关系资本对创新投资意愿的负向作用有所缓解。

综合上述分析，产品市场竞争增强了董事会人力资本对创新投资意愿的积极作用，削弱了董事会关系资本对创新投资意愿的负向作用。因此，本书提出如下假设。

假设3：在其他条件不变的情况下，产品市场竞争程度对董事会人力资本与企业创新投资意愿的关系具有增强型调节作用。

假设4：在其他条件不变的情况下，产品市场竞争程度对董事会关系资本与企业创新投资意愿的关系具有削弱型调节作用。

三 股权治理对董事会资本与企业创新投资意愿关系的调节作用

结合资源基础理论、资源依赖理论的思想与《公司法》的相关规定，董事会作为企业决策层，对股东大会负责，是股东的受托责任人，董事会对企业战略决策的制定将受到股权治理状况的影响，即股权治理影响董事会资本对创新投资意愿的关系。股权治理作为公司治理机制重要的制度安排，影响企业的创新投资决策。既有研

第四章 董事会资本对企业创新投资意愿影响的实证分析

究多关注股权集中程度对企业创新投资决策的影响，且尚未形成一致的研究结论，部分学者认为企业股权集中度越高，越有利于大股东监督管理者的机会主义行为，越有利于提升企业竞争优势的创新活动的开展（Francis and Smith，1995）。也有学者则认为股权过度集中于大股东手中会造成大股东对中小股东利益的侵占，大股东通过短视投资行为侵害中小股东利益，不利于企业创新活动开展，同时大股东出于对自身利益的考量也不愿意投资高风险的创新活动（杨建君、盛锁，2007）。还有一部分学者则指出股权集中度与企业创新活动之间存在复杂的非线性关系（冯根福、温军，2008；文芳，2008）。综上所述，学者们的研究多集中在直接持股股东对创新投资的影响上，而较少考量企业实际控制人持股集中程度的影响。

实际控制人既可以是通过交叉持股和金字塔型股权结构等多种方式实现对上市公司控制的间接股东，也可以是企业的直接股东，实际控制人掌握着企业的终极控制权，在公司治理中发挥着重要作用，对企业的创新投资决策也产生重要影响。以 La Porta 等（1998，1999）为代表的学者发现，在新兴经济体国家普遍存在股权向实际控制人单方向高度集中的现象，不利于企业价值提升。实际控制人所有权代表着其能从企业获得的现金流量权，实际控制人持股比例越高，其能从企业获取的经济利益越多，出于自利动机，实际控制人更倾向于选择能够快速产生高额回报的投资项目，以快速从企业攫取经济利益。同时，创新投资活动的资金需求量大，但创新产出难以预测，一旦创新活动失败，实际控制人将面临巨大的经济损失，并且创新产出并不能直接为企业带来经济利润，需要通过市场化过程将创新成果转化为企业价值。在这一过程中也存在诸多不可控因素导致难以对创新成果带来的经济价值增加进行准确估量，将企业创新成果转化为经济价值也需要一定的时间，创新活动过程中诸多的不确定性导致实际控制人并不愿承担过高的创新风险（王卓、宁向东，2017）。

在股权治理对董事会人力资本与企业创新投资意愿关系的影响方面，人力资本水平较高的董事会依据其丰富的知识、经验与专业技能更倾向于从事创新投资，而董事会人力资本作用的发挥将受到企业实际控制人所有权的影响，当实际控制人所有权比例较高时，出于风险规避以及自利动机并不倾向创新投资，董事会人力资本的作用将受到实际控制人所有权的制约。结合前文董事会人力资本正向影响企业创新投资意愿的主假设，股权治理使董事会人力资本对创新投资意愿的促进作用减弱。

而在股权治理对董事会关系资本与创新投资意愿关系的影响方面，实际控制人所有权比例越高，其能从企业获取的现金流量越多，也意味着企业创新投资一旦失败，实际控制人将承担更大比重的经济利益损失。由于创新活动的高风险性与不确定性，实际控制人所有权比例越高，越不愿意进行创新投资。结合前文所述，关系资本水平较高的董事会出于风险规避以及快速盈利的目的更倾向于其他投资项目而非创新投资，这与实际控制人的利益诉求相符，因此实际控制人所有权将扩大董事会关系资本对创新投资意愿的负向作用。

综合上述分析，股权治理削弱了董事会人力资本对创新投资意愿的积极作用，增强了董事会关系资本对创新投资意愿的抑制作用。因此，本书提出如下假设。

假设5：在其他条件不变的情况下，股权治理对董事会人力资本与企业创新投资意愿的关系具有削弱型调节作用。

假设6：在其他条件不变的情况下，股权治理对董事会关系资本与企业创新投资意愿的关系具有增强型调节作用。

第二节　董事会资本与企业创新投资意愿的研究设计

在理论分析的基础上，本书提出了有待检验的研究假设，本部分为假设检验的方法设计，包括样本的选取与数据来源、变量的定义及说明、实证模型的构建以及统计方法与工具的介绍。

一　样本选取与数据来源

《企业会计准则2006》对企业研究开发支出的披露进行了明确规定，自2007年《企业会计准则2006》正式实施起，我国上市公司研发投入的信息披露数据才相对完整，因此，本书选择2007～2016年我国沪深两市A股上市公司的数据作为初始研究样本，共计22908个样本观测值。本书对初始样本按照如下原则进行筛选：①为避免个别异常数据的影响，剔除ST及*ST的观测样本；②分别剔除产品市场竞争、股权治理以及控制变量缺失的观测样本。最终得到17268个样本观测值①，其中具有创新投资意愿的样本观测值为9755个。为消除极端异常值的影响，本书用Winsorize方法对全部连续变量进行了上下5%的缩尾处理。

本书所使用的企业创新投资数据来自国泰安（CSMAR）数据库上市公司研发创新文件；董事会资本数据来自国泰安（CSMAR）数据库上市公司高管个人资料文件、兼任信息文件和董监高个人特征文件，对于董事会人力资本的缺失数据，通过手工查询上市公司年

---

① 需要说明的是，本书分别以产品市场竞争、股权治理作为调节变量检验其对董事会资本与企业创新投资决策关系的影响，由于所涉及的模型不同，各模型的变量缺失情况存在差异，所涉及的样本观测值个数可能发生变化。

报,搜索巨潮资讯网、新浪财经网以及i问财财经网予以补充,由于国泰安数据库对董事政治背景和金融背景的信息披露从2008年开始,对以前年度的董事会关系资本数据也通过上述途径进行手工搜集;短期贷款利率和中长期贷款利率数据通过新浪财经网手工搜集;其他上市公司财务数据和公司治理数据均来自国泰安(CSMAR)数据库。

本章研究样本的行业和年度分布情况如表4-1所示。

二 变量操作性定义

1. 被解释变量

创新投资意愿(RDW)。本书借鉴陈爽英等(2010)的研究,以企业是否进行了研发投入作为创新投资意愿的测度指标,其中,企业进行了研发投入取值为1,否则为0。

2. 解释变量

(1) 董事会人力资本(HC)

受教育程度(EDU)。根据周建等(2012)、陈悦等(2015)的研究,本书以董事会成员最高学历水平的平均数测度董事会受教育程度,按照如下原则对董事会成员的最高学历水平赋值:博士研究生为5,硕士研究生为4,本科为3,大专为2,中专及以下为1。

任职期限(TEN)。根据李维安等(2014)的研究,本书以董事会成员在企业担任董事职务的时间(以月份为单位)的平均数测度董事会任职期限,为了消除量纲的影响,对其进行自然对数变换。

职业背景(PROIN)。根据Hambrick和Mason(1984)、周建等(2012)的研究,本书以董事会成员中具有市场营销、产品研发与设计等"输出型职能"职业背景的董事占董事会总人数的比重测度董

第四章 董事会资本对企业创新投资意愿影响的实证分析

事会职业背景。

表 4-1 研究样本的行业和年度分布

行业代码	2007年	2008年	2009年	2010年	2011年	2012年	2013年	2014年	2015年	2016年	合计
A	28	25	24	25	32	27	31	32	34	36	294
B	16	26	28	33	41	45	51	56	57	53	406
C1	89	103	98	101	120	139	151	156	148	150	1255
C2	213	238	248	268	319	360	375	390	392	410	3213
C3	327	376	395	434	593	712	757	799	832	876	6101
C4	24	30	22	27	32	26	34	37	40	44	316
D	51	51	51	53	54	57	55	60	63	68	563
E	24	28	27	27	34	46	48	52	58	66	410
F	71	74	74	86	94	116	125	120	118	113	991
G	51	59	56	57	62	65	65	70	70	68	623
H	7	7	8	8	9	8	9	11	9	9	85
I	38	40	46	64	94	100	115	124	129	160	910
J	12	24	24	28	34	38	40	41	46	52	339
K	52	61	65	83	88	106	104	108	109	101	877
L	14	15	14	15	21	15	15	15	17	29	170
M	1	2	3	5	7	9	10	9	14	17	77
N	9	11	8	6	7	20	22	23	24	27	157
O	5	7	7	6	7	0	0	0	0	0	32
P	0	0	0	0	1	1	1	1	1	2	7
Q	0	1	0	1	1	3	3	4	4	6	23
R	4	4	6	8	11	17	19	22	30	35	156
S	39	41	37	29	33	15	17	17	19	16	263
合计	1075	1223	1241	1364	1694	1925	2047	2147	2214	2338	17268

注：根据中国证券监督管理委员会公布的《上市公司行业分类指引（2012年修订）》，行业代码分类为：A 农、林、牧、渔业；B 采矿业；C 制造业，由于制造业企业数目较大，按照二级行业代码予以细分；D 电力、热力、燃气及水生产和供应业；E 建筑业；F 批发和零售业；G 交通运输、仓储和邮政业；H 住宿和餐饮业；I 信息传输、软件和信息技术服务业；J 金融业；K 房地产业；L 租赁和商务服务业；M 科学研究和技术服务业；N 水利、环境和公共设施管理业；O 居民服务、修理和其他服务业；P 教育；Q 卫生和社会工作；R 文化、体育和娱乐业；S 综合。

(2) 董事会关系资本（RC）

企业关系（DIRIL）。根据周建等（2012）、Chen（2014）的研究，本书以董事会成员中连锁董事占董事会总人数的比重测度董事会企业关系。其中，连锁董事是指董事同时在本企业和其他企业担任董事职务，从而在两个企业之间建立起直接的联系。

政府关系（FGO）。根据周建等（2012）、Jermias和Gani（2014）的研究，本书以董事会成员中有政治背景的成员占董事会总人数的比重测度董事会政府关系。董事会成员现任或曾任政府官员、人大代表以及政协委员等视为有政治背景，其中政府官员限定为厅局级及以上，人大代表和政协委员限定为省级及以上。

金融关系（FIN）。根据Jermias和Gani（2014）、陈悦等（2015）的研究，本书以董事会中有金融机构从业经验的成员占董事会总人数的比重测度董事会金融关系。董事会成员现在或曾在银行、保险公司、证券公司、基金管理公司以及投资管理公司等金融机构任职视为有金融机构从业经验。

3. 调节变量

(1) 产品市场竞争（PMC）。根据Nickell（1996）、李青原等（2007）、韩忠雪和周婷婷（2011）的研究方法，以代表公司在行业内垄断势力的垄断租金来测度公司的产品市场竞争的程度；垄断租金越高表明公司在行业内的垄断地位越高，产品市场竞争程度越低，是一个负向指标。为了便于理解和对实证结果进行解释，本书对其取相反数将其变为正向指标。产品市场竞争的计算公式为：产品市场竞争（PMC）= −[税前利润 + 当年折旧额 + 财务费用 −（权益资本 + 短期债务 + 长期债务）× 加权平均资本成本] ÷销售额。

其中，加权平均资本成本 = 权益资本成本率 × 权益资本/资本总额 + 短期债务成本率 × 短期债务/资本总额 + 长期债务成本率 × 长期债务/资本总额；短期债务成本率为1年期银行贷款利率；长期债

第四章　董事会资本对企业创新投资意愿影响的实证分析

务成本率为 3~5 年中长期贷款利率；采用资本资产定价模型（CAPM）估计权益资本成本率，权益资本成本率 = 无风险收益率 + β × 市场组合风险溢价[①]。

（2）股权治理（*SHARE*）。根据 La Porta 等（1999）、王卓和宁向东（2017）的研究，本书以企业实际控制人拥有上市公司所有权比例测度企业股权治理状况。实际控制人拥有的上市公司所有权比例为实际控制人控制链条上各个层级股东持股比例的乘积。

4. 控制变量

（1）产权性质（*STATE*）。根据 Lin 等（2010）、肖兴志等（2013）的研究，本书设置产权性质为虚拟变量，依据企业实际控制人性质对其赋值，若企业实际控制人为国有，赋值为 1，否则赋值为 0。

（2）现金约束（*CASH*）。根据 Opler 等（1999）、何玉润等（2015）的研究，现金约束为经营现金流与总资产的比值。

（3）董事会独立性（*INDP*）。根据 Chen 和 Hsu（2009）、赵旭峰和温军（2011）的研究，董事会独立性为企业董事会中独立董事人数占董事会总人数的比重。

（4）财务杠杆（*LEV*）。根据 Ogawa（2007）、赵洪江（2009）的研究，财务杠杆为企业期末负债平均余额与总资产平均余额的比值。

（5）企业规模（*SIZE*）。根据 Zenger 和 Lazzarini（2004）、温军等（2011）的研究，企业规模为企业期末总资产（单位：十亿元）的自然对数。

（6）机构持股（*INST*）。根据 Wahal 和 Mcconnell（1998）、范海

[①] 李青原等（2007）的研究以 1 年期银行定期存款利率代表无风险收益率，将市场组合风险溢价设定为 4%。

峰和胡玉明（2012）的研究，机构持股为机构投资者持股与企业总股数的比值。

（7）政府补贴（GRANT）。根据 Folster（1995）、杨洋等（2015）的研究，政府补贴为企业获得的政府补贴金额（单位：百万元）的自然对数。

此外，本书设置行业和年度虚拟变量作为控制变量。本书样本区间为 2007~2016 年，以此为基础设置 9 个年度虚拟变量，以中国证监会《上市公司行业分类指引（2012 年修订）》为标准，对于制造业采用二级代码进行分类，其他行业按一级代码分类，共分为 22 个行业子类，设置 21 个行业虚拟变量。变量的操作性定义及说明如表 4-2 所示。

三　模型构建

在对已有文献（Wincent et al., 2010；Dalziel et al., 2011；周建等，2012；Chen，2014）进行分析梳理的基础上，本书将创新投资意愿作为被解释变量，董事会资本作为解释变量，并根据已有的研究结论设置了相关控制变量，从而构建 Logit 回归方程，以检验董事会资本对企业创新投资意愿的影响。

$$P(RDW_{i,t}=1) = \alpha_0 + \alpha_1 EDU_{i,t-1} + \alpha_2 TEN_{i,t-1} + \alpha_3 PROIN_{i,t-1} + \alpha_4 STATE_{i,t-1}$$
$$+ \alpha_5 CASH_{i,t-1} + \alpha_6 INDP_{i,t-1} + \alpha_7 LEV_{i,t-1} + \alpha_8 SIZE_{i,t-1} + \alpha_9 INST_{i,t-1}$$
$$+ \alpha_{10} GRANT_{i,t-1} + \sum YEAR + \sum INDUSTRY + \varepsilon_{i,t} \quad \text{（模型 4.1）}$$

在模型 4.1 中，RDW 为创新投资意愿，EDU、TEN 和 $PROIN$ 分别为董事会人力资本的受教育程度、任职期限和职业背景维度，α_0 为截距项，$\alpha_1 \sim \alpha_{10}$ 为解释变量和控制变量的估计系数，ε 为随机误差项。

$$P(RDW_{i,t}=1) = \beta_0 + \beta_1 DIRIL_{i,t-1} + \beta_2 FGO_{i,t-1} + \beta_3 FIN_{i,t-1} + \beta_4 STATE_{i,t-1}$$

第四章 董事会资本对企业创新投资意愿影响的实证分析

$$+ \beta_5 CASH_{i,t-1} + \beta_6 INDP_{i,t-1} + \beta_7 LEV_{i,t-1} + \beta_8 SIZE_{i,t-1} + \beta_9 INST_{i,t-1}$$

$$+ \beta_{10} GRANT_{i,t-1} + \sum YEAR + \sum INDUSTRY + \varepsilon_{i,t} \quad (模型4.2)$$

在模型4.2中，RDW 为创新投资意愿，$DIRIL$、FGO 和 FIN 分别为董事会关系资本的企业关系、政府关系和金融关系维度，β_0 为截距项，$\beta_1 \sim \beta_{10}$ 为解释变量和控制变量的估计系数，ε 为随机误差项。

表4-2 变量定义及说明

变量名称		代码	变量说明
被解释变量	创新投资意愿	RDW	以企业是否进行了研发投入作为创新投资意愿的测度指标，其中，企业进行了研发投入取值为1，否则为0
解释变量	董事会人力资本 受教育程度	EDU	董事会成员最高学历水平的平均值，董事会成员学历按博士研究生、硕士研究生、本科、大专和中专及以下分别赋值5、4、3、2和1
	任职期限	TEN	董事会成员在企业担任董事职务的时间（以月份为单位）的平均数的自然对数
	职业背景	PROIN	董事会成员中具有市场营销、产品研发与设计等"输出型职能"职业背景的董事所占比重
	董事会关系资本 企业关系	DIRIL	董事会成员中连锁董事占董事会总人数的比重
	政府关系	FGO	董事会成员中有政治背景的成员占董事会总人数的比重
	金融关系	FIN	董事会成员中有金融机构从业经验的成员占董事会总人数的比重
调节变量	产品市场竞争	PMC	产品市场竞争（PMC）= -[税前利润 + 当年折旧额 + 财务费用 -（权益资本 + 短期债务 + 长期债务）× 加权平均资本成本] ÷ 销售额
	股权治理	SHARE	企业实际控制人拥有上市公司所有权比例

续表

变量名称		代码	变量说明
控制变量	产权性质	STATE	若企业实际控制人为国有,赋值为1,否则赋值为0
	现金约束	CASH	经营现金流与总资产的比值
	董事会独立性	INDP	独立董事人数占董事会总人数的比重
	财务杠杆	LEV	期末负债平均余额与总资产平均余额的比值
	企业规模	SIZE	期末总资产(单位:十亿元)的自然对数
	机构持股	INST	机构投资者持股与企业总股数的比值
	政府补贴	GRANT	政府补贴金额(单位:百万元)的自然对数
	年度	YEAR	根据本书样本区间2007~2016年,设置9个年度虚拟变量
	行业	INDUSTRY	以《上市公司行业分类指引(2012年修订)》为标准,制造业采用二级代码分类,其他行业按一级代码分类,共分为22个行业子类,设置21个行业虚拟变量

为检验产品市场竞争对董事会资本与创新投资意愿关系的影响,将产品市场竞争和董事会人力资本、产品市场竞争与董事会关系资本的交互项分别引入模型4.1和模型4.2中,构建模型4.3和模型4.4。

$$P(RDW=1) = \lambda_0 + \lambda_1 EDU + \lambda_2 TEN + \lambda_3 PROIN + \lambda_4 EDU \times PMC + \lambda_5 TEN \times PMC + \lambda_6 PROIN \times PMC + \lambda_7 PMC + \lambda_8 STATE + \lambda_9 CASH + \lambda_{10} INDP + \lambda_{11} LEV + \lambda_{12} SIZE + \lambda_{13} INST + \lambda_{14} GRANT + \sum YEAR + \sum INDUSTRY + \varepsilon$$

(模型4.3)

在模型4.3中,PMC为产品市场竞争,$EDU \times PMC$、$TEN \times PMC$以及$PROIN \times PMC$分别为董事会人力资本的受教育程度、任职期限和职业背景与产品市场竞争的交互项,λ_0为截距项,$\lambda_1 \sim \lambda_{14}$分别为各变量的估计系数,$\varepsilon$为随机误差项。

$$P(RDW=1) = \eta_0 + \eta_1 DIRIL + \eta_2 FGO + \eta_3 FIN + \eta_4 DIRIL \times PMC + \eta_5 FGO \times PMC + \eta_6 FIN \times PMC + \eta_7 PMC + \eta_8 STATE + \eta_9 CASH + \eta_{10} INDP + \eta_{11} LEV$$

第四章　董事会资本对企业创新投资意愿影响的实证分析

$$+ \eta_{12} SIZE + \eta_{13} INST + \eta_{14} GRANT + \sum YEAR + \sum INDUSTRY + \varepsilon$$

（模型 4.4）

在模型 4.4 中，PMC 为产品市场竞争，$DIRIL \times PMC$、$FGO \times PMC$ 以及 $FIN \times PMC$ 分别为董事会关系资本的企业关系、政府关系和金融关系与产品市场竞争的交互项，η_0 为截距项，$\eta_1 \sim \eta_{14}$ 分别为各变量的估计系数，ε 为随机误差项。

为检验股权治理对董事会资本与创新投资意愿关系的影响，将股权治理和董事会人力资本、股权治理与董事会关系资本的交互项分别引入模型 4.1 和模型 4.2 中，构建模型 4.5 和模型 4.6。

$$P(RDW=1) = \varphi_0 + \varphi_1 EDU + \varphi_2 TEN + \varphi_3 PROIN + \varphi_4 EDU \times SHARE + \varphi_5 TEN \times SHARE$$
$$+ \varphi_6 PROIN \times SHARE + \varphi_7 SHARE + \varphi_8 STATE + \varphi_9 CASH + \varphi_{10} INDP$$
$$+ \varphi_{11} LEV + \varphi_{12} SIZE + \varphi_{13} INST + \varphi_{14} GRANT + \sum YEAR + \sum INDUSTRY + \varepsilon$$

（模型 4.5）

在模型 4.5 中，$SHARE$ 为股权治理，$EDU \times SHARE$、$TEN \times SHARE$ 以及 $PROIN \times SHARE$ 分别为董事会人力资本的受教育程度、任职期限和职业背景与股权治理的交互项，φ_0 为截距项，$\varphi_1 \sim \varphi_{14}$ 分别为各变量的估计系数，ε 为随机误差项。

$$P(RDW=1) = \theta_0 + \theta_1 DIRIL + \theta_2 FGO + \theta_3 FIN + \theta_4 DIRIL \times SHARE + \theta_5 FGO \times SHARE$$
$$+ \theta_6 FIN \times SHARE + \theta_7 SHARE + \theta_8 STATE + \theta_9 CASH + \theta_{10} INDP + \theta_{11} LEV$$
$$+ \theta_{12} SIZE + \theta_{13} INST + \theta_{14} GRANT + \sum YEAR + \sum INDUSTRY + \varepsilon$$

（模型 4.6）

在模型 4.6 中，$SHARE$ 为股权治理，$DIRIL \times SHARE$、$FGO \times SHARE$ 以及 $FIN \times SHARE$ 分别为董事会关系资本的企业关系、政府关系和金融关系与股权治理的交互项，θ_0 为截距项，$\theta_1 \sim \theta_{14}$ 分别为各变量的估计系数，ε 为随机误差项。

此外，在调节效应的检验中，为了避免多重共线性的影响，对所有检验调节效应的模型（即模型4.3～模型4.6）中解释变量和调节变量进行中心化处理之后构建交互项（Aiken and West, 1991）。

四 统计方法与工具

为检验董事会人力资本、董事会关系资本对企业创新投资意愿的影响，以及产品市场竞争、股权治理在其中的调节作用，本书采用描述性统计分析、相关分析、方差膨胀因子分析以及Logit回归分析等多种实证研究方法予以分析。

首先，本书对样本中董事会人力资本、董事会关系资本、产品市场竞争、股权治理以及控制变量进行了全样本描述性统计分析，通过各变量的均值、标准差、最小值、最大值以及四分位数等指标对变量的分布情况有整体了解。

其次，本书综合运用Pearson相关分析和Spearman相关分析两种方法对主要变量的相关性进行检验，以初步判断董事会人力资本、董事会关系资本与企业创新投资意愿之间是否存在相关关系，以及各解释变量和控制变量之间是否存在多重共线性问题。

再次，为了避免多重共线性问题，本书运用方差膨胀因子分析方法对全部回归模型进行了方差膨胀因子检验，用以判别回归模型是否存在多重共线性问题。根据Kleinbaum等（1988）的研究，判定多重共线性的临界点为10，即方差膨胀因子小于10可以认定为不存在严重多重共线性问题。

最后，由于被解释变量创新投资意愿为0-1变量，选择二值响应模型中的Logit模型进行回归分析，依次检验董事会人力资本、董事会关系资本对创新投资意愿的影响，并分别检验产品市场竞争、股权治理对上述关系的调节效应。

本书研究中使用 Excel 软件进行数据的手工搜集与整理工作，使用 STATA 13.0 软件进行数据整理与统计分析工作。

第三节 董事会资本与企业创新投资意愿的实证结果分析

在前文假设提出以及模型构建的基础上，本部分通过实证分析检验前文提出的假设。

一 描述性统计分析

表 4-3 列示了创新投资意愿、董事会人力资本、董事会关系资本、产品市场竞争、股权治理以及全部控制变量的描述性统计分析结果。

从创新投资意愿（*RDW*）的描述性统计分析可以看出，企业创新投资意愿的均值为 0.56，表明样本中有 56% 的企业进行了创新活动。从董事会人力资本来看，本书从董事会受教育程度、任职期限和职业背景三个方面测度董事会人力资本。其中，董事会受教育程度（*EDU*）均值为 3.57，表明样本中企业董事的平均受教育程度介于本科和研究生之间；第一四分位数为 3.22，第三四分位数为 4，表明样本中 50% 的企业董事会成员平均受教育程度在本科和硕士研究生之间；最小值为 2，最大值为 5，表明样本中企业董事平均学历水平最低为大专，最高为博士研究生。任职期限（*TEN*）的均值为 3.36，表明样本中董事会成员在企业担任董事职务的时间（以月份为单位）平均数的自然对数的均值为 3.36；而最大值为 4.49，最小值为 0.69，表明董事会任职期限之间存在较大差距。职业背景（*PROIN*）的均值为 0.26，表明样本中董事会成员具有市场营销、产品研发与设计等"输出型职能"职业背景的董事所占比重平均为26%；最小值为0，表明样本中一些企业并不包含具有"输出型职能"职业背景的董事会成员；最大值为0.78，表明样本中"输出型职能"职业背景的董事成员所占比重最高为78%，董事会职业背景离散程度较大。

从董事会关系资本来看，本书从董事会企业关系、政府关系和金融关系三方面测度董事会关系资本。其中，董事会企业关系（标准差）均值为0.19，标准差为0.17，最大值为0.67，第一四分位数为0，第三四分位数为0.33，表明样本中连锁董事占董事会总人数的比重平均达到19%，有超过一半的企业其董事会成员中连锁董事占董事会总人数的比重在17%至67%之间，有超过25%的企业董事会成员中不包含连锁董事，有25%的企业连锁董事占董事会总人数的比重在33%以上。董事会政府关系（FGO）的均值为0.12，标准差为0.13，中位数为0.11，最大值为0.57，第一四分位数为0，第三四分位数为0.22，表明样本中有政治背景的董事会成员占董事会总人数的比重的平均值为12%，有超过50%的企业董事会成员中有政治背景的成员占董事会总人数的比重介于11%至57%之间，超过25%的企业董事会成员中不包括有政治背景的董事，有25%的企业董事会成员中有政治背景的成员所占比重超过22%。董事会金融关系（FIN）的均值为0.12，最大值为1，第一四分位数为0，第三四分位数为0.18，表明样本中董事会成员有金融机构从业经验的成员占董事会总人数的比重的平均值达到12%，董事会成员中有金融机构从业经验的成员占董事会总人数的比重的最大值为1，有超过25%的企业董事成员中不包括有金融背景的董事，有25%的企业董事会成员中有金融背景的成员所占比重超过18%。

从调节变量来看，产品市场竞争（PMC）的均值为-0.06，标准差为0.05，最小值为-0.17，最大值为0.04，尽管产品市场竞争的波动不大，但其离散程度较高。股权治理（$SHARE$）的均值为0.37，中位数为0.35，表明企业实际控制人拥有上市公司所有权比例的平均值为37%，有50%的企业其实际控制人拥有上市公司所有权的比例介于35%和64%之间。

从控制变量来看，产权性质（$STATE$）的均值为0.45，表明样本中有45%的企业为国有企业。现金约束（$CASH$）的均值为0.17，标准差为0.15，最小值为0.01，最大值为0.72，表明现金约束的离散程度较高；中位数为0.13，略低于均值，表明该数据近似正态分布略偏向右。董事会独立性（$INDP$）的均值为0.4，最小值为0.31，最大值为0.71，表明样本中独立董事人数占董事会总人数的比重的平均值为40%，最小仅为31%，最高达到71%；中位数为0.38，略低于均值，表明该数据近似正态分布略偏向右。财务杠杆的均值和中位数均为0.45，最小值为0.05，最大值为0.94，表明财务杠杆的离散程度较高。企业规模（$SIZE$）的均值为1.63，表明样本中企业期末总资产（单位：十亿元）的自然对数平均值为1.63，标准差为1.13，最小值为0.28，最大值为6.49，表明企业规模的离散波动程度较高，中位数为1.32，略低于均值，表明该数据近似正态分布略偏向右。机构持股（$INST$）的均值为0.05，最小值为0，最大值为0.22，表明样本中机构投资者持股所占比重平均值达到5%，最小没有机构投资者持有企业股份，机构投资者持股最高比重22%，中位数为0.03，略低于均值，表明该数据近似正态分布略偏向右。政府补贴（$GRANT$）的均值为2.32，标准差为1.48，最小值为0，最大值为6.49，表明样本中企业获取政府补贴的状况存在较大差异，中位数为2.24，略高于均值，表明该数据近似正态分布略偏向左。

表 4-3　变量描述性统计分析

变量	样本量	均值	标准差	最小值	最大值	四分位数 25%	四分位数 50%	四分位数 75%
RDW	17268	0.560	0.500	0	1	0	1	1
EDU	17268	3.570	0.560	2	5	3.220	3.630	4
TEN	17268	3.360	0.750	0.690	4.490	3.010	3.510	3.900
PROIN	17268	0.260	0.200	0	0.780	0.110	0.220	0.430
DIRIL	17268	0.190	0.170	0	0.670	0	0.170	0.330
FGO	17268	0.120	0.130	0	0.570	0	0.110	0.220
FIN	17268	0.120	0.170	0	1	0	0.110	0.180
PMC	14831	-0.06	0.0500	-0.170	0.0400	-0.0900	-0.0500	-0.0200
SHARE	17268	0.370	0.140	0.150	0.640	0.250	0.350	0.480
STATE	17268	0.450	0.500	0	1	0	0	1
CASH	17268	0.170	0.150	0.0100	0.720	0.0700	0.130	0.230
INDP	17268	0.400	0.0800	0.310	0.710	0.330	0.380	0.430
LEV	17268	0.450	0.210	0.0500	0.940	0.280	0.450	0.610
SIZE	17268	1.630	1.130	0.280	6.490	0.850	1.320	2.060
INST	17268	0.0500	0.0500	0	0.220	0.0100	0.0300	0.0700
GRANT	17268	2.320	1.480	0	6.490	1.250	2.240	3.230

二　相关性检验

表4-4为变量相关系数分析矩阵。其中，Pearson相关性检验数据列示于矩阵的下三角部分，Spearman相关性检验数据则列示于矩阵的上三角部分。通过相关性分析可以发现，创新投资意愿（RDW）与董事会受教育程度（EDU）、任职期限（TEN）和职业背景（PROIN）的相关系数均为正，并且在1%的显著性水平上显著，说明董事会人力资本的不同维度受教育程度、任职期限和职业背景与创新投资意愿之间存在正相关关系。创新投资意愿（RDW）与企业关系（DIRIL）的相关系数在1%显著性水平上为正，与政府关系

第四章 董事会资本对企业创新投资意愿影响的实证分析

（FGO）和金融关系（FIN）的相关系数为负，且在1%的显著性水平上显著，说明董事会关系资本中政府关系和金融关系与创新投资意愿存在负相关关系。从调节变量来看，产品市场竞争（PMC）、股权治理（SHARE）与创新投资意愿均存在显著相关关系。从控制变量来看，产权性质（STATE）与企业创新投资意愿显著负相关，说明非国有企业更愿意从事创新活动；现金约束（CASH）与创新投资意愿显著正相关，说明企业经营现金流量越充裕，其进行创新投资的可能性越高；董事会独立性（INDP）与创新投资意愿显著正相关，说明独立董事比例越高的企业更愿意进行创新投资；财务杠杆（LEV）与创新投资意愿显著负相关，说明企业杠杆越高，在创新方面的投资越少；企业规模（SIZE）与创新投资意愿负相关（Pearson检验结果显著，但Spearman检验结果不显著），说明大规模企业创新投资意愿低，而小规模企业更愿意进行创新投资；机构持股（INST）与创新投资意愿的Spearman检验结果为正且显著，Pearson检验结果为负但不显著，说明机构投资者对企业创新活动的开展更加重视；政府补贴（GRANT）与创新投资意愿显著正相关，说明政府补贴推动了企业从事创新活动。控制变量与企业创新投资意愿存在显著相关关系，说明本书控制变量选取有效。

在相关系数矩阵中，除被解释变量创新投资意愿以外，其他解释变量、调节变量以及控制变量之间的相关系数均较小，说明变量之间不存在严重多重共线性问题。此外，为了进一步检验多重共线性问题，本书对全部回归模型进行了方差膨胀因子检验，结果显示各模型中变量的方差膨胀因子均值及最大值均小于2，远低于判定多重共线性的临界值10（Kleinbaum et al.，1988），说明自变量之间不存在严重多重共线性问题。

三　回归分析

本部分运用 Logit 回归分析方法依次检验董事会人力资本、董事会关系资本对创新投资意愿的影响，并分别检验产品市场竞争、股权治理对上述关系的调节效应。

1. 董事会人力资本对企业创新投资意愿影响的回归分析

董事会人力资本对企业创新投资意愿的 Logit 回归（模型 4.1）分析结果如表 4-5 所示。在列（1）中，受教育程度（EDU）对企业创新投资意愿（RDW）为正向影响，且在 1% 的显著性水平上显著，说明董事会受教育程度越高，企业进行创新投资的可能性越强，其创新投资意愿越强。在列（2）中，任职期限（TEN）对企业创新投资意愿同样为正向影响，且在 1% 的显著性水平上显著，表明董事通过长期任职积累的丰富经验与能力使企业进行创新投资的可能性提升。在列（3）中，职业背景（$PROIN$）对企业创新投资意愿有正向影响，并且在 1% 的显著性水平上通过检验，说明拥有"输出型职能"职业背景的董事提高了企业进行创新投资的可能性。列（4）为董事会人力资本中受教育程度、任职期限和职业背景维度共同回归的结果，各项指标的回归系数方向与分别回归时相同，任职期限和职业背景的回归系数在 1% 的水平上显著，进一步验证了任职期限和职业背景对创新投资意愿的促进作用。从董事会人力资本各维度分别回归的结果来看，本书假设 1 得到验证，与 Wincent 等（2010）、周建等（2012）的研究结论一致，董事会人力资本的各维度对企业创新投资意愿有正向影响。

第四章 董事会资本对企业创新投资意愿影响的实证分析

表 4-4 变量相关系数分析矩阵

变量	RDW	EDU	TEN	PROIN	DIRIL	FGO	FIN	PMC	SHARE	STATE	CASH	INDP	LEV	SIZE	INST	GRANT
RDW	1	0.0275***	0.394***	0.372***	0.179***	-0.090***	-0.038***	-0.028***	0.025***	-0.239***	0.088***	0.160***	-0.210***	-0.004	0.039***	0.246***
EDU	0.019**	1	0.019**	0.114***	0.153***	0.024***	0.140***	0.007	0.045***	0.156***	0.0333***	0.097***	0.068***	0.194***	0.073***	0.123***
TEN	0.375***	0.020**	1	0.195***	0.125***	-0.064***	-0.013	0.032***	-0.014*	-0.124***	-0.020**	0.093***	-0.056***	0.156***	0.028***	0.167***
PROIN	0.412***	0.115***	0.184***	1	0.128***	-0.053***	0.045***	-0.007	0.049***	-0.155***	0.104***	0.093***	-0.144***	0.008	0.014	0.159***
DIRIL	0.150***	0.154***	0.105***	0.090***	1	0.051***	0.165***	-0.049***	0.041***	-0.034***	0.038***	0.155***	-0.041***	0.132***	0.057***	0.150***
FGO	-0.112***	0.045***	-0.066***	-0.074***	0.077***	1	0.123***	-0.063***	0.061***	0.033***	0.031***	0.013	0.043***	0.097***	0.030***	0.079***
FIN	-0.094***	0.157***	-0.021**	-0.050***	0.158***	0.183***	1	0.007	0.001	-0.009	0.027***	0.052***	0.021**	0.078***	0.021**	0.039***
PMC	-0.031***	0.020**	0.041***	0.000	-0.028***	-0.050***	0.060***	1	-0.156***	0.045***	-0.133***	0.064***	0.273***	-0.089***	-0.268***	-0.065***
SHARE	0.021**	0.037***	-0.0100	0.043***	0.024***	0.068***	-0.020**	-0.159***	1	0.147***	0.038***	0.013	0.013	0.181***	-0.051***	0.068***
STATE	-0.307***	0.139***	-0.136***	-0.219***	-0.034***	0.059***	0.019**	0.046***	0.133***	1	-0.088***	-0.126***	0.262***	0.284***	0.021**	0.099***
CASH	0.158***	0.032***	-0.023***	0.185***	0.023***	0.019**	0.069***	-0.127***	0.053***	-0.168***	1	0.005	-0.388***	-0.219***	0.055***	-0.053***
INDP	0.168***	0.072***	0.085***	0.090***	0.173***	0.019**	-0.00600	0.061***	0.026***	-0.150***	0.020**	1	-0.046***	0.058***	0.024***	0.081***
LEV	-0.307***	0.069***	-0.072***	-0.237***	-0.017*	0.083***	0.162***	0.293***	-0.00400	0.322***	-0.468***	-0.074***	1	0.455***	0.023***	0.166***
SIZE	-0.119***	0.200***	0.083***	-0.075***	0.136***	0.197***	0.339***	-0.021**	0.180***	0.335***	-0.228***	0.018**	0.499***	1	0.195***	0.501***
INST	-0.0100	0.051***	-0.016*	-0.023***	0.029***	0.041***	0.091***	-0.218***	-0.097***	0.00900	0.0120	-0.00200	0.053***	0.124***	1	0.158***
GRANT	0.213***	0.111***	0.132***	0.120***	0.142***	0.081***	0.00600	-0.059***	0.064***	0.099***	-0.080***	0.060***	0.152***	0.456***	0.082***	1

注：***、** 和 * 分别表示 1%、5% 和 10% 的显著性水平。

表4-5 董事会人力资本对企业创新投资意愿影响的回归结果

变量	基准	模型4.1 (1)	(2)	(3)	(4)
EDU		0.205*** (5.60)			0.0306 (0.75)
TEN			1.258*** (40.22)		1.194*** (36.67)
PROIN				4.099*** (38.13)	3.856*** (33.91)
STATE	-1.066*** (-28.47)	-1.090*** (-28.86)	-0.944*** (-23.70)	-0.919*** (-23.33)	-0.821*** (-19.59)
CASH	0.372** (2.36)	0.298* (1.88)	0.848*** (5.08)	-0.133 (-0.79)	0.298* (1.69)
INDP	3.727*** (14.37)	3.607*** (13.86)	3.465*** (12.59)	3.582*** (13.17)	3.310*** (11.52)
LEV	-2.853*** (-25.02)	-2.849*** (-24.97)	-2.526*** (-20.93)	-2.491*** (-20.80)	-2.224*** (-17.66)
SIZE	-0.193*** (-7.50)	-0.213*** (-8.22)	-0.353*** (-12.89)	-0.206*** (-7.71)	-0.364*** (-12.68)
INST	-1.280*** (-3.28)	-1.347*** (-3.44)	-0.895** (-2.15)	-0.991** (-2.41)	-0.585 (-1.35)
GRANT	0.542*** (34.90)	0.542*** (34.85)	0.539*** (32.82)	0.484*** (29.99)	0.487*** (28.65)
Constant	-0.361*** (-2.91)	-0.984*** (-5.91)	-4.536*** (-26.87)	-1.282*** (-9.67)	-5.264*** (-24.34)
YEAR	控制	控制	控制	控制	控制
INDUSTRY	控制	控制	控制	控制	控制
N	17268	17268	17268	17268	17268
Pseudo R^2	0.186	0.189	0.264	0.255	0.319

注：括号内为经过White（1963）异方差修正的Z值，***、**和*分别表示1%、5%和10%的显著性水平。

第四章 董事会资本对企业创新投资意愿影响的实证分析

2. 董事会关系资本对企业创新投资意愿影响的回归分析

董事会关系资本对企业创新投资意愿的 Logit 回归（模型 4.2）分析结果如表 4-6 所示。在列（1）中，企业关系（$DIRIL$）对企业创新投资意愿（RDW）的影响为正，且在 1% 的显著性水平上显著，与周建等（2012）、Chen（2014）的研究一致，说明董事会通过连锁董事获得的相关资源有助于降低创新活动的不确定性，使企业进行创新投资的可能性增加。在列（2）中，政府关系（FGO）对企业创新投资意愿的影响为负，且在 1% 的显著性水平上显著，这表明企业拥有政治背景董事的比重越高，其进行创新投资的可能性越低，符合本书假设 2 的预期。在列（3）中，金融关系（FIN）对企业创新投资意愿的影响为负，且在 1% 的显著性水平上显著，表明企业拥有金融背景董事的比重越高，其受金融机构的影响越大，进行创新投资的可能性越低，符合本书假设 2 的预期。列（4）为董事会关系资本中企业关系、政府关系和金融关系共同回归的结果，各项指标的回归系数与分别回归相比变化不大，部分验证了本书的假设 2。

表 4-6 董事会关系资本对企业创新投资意愿影响的回归结果

变量	基准	模型 4.2 (1)	(2)	(3)	(4)
$DIRIL$		1.525***			1.856***
		(13.32)			(15.72)
FGO			-2.127***		-2.086***
			(-14.62)		(-14.08)
FIN				-1.631***	-1.817***
				(-10.82)	(-11.62)
$STATE$	-1.066***	-1.058***	-1.079***	-1.093***	-1.098***
	(-28.47)	(-28.09)	(-28.57)	(-28.98)	(-28.65)
$CASH$	0.372**	0.318**	0.516***	0.537***	0.629***
	(2.36)	(2.01)	(3.24)	(3.37)	(3.90)

续表

变量	模型 4.2 基准	(1)	(2)	(3)	(4)
INDP	3.727***	3.303***	3.843***	3.794***	3.399***
	(14.37)	(12.57)	(14.68)	(14.56)	(12.74)
LEV	-2.853***	-2.786***	-2.875***	-2.841***	-2.783***
	(-25.02)	(-24.29)	(-25.01)	(-24.85)	(-23.97)
SIZE	-0.193***	-0.231***	-0.150***	-0.149***	-0.149***
	(-7.50)	(-8.92)	(-5.77)	(-5.71)	(-5.61)
INST	-1.280***	-1.327***	-1.234***	-1.218***	-1.209***
	(-3.28)	(-3.38)	(-3.14)	(-3.11)	(-3.05)
GRANT	0.542***	0.532***	0.552***	0.538***	0.535***
	(34.90)	(34.20)	(35.06)	(34.43)	(33.73)
Constant	-0.361***	-0.412***	-0.247**	-0.289**	-0.232*
	(-2.91)	(-3.30)	(-1.98)	(-2.32)	(-1.83)
YEAR	控制	控制	控制	控制	控制
INDUSTRY	控制	控制	控制	控制	控制
N	17268	17268	17268	17268	17268
Pseudo R^2	0.186	0.193	0.195	0.191	0.209

注：括号内为经过 White（1963）异方差修正的 Z 值，***、**和*分别表示1%、5%和10%的显著性水平。

3. 产品市场竞争对董事会人力资本与企业创新投资意愿关系调节作用的回归分析

产品市场竞争对董事会人力资本与创新投资意愿关系调节作用的 Logit 回归（模型4.3）分析结果如表4-7所示。列（1）为董事会受教育程度（EDU）对企业创新投资意愿的基础回归，回归系数显著为正，列（2）为引入产品市场竞争（PMC）调节项的回归，调节项（EDU×PMC）系数也显著为正。调节项系数与原始系数符号相同，说明随着产品市场竞争程度的加剧，拥有较高教育水平董事的企业进行创新投资的可能性更高，创新投资意愿更强烈。列

第四章 董事会资本对企业创新投资意愿影响的实证分析

（3）为董事会任职期限（TEN）对企业创新投资意愿的基础回归，回归系数显著为正，列（4）为引入产品市场竞争调节项的回归，调节项（TEN×PMC）系数亦显著为正。调节项系数与原始系数符号相同，表明产品市场竞争程度增强了董事会任职期限对创新投资意愿的正向作用。列（5）为董事会职业背景（PROIN）对企业创新投资意愿的基础回归，回归系数显著为正，列（6）为引入产品市场竞争调节项的回归，调节项（PROIN×PMC）系数亦为正。从方向上看，调节项系数与原始系数符号相同，说明产品市场竞争对"输出型职能"职业背景的董事与创新投资意愿的正向关系有一定增强作用。列（7）为受教育程度、任职期限和职业背景对企业创新投资意愿共同作用的回归结果，列（8）则为产品市场竞争的调节作用，与前面各列相比各项指标的回归系数变化不大，调节项系数全部为正，由此基本可以证明本书提出的假设3，即产品市场竞争对董事会人力资本与企业创新投资意愿关系具有增强型调节作用。

4. 产品市场竞争对董事会关系资本与企业创新投资意愿关系调节作用的回归分析

产品市场竞争对董事会关系资本与企业创新投资意愿关系调节作用的Logit回归（模型4.4）分析结果如表4-8所示。列（1）为董事会企业关系（DIRIL）对创新投资意愿的基础回归，回归系数显著为正，列（2）为引入产品市场竞争（PMC）调节项的回归，尽管调节项（DIRIL×PMC）系数没有达到显著性水平，但从符号方向来看，调节项系数与原始系数符号相同，说明随着产品市场竞争程度的增强，企业关系对创新投资意愿的促进作用有一定程度的增强。列（3）为董事会政府关系（FGO）对创新投资意愿的基础回归，回归系数显著为负，列（4）为引入产品市场竞争调节项的回归，调节项（FGO×PMC）的系数显著为正。调节项系数与原始系数符号相反，说明随着产品市场竞争程度的增强，董事会政府关系对企业创新投资意愿的抑制作用减弱。列（5）为董事会金融关系（FIN）对创新投资意愿的基础回归，回归系数显著为负，列（6）为加入产品市场竞争调节项的回归，调节项（FIN×PMC）的系数显著为正。调节项系数与原始系数符号相反，说明随着产品市场竞争程度的增强，董事会金融关系对创新投资意愿的负向影响被削弱。列（7）为董事会企业关系、政府关系和金融关系共同作用的回归结果，列（8）则为产品市场竞争的调节作用，与前面各列相比各项指标的回归系数变化不大，调节项系数全部为正，进一步验证了产品市场竞争对政府关系、金融关系与创新投资意愿之间关系具有削弱型调节作用。这部分验证了本书的假设4，即产品市场竞争对董事会关系资本与创新投资意愿的关系有削弱型调节作用。

表 4–7 产品市场竞争对董事会人力资本与创新投资意愿关系调节作用的回归结果

变量	模型 4.3							
	(1)	(2)	(3)	(4)	(5)	(6)	(7)	(8)
EDU	0.149*** (3.97)	0.145*** (3.85)					0.00470 (0.11)	0.00516 (0.12)
EDU×PMC		1.207* (1.79)						1.021 (1.37)
TEN			1.235*** (37.84)	1.238*** (37.55)			1.184*** (35.11)	1.190*** (34.91)
TEN×PMC				1.689*** (2.94)				1.562*** (2.64)
PROIN					3.723*** (33.34)	3.703*** (33.12)	3.510*** (29.67)	3.504*** (29.58)
PROIN×PMC						1.811 (0.87)		1.316 (0.60)

第四章　董事会资本对企业创新投资意愿影响的实证分析

续表

变量	模型4.3							
	(1)	(2)	(3)	(4)	(5)	(6)	(7)	(8)
PMC		2.134*** (5.67)		-4.718** (-2.41)		1.604*** (4.07)		-4.832** (-2.40)
STATE	-0.913*** (-23.53)	-0.918*** (-23.62)	-0.792*** (-19.35)	-0.791*** (-19.28)	-0.789*** (-19.62)	-0.794*** (-19.72)	-0.701*** (-16.36)	-0.699*** (-16.26)
CASH	-0.152 (-0.89)	-0.158 (-0.92)	0.377** (2.09)	0.371** (2.05)	-0.487*** (-2.72)	-0.478*** (-2.67)	-0.0442 (-0.23)	-0.0576 (-0.31)
INDP	3.314*** (12.24)	3.158*** (11.61)	3.117*** (10.88)	3.046*** (10.58)	3.282*** (11.67)	3.169*** (11.21)	3.004*** (10.10)	2.970*** (9.92)
LEV	-2.503*** (-21.02)	-2.745*** (-21.63)	-2.200*** (-17.45)	-2.322*** (-17.27)	-2.247*** (-18.10)	-2.424*** (-18.34)	-1.992*** (-15.25)	-2.051*** (-14.71)
SIZE	-0.159*** (-6.03)	-0.133*** (-4.97)	-0.307*** (-11.01)	-0.294*** (-10.38)	-0.170*** (-6.28)	-0.151*** (-5.51)	-0.329*** (-11.29)	-0.325*** (-10.94)
INST	-1.612*** (-3.98)	-1.053** (-2.52)	-1.139*** (-2.64)	-0.963** (-2.16)	-1.143*** (-2.71)	-0.732* (-1.68)	-0.700 (-1.57)	-0.706 (-1.53)
GRANT	0.524*** (33.21)	0.526*** (33.27)	0.525*** (31.43)	0.525*** (31.43)	0.476*** (29.11)	0.478*** (29.18)	0.482*** (27.95)	0.483*** (27.98)
Constant	-1.014*** (-5.91)	-0.777*** (-4.40)	-4.626*** (-26.44)	-4.850*** (-22.38)	-1.333*** (-9.79)	-1.164*** (-8.18)	-5.181*** (-23.35)	-5.444*** (-21.01)
YEAR	控制	控制	控制	控制	控制	控制	控制	控制
INDUSTRY	控制	控制	控制	控制	控制	控制	控制	控制
N	14831	14831	14831	14831	14831	14831	14831	14831
Pseudo R^2	0.147	0.149	0.227	0.228	0.206	0.207	0.274	0.275

注：括号内为经过 White (1963) 异方差修正的 Z 值，***、** 和 * 分别表示1%、5%和10%的显著性水平。

表4-8　产品市场竞争对董事会关系资本与创新投资意愿关系调节作用的回归结果

变量	模型4.4							
	(1)	(2)	(3)	(4)	(5)	(6)	(7)	(8)
DIRIL	1.544*** (13.03)	1.549*** (13.05)					1.860*** (15.22)	1.863*** (15.21)

— 109 —

续表

变量	模型4.4							
	(1)	(2)	(3)	(4)	(5)	(6)	(7)	(8)
DIRIL×PMC		2.051 (0.95)						2.251 (1.00)
FGO			-2.111*** (-14.02)	-2.066*** (-13.70)			-2.038*** (-13.30)	-1.976*** (-12.86)
FGO×PMC				5.545** (2.04)				5.916** (2.13)
FIN					-1.620*** (-10.34)	-1.657*** (-10.54)	-1.807*** (-11.10)	-1.847*** (-11.30)
FIN×PMC						5.717** (2.00)		6.683** (2.22)
PMC		2.250*** (5.94)		1.933*** (5.10)		2.390*** (6.33)		2.263*** (5.88)
STATE	-0.886*** (-22.89)	-0.892*** (-23.00)	-0.912*** (-23.48)	-0.916*** (-23.56)	-0.922*** (-23.78)	-0.932*** (-23.97)	-0.930*** (-23.61)	-0.939*** (-23.76)
CASH	-0.184 (-1.07)	-0.185 (-1.08)	0.0413 (0.24)	0.0383 (0.22)	0.0648 (0.38)	0.0836 (0.48)	0.120 (0.68)	0.123 (0.70)
INDP	2.973*** (10.87)	2.807*** (10.21)	3.541*** (13.00)	3.403*** (12.43)	3.500*** (12.92)	3.321*** (12.20)	3.126*** (11.25)	2.954*** (10.57)
LEV	-2.430*** (-20.29)	-2.684*** (-21.02)	-2.511*** (-20.92)	-2.737*** (-21.39)	-2.496*** (-20.91)	-2.757*** (-21.65)	-2.414*** (-19.91)	-2.670*** (-20.61)
SIZE	-0.183*** (-6.95)	-0.157*** (-5.86)	-0.105*** (-3.96)	-0.0810*** (-3.02)	-0.0985*** (-3.72)	-0.0659** (-2.44)	-0.105*** (-3.86)	-0.0751*** (-2.72)
INST	-1.631*** (-4.01)	-1.027** (-2.45)	-1.495*** (-3.67)	-0.955** (-2.27)	-1.541*** (-3.80)	-0.840** (-2.00)	-1.520*** (-3.70)	-0.858** (-2.02)
GRANT	0.515*** (32.51)	0.516*** (32.58)	0.535*** (33.42)	0.536*** (33.42)	0.520*** (32.72)	0.519*** (32.59)	0.518*** (32.06)	0.517*** (31.91)
Constant	-0.611*** (-4.73)	-0.374*** (-2.77)	-0.459*** (-3.54)	-0.256* (-1.89)	-0.503*** (-3.90)	-0.255* (-1.89)	-0.453*** (-3.46)	-0.212 (-1.54)

续表

变量	模型 4.4							
	(1)	(2)	(3)	(4)	(5)	(6)	(7)	(8)
YEAR	控制	控制	控制	控制	控制	控制	控制	控制
INDUSTRY	控制	控制	控制	控制	控制	控制	控制	控制
N	14831	14831	14831	14831	14831	14831	14831	14831
Pseudo R^2	0.154	0.156	0.156	0.157	0.152	0.154	0.171	0.173

注：括号内为经过 White（1963）异方差修正后的 Z 值，***、** 和 * 分别表示 1%、5% 和 10% 的显著性水平。

5. 股权治理对董事会人力资本与企业创新投资意愿关系调节作用的回归分析

股权治理对董事会人力资本与创新投资意愿关系调节作用的 Logit 回归（模型 4.5）分析结果如表 4-9 所示。列（1）为董事会受教育程度（EDU）对企业创新投资意愿的基础回归，回归系数显著为正，列（2）为引入股权治理（SHARE）调节项的回归，调节项（EDU × SHARE）系数显著为负。调节项系数与原始系数符号相反，说明实际控制人持股的增加削弱了董事会受教育程度对创新投资意愿的正向作用。列（3）为董事会任职期限（TEN）对企业创新投资意愿的基础回归，回归系数显著为正，列（4）为引入股权治理调节项的回归，调节项（TEN × SHARE）系数显著为负。调节项系数与原始系数符号相反，表明股权治理亦削弱了董事会任职期限对创新投资意愿的正向作用。列（5）为董事会职业背景（PROIN）对企业创新投资意愿的基础回归，回归系数显著为正，列（6）为引入股权治理调节项的回归，调节项（PROIN × SHARE）系数显著为负。调节项系数与原始系数符号相反，说明实际控制人持股的增加抑制了董事会职业背景对创新投资意愿的促进作用。列（7）为受教育程度、任职期限和职业背景对企业创新投资意愿共同作用的回归结果，列（8）则为股权治理的调节作用，与前面各列相比各项指标的回归系数变化不大，调节项系数全部为负，进一步证明了股权治理对董事会人力资本各维度与创新投资意愿的关系具有削弱型调节作用，本书的假设5得以验证。

为进一步探索股权治理的调节效应，本书根据实际控制人性质将样本划分为国有企业和非国有企业两个子样本。在国有企业子样本中，董事会受教育程度、任职期限和职业背景对创新投资意愿的影响均显著为正。而在非国有企业子样本中，受教育程度对企业创新投资意愿的影响显著为负，任职期限和职业背景对创新投资意愿的影响显著为正。在股权治理的调节效应方面，国有企业子样本中，股权治理调节项均为负，且股权治理与受教育程度、任职期限的交互项系数显著，说明国有企业实际控制人持股削弱了董事会人力资本对创新投资意愿的正向作用。而在非国有企业子样本中，股权治理与职业背景的交互项系数显著为负，表明非国有企业的股权治理状况削弱了职业背景对创新投资意愿的正向作用。

6. 股权治理对董事会关系资本与企业创新投资意愿关系调节作用的回归分析

股权治理对董事会关系资本与企业创新投资意愿关系调节作用的 Logit 回归（模型4.6）分析结果如表4-10所示。列（1）为董事会企业关系（*DIRIL*）对创新投资意愿的基础回归，回归系数显著为正，列（2）为引入股权治理（*SHARE*）调节项的回归，调节项（*DIRIL* × *SHARE*）的系数显著为负。调节项系数与原始系数符号相反，说明股权治理削弱了董事会企业关系对创新投资意愿的正向作用。列（3）为董事会政府关系（*FGO*）对创新投资意愿的基础回归，回归系数显著为负，列（4）为引入股权治理调节项的回归，调节项（*FGO* × *SHARE*）的系数亦显著为负。调节项系数与原始系数符号相同，说明随着实际控制人持股的增加，董事会政府关系对企业创新投资意愿的抑制作用增强。列（5）为董事会金融关系（FIN）对创新投资意愿的基础回归，回归系数显著为负，列（6）为引入股权治理调节项的回归，调节项（$FIN \times SHARE$）的系数亦显著为负。调节项系数与原始系数符号相同，说明股权治理增强了金融关系对创新投资意愿的负向影响。列（7）为董事会企业关系、政府关系和金融关系共同作用的回归结果，列（8）则为股权治理的调节作用，与前面各列相比各项指标的回归系数变化不大，调节项系数全部为负，除了对企业关系的调节由于其本身系数符号为正而产生削弱型调节外，全部为增强型调节。这部分验证了本书假设6，即股权治理对董事会关系资本与创新投资意愿的关系具有增强型调节作用。

为进一步探索股权治理的调节效应，本书根据实际控制人性质将样本划分为国有企业和非国有企业两个子样本。通过比较两个子样本的回归结果可以看出，无论国有企业还是非国有企业，董事会企业关系对创新投资意愿均表现出显著正向影响，而政府关系和金融关系对创新投资意愿均有显著负向影响。在股权治理的调节效应方面，国有企业中，股权治理的交互项系数均为负，与全样本回归结果相同；而非国有企业中，股权治理与企业关系和政府关系的交互项为负，与全样本回归相同，股权治理与金融关系的交互项为正，但没有达到显著性水平。

第四节 董事会资本与企业创新投资意愿的稳健性检验

为保障前文研究结果的有效性，本书采用划分子样本的方法进行稳健性检验。本书选择的研究样本全部为A股上市公司，其中包括主板、创业板与中小板三个板块,由于不同上市板块的企业特性存在差异,本书根据上市公司所属板块将样本数据划分为三个子样本以检验董事会资本对企业创新投资意愿的影响,检验结果与前文相同,说明本书研究结论是稳健的。

一 董事会人力资本与企业创新投资意愿关系的稳健性检验

表4-11为董事会人力资本对企业创新投资意愿回归的稳健性检验结果。对比表4-5,董事会受教育程度(*EDU*)对创新投资意愿的回归结果在三个子样本中均为正,尽管在创业板和中小板中显著性有所降低,但并未发生实质改变,与表4-5回归结果相同,说明董事会受教育程度越高,企业进行创新投资的可能性越大。任职期限(*TEN*)对创新投资意愿的回归结果在三个子样本中均显著为正,与表4-5回归结果一致,说明任职期限的增加提升了企业进行创新投资的可能性。职业背景(*PROIN*)对创新投资意愿的回归结果在三个子样本中亦显著为正,与表4-5回归结果相同,说明具有"输出型职能"职业背景的董事有助于企业创新投资意愿的提升。通过对不同子样本的回归分析发现前述研究结果并未发生改变,本书研究结果稳健。

第四章 董事会资本对企业创新投资意愿影响的实证分析

表 4-9 股权治理对董事会人力资本与创新投资意愿关系调节作用的回归结果

变量	(1)	(2)	(3)	(4)	(5)	(6)	(7)	(8)	国有企业		非国有企业	
EDU	0.205 *** (5.60)	0.209 *** (5.64)					0.0306 (0.75)	0.0358 (0.87)	0.284 *** (4.77)	0.288 *** (4.80)	-0.174 *** (-3.00)	-0.133 ** (-2.21)
EDU × SHARE		-0.629 ** (-2.45)						-0.645 ** (-2.27)		-1.172 *** (-2.85)		0.120 (0.28)
TEN			1.258 *** (40.22)	1.254 *** (39.62)			1.194 *** (36.67)	1.190 *** (36.12)	1.198 *** (24.76)	1.214 *** (24.54)	1.212 *** (26.73)	1.193 *** (25.49)
TEN × SHARE				-0.388 * (-1.78)				-0.417 * (-1.83)		-0.618 * (-1.85)		-0.162 (-0.49)
PROIN					4.099 *** (38.13)	4.100 *** (37.62)	3.856 *** (33.91)	3.847 *** (33.36)	3.337 *** (21.11)	3.369 *** (20.82)	4.205 *** (25.11)	4.081 *** (23.62)
PROIN × SHARE						-2.159 *** (-2.82)		-2.109 *** (-2.63)		-0.710 (-0.65)		-3.879 *** (-3.14)
SHARE		0.790 *** (6.01)		2.291 *** (3.06)		0.457 *** (3.27)		2.096 *** (2.68)		2.268 * (1.96)		1.828 (1.63)
STATE	-1.090 *** (-28.86)	-1.134 *** (-29.17)	-0.944 *** (-23.70)	-0.997 *** (-24.36)	-0.919 *** (-23.33)	-0.960 *** (-23.69)	-0.821 *** (-19.59)	-0.866 *** (-20.02)				
CASH	0.298 * (1.88)	0.297 * (1.83)	0.848 *** (5.08)	0.813 *** (4.75)	-0.133 (-0.79)	-0.114 (-0.66)	0.298 * (1.69)	0.256 (1.41)	0.142 (0.53)	0.196 (0.72)	0.00335 (0.01)	-0.236 (-0.92)

模型 4.5

续表

变量	(1)	(2)	(3)	(4)	(5)	(6)	(7)	(8)	国有企业		非国有企业	
INDP	3.607***	3.492***	3.465***	3.370***	3.582***	3.492***	3.310***	3.224***	3.334***	3.309***	2.990***	2.862***
	(13.86)	(13.25)	(12.59)	(12.10)	(13.17)	(12.69)	(11.52)	(11.09)	(7.87)	(7.77)	(7.51)	(7.05)
LEV	-2.849***	-2.725***	-2.526***	-2.387***	-2.491***	-2.373***	-2.224***	-2.105***	-0.968***	-0.933***	-3.303***	-3.261***
	(-24.97)	(-23.55)	(-20.93)	(-19.52)	(-20.80)	(-19.52)	(-17.66)	(-16.46)	(-5.64)	(-5.36)	(-17.19)	(-16.62)
SIZE	-0.213***	-0.213***	-0.353***	-0.364***	-0.206***	-0.203***	-0.364***	-0.365***	-0.318***	-0.310***	-0.496***	-0.482***
	(-8.22)	(-7.88)	(-12.89)	(-12.74)	(-7.71)	(-7.25)	(-12.68)	(-12.19)	(-8.96)	(-8.34)	(-10.10)	(-9.33)
INST	-1.347***	-0.981**	-0.895**	-0.404	-0.991**	-0.707*	-0.585	-0.214	-0.194	-0.0835	-0.413	-0.0140
	(-3.44)	(-2.45)	(-2.15)	(-0.95)	(-2.41)	(-1.68)	(-1.35)	(-0.48)	(-0.32)	(-0.13)	(-0.65)	(-0.02)
GRANT	0.542***	0.544***	0.539***	0.541***	0.484***	0.484***	0.487***	0.486***	0.407***	0.405***	0.596***	0.587***
	(34.85)	(34.40)	(32.82)	(32.39)	(29.99)	(29.41)	(28.65)	(28.08)	(18.81)	(18.42)	(21.91)	(21.10)
Constant	-0.984***	-1.291***	-4.536***	-5.362***	-1.282***	-1.462***	-5.264***	-6.033***	-7.435***	-8.368***	-4.102***	-4.728***
	(-5.91)	(-7.40)	(-26.87)	(-16.73)	(-9.67)	(-10.34)	(-24.34)	(-16.59)	(-23.17)	(-14.86)	(-13.60)	(-9.51)
YEAR	控制	控制	控制	控制	控制	控制	控制	控制	控制	控制	控制	控制
INDUSTRY	控制	控制	控制	控制	控制	控制	控制	控制	控制	控制	控制	控制
N	17268	17268	17268	17268	17268	17268	17268	17268	7700	7700	9568	9568
Pseudo R^2	0.189	0.264	0.264	0.263	0.255	0.253	0.319	0.318	0.219	0.219	0.33	0.329

注：括号内为经过 White (1963) 异方差修正后的 Z 值，***、** 和 * 分别表示 1%、5% 和 10% 的显著性水平。

第四章　董事会资本对企业创新投资意愿影响的实证分析

表4-10　股权治理对董事会关系资本与创新投资意愿关系调节作用的回归结果

模型4.6

变量	(1)	(2)	(3)	(4)	(5)	(6)	(7)	(8)	国有企业	国有企业	非国有企业	非国有企业
DIRIL	1.525*** (13.32)	1.514*** (13.04)					1.856*** (15.72)	1.821*** (15.23)	1.452*** (8.89)	1.488*** (8.99)	2.299*** (13.22)	2.081*** (11.45)
DIRIL×SHARE		-4.851*** (-5.94)						-4.527*** (-5.37)		-2.922** (-2.56)		-4.977*** (-3.75)
FGO			-2.127*** (-14.62)	-2.141*** (-14.49)			-2.086*** (-14.08)	-2.089*** (-13.88)	-2.204*** (-10.36)	-2.150*** (-9.89)	-1.924*** (-9.12)	-2.098*** (-9.57)
FGO×SHARE				-2.408** (-2.38)				-1.840* (-1.77)		-0.269 (-0.19)		-2.760* (-1.75)
FIN					-1.631*** (-10.82)	-1.532*** (-9.92)	-1.817*** (-11.62)	-1.694*** (-10.58)	-1.739*** (-7.63)	-1.720*** (-7.43)	-1.752*** (-8.00)	-1.539*** (-6.62)
FIN×SHARE						-1.907* (-1.81)		-0.105 (-0.10)		-1.238 (-0.79)		0.993 (0.60)
SHARE		0.742*** (5.61)		0.871*** (6.58)		0.727*** (5.51)		0.776*** (5.78)		-0.136 (-0.74)		1.675*** (8.21)
STATE	-1.058*** (-28.09)	-1.109*** (-28.62)	-1.079*** (-28.57)	-1.129*** (-29.08)	-1.093*** (-28.98)	-1.132*** (-29.25)	-1.098*** (-28.65)	-1.144*** (-29.05)				
CASH	0.318** (2.01)	0.344** (2.12)	0.516*** (3.24)	0.510*** (3.12)	0.537*** (3.37)	0.511*** (3.13)	0.629*** (3.90)	0.611*** (3.69)	0.630** (2.54)	0.680*** (2.71)	0.232 (1.04)	0.0187 (0.08)

— 117 —

续表

变量	模型 4.6								国有企业		非国有企业	
	(1)	(2)	(3)	(4)	(5)	(6)	(7)	(8)				
INDP	3.303***	3.221***	3.843***	3.756***	3.794***	3.711***	3.399***	3.350***	3.604***	3.629***	2.930***	2.823***
	(12.57)	(12.08)	(14.68)	(14.18)	(14.56)	(14.08)	(12.74)	(12.38)	(9.17)	(9.17)	(7.92)	(7.46)
LEV	-2.786***	-2.632***	-2.875***	-2.760***	-2.841***	-2.728***	-2.783***	-2.655***	-1.370***	-1.346***	-4.097***	-4.021***
	(-24.29)	(-22.60)	(-25.01)	(-23.66)	(-24.85)	(-23.54)	(-23.97)	(-22.51)	(-8.60)	(-8.32)	(-23.13)	(-22.21)
SIZE	-0.231***	-0.236***	-0.150***	-0.155***	-0.149***	-0.158***	-0.149***	-0.161***	-0.0805**	-0.0754**	-0.262***	-0.250***
	(-8.92)	(-8.74)	(-5.77)	(-5.68)	(-5.71)	(-5.82)	(-5.61)	(-5.80)	(-2.46)	(-2.18)	(-5.73)	(-5.19)
INST	-1.327***	-0.972**	-1.234***	-0.828**	-1.218***	-0.885**	-1.209***	-0.874**	-0.904	-0.861	-1.357**	-0.972
	(-3.38)	(-2.42)	(-3.14)	(-2.06)	(-3.11)	(-2.21)	(-3.05)	(-2.15)	(-1.62)	(-1.52)	(-2.36)	(-1.64)
GRANT	0.532***	0.532***	0.552***	0.555***	0.538***	0.542***	0.535***	0.537***	0.450***	0.450***	0.627***	0.622***
	(34.20)	(33.58)	(35.06)	(34.66)	(34.43)	(34.14)	(33.73)	(33.27)	(22.29)	(21.93)	(24.68)	(23.92)
Constant	-0.412***	-0.698***	-0.247**	-0.569***	-0.289**	-0.570***	-0.232*	-0.529***	-1.963***	-1.962***	0.451**	-0.0531
	(-3.30)	(-5.24)	(-1.98)	(-4.27)	(-2.32)	(-4.29)	(-1.83)	(-3.91)	(-11.05)	(-10.22)	(2.48)	(-0.27)
YEAR	控制	控制	控制	控制	控制	控制	控制	控制	控制	控制	控制	控制
INDUSTRY	控制	控制	控制	控制	控制	控制	控制	控制	控制	控制	控制	控制
N	17268	17268	17268	17268	17268	17268	17268	17268	7700	7700	9568	9568
Pseudo R^2	0.193	0.195	0.195	0.193	0.191	0.188	0.209	0.208	0.108	0.106	0.208	0.209

注：括号内为经过 White（1963）异方差修正后的 Z 值，***、**和*分别表示1%、5%和10%的显著性水平。

第四章 董事会资本对企业创新投资意愿影响的实证分析

表4-11 董事会人力资本对企业创新投资意愿回归的稳健性检验

变量	模型4.1 主板	模型4.1 创业板	模型4.1 中小板
EDU	0.0683*	0.563	0.0981
	(1.69)	(1.64)	(1.02)
TEN	1.449***	0.892***	0.824***
	(32.16)	(3.43)	(12.96)
PROIN	2.804***	4.784***	2.457***
	(19.51)	(5.75)	(9.92)
STATE	-0.184***	-1.262**	-0.295***
	(-3.52)	(-2.32)	(-2.76)
CASH	-0.481*	-1.964*	-2.264***
	(-1.94)	(-1.69)	(-6.37)
INDP	2.756***	3.904*	2.237***
	(7.67)	(1.85)	(3.61)
LEV	-1.337***	-0.819	-2.817***
	(-8.82)	(-0.67)	(-9.01)
SIZE	-0.167***	-0.934***	-0.247***
	(-5.22)	(-2.59)	(-2.95)
INST	-0.981*	3.618	0.0559
	(-1.84)	(0.92)	(0.06)
GRANT	0.473***	-0.148	0.337***
	(24.48)	(-0.80)	(7.84)
Constant	-7.351***	-2.638	-1.902***
	(-26.34)	(-1.46)	(-4.04)
YEAR	控制	控制	控制
INDUSTRY	控制	控制	控制
N	10373	2127	4768
Pseudo R^2	0.239	0.161	0.164

注：括号内为经过White（1963）异方差修正后的Z值，***、**和*分别表示1%、5%和10%的显著性水平。

二 董事会关系资本与企业创新投资意愿关系的稳健性检验

表4-12为董事会关系资本与企业创新投资意愿回归的稳健性检验结果。在主板子样本的回归结果中,董事会企业关系(*DIRIL*)对创新投资意愿的回归系数显著为正,政府关系(*FGO*)和金融关系(*FIN*)的回归系数显著为负,与表4-6回归结果相同,说明较强的企业关系使企业进行创新投资的可能性增大,而政府关系和金融关系降低了企业进行创新投资的可能性,说明前述研究结果稳健。在创业板子样本的回归结果中,董事会关系资本各维度的回归系数没有达到显著性水平,这应该是由于创业板上市公司大多从事高科技业务,有较强的创新投资意愿,不易受到董事会关系资本的影响。从回归系数的方向来看,表4-12仍然与表4-6中的方向一致。在中小板子样本的回归结果中,董事会关系资本的企业关系、政府关系和金融关系维度的回归系数方向与表4-6中各维度的回归系数方向一致,且均显著,再次印证了前述研究结果的稳健性。

表4-12 董事会关系资本对企业创新投资意愿回归的稳健性检验

变量	模型4.2 主板	模型4.2 创业板	模型4.2 中小板
DIRIL	1.261***	0.766	1.599***
	(8.69)	(0.79)	(5.74)
FGO	-2.319***	-0.0187	-1.794***
	(-12.35)	(-0.01)	(-5.38)
FIN	-1.913***	-0.806	-0.642*
	(-9.75)	(-0.63)	(-1.76)
STATE	-0.359***	-0.863*	-0.402***
	(-7.44)	(-1.74)	(-4.00)

续表

变量	模型 4.2		
	主板	创业板	中小板
CASH	-0.147	-2.344 **	-2.532 ***
	(-0.64)	(-2.08)	(-7.34)
INDP	3.146 ***	3.164	2.236 ***
	(9.42)	(1.53)	(3.69)
LEV	-1.636 ***	-0.724	-3.492 ***
	(-11.62)	(-0.59)	(-11.55)
SIZE	0.113 ***	-0.968 ***	0.0316
	(3.78)	(-2.81)	(0.39)
INST	-1.528 ***	4.798	-1.062
	(-3.13)	(1.26)	(-1.13)
GRANT	0.481 ***	-0.0974	0.388 ***
	(26.77)	(-0.56)	(9.39)
Constant	-1.778 ***	4.562 ***	1.806 ***
	(-11.20)	(4.10)	(5.99)
YEAR	控制	控制	控制
INDUSTRY	控制	控制	控制
N	10373	2127	4768
Pseudo R^2	0.123	0.102	0.106

注：括号内为经过 White（1963）异方差修正后的 Z 值，***、** 和 * 分别表示 1%、5% 和 10% 的显著性水平。

第五节 本章小结

本章阐释了董事会资本影响企业创新投资意愿的作用路径并加以经验验证。首先，在资源基础理论和资源依赖理论分析下，探索了董事会人力资本和董事会关系资本对企业创新投资意愿的影响，在此基础上进一步探索了产品市场竞争、股权治理对上述关系的调节作用，并提出相关研究假设。其次，通过研究设计，根据企业创新投资意愿的数据特征，从董事会受教育程度、任职期限和职业背景三个维度反映董事会人力资本，从企业关系、政府关系和金融关系三个维度反映董事会关系资本，构建进行假设检验的 Logit 回归模型。再次，以中国 A 股上市公司的数据为研究样本进行回归分析，检验假设的正确性。最后，为保障研究结果的稳健性，根据不同上市板块划分子样本对董事会资本与企业创新投资意愿之间的关系进行稳健性检验，结果表明实证分析具有较好的稳健性。

研究发现，董事会人力资本的受教育程度、任职期限和职业背景维度均对企业创新投资意愿有提升作用，而董事会关系资本的企业关系维度有助于促进创新投资意愿的提升，政府关系和金融关系对企业创新投资意愿则表现为抑制作用；产品市场竞争程度能够增强董事会人力资本中受教育程度和任职期限维度对创新投资意愿的正向作用，削弱董事会关系资本中政府关系和金融关系维度对创新投资意愿的负向影响；股权治理削弱了董事会人力资本的受教育程度、任职期限和职业背景以及董事会关系资本的企业关系维度对创新投资意愿的正向作用，而增强了董事会关系资本中政府关系和金融关系维度对创新投资意愿的负向作用。因此，为了促进企业创新活动的开展，提升企业创新投资意愿，企业在聘请董事会成员时应该选择较高受教育程度和专业技术背景的人员，尽量避免董事会成员过于频繁的变更，拓宽企业外部资源的获取渠道，避免对单一组织的过度依赖，降低董事会关系资本对创新投资意愿的不利影响。同时，企业应正确认识产品市场竞争、股权治理对董事会资本与创新投资意愿关系的影响，在决策过程中对企业外部市场环境、内部治理状况进行科学评判，以便充分发挥董事会人力资本在提升企业创新投资意愿方面的作用，尽量降低董事会关系资本的不利影响。

第五章　董事会资本对企业创新投入影响的实证分析

创新作为提升企业竞争力的重要路径，其发挥作用的前提在于有充足的资金投入以保障创新成果的产出（Pavitt，1983；Akin，2010），而董事会资本作为企业重要的无形资本，极有可能影响企业创新投入的决策。上一章通过实证分析检验了董事会资本对企业创新投资意愿的影响，本章将进一步探索董事会资本与创新投入之间的关系。尽管学者们对企业创新投资决策问题进行了大量研究，但其研究过程中多将创新投资意愿和创新投入笼统地视为创新投资，而忽视了二者之间的差异（孙晓华等，2017）。创新投资意愿和创新投入是企业创新投资决策的不同阶段：前者是企业决定是否进行创新投资活动，将产生创新和不创新两类企业；后者是对于选择创新的企业而言，需要确定具体投入多少资金用于创新活动。两者的决策过程既存在联系又有较大差别，联系在于只有选择创新的企业才会进一步考虑投入多少的问题，而差别在于创新投资意愿实质上是企业选择的概率问题，创新投入则涉及创新投资的成本和收益权衡。因此，有必要就董事会资本对企业创新投入的影响以及产品市场竞争、股权治理对董事会资本与企业创新投入关系的调节效应进行实证检验。

第一节 董事会资本与企业创新投入的作用机理分析

本部分在对既有研究总结和梳理的基础上,基于本书所阐述的理论思想,探索董事会资本对企业创新投入的作用机理,以及产品市场竞争、股权治理对上述关系的调节作用,并提出相关研究假设。

一 董事会资本与企业创新投入的关系

通过创新的成果产出提升企业的竞争力是企业在当代经济体系中取得成功的关键前提(Covin and Slevin, 1991; Stopford and Baden-Fuller, 1994; Kor, 2006),而充足的资金投入又是保障企业创新成果产出的必要条件(Pavitt, 1983; Akin, 2010; 王栋等, 2016)。根据资源基础理论和资源依赖理论的思想,企业拥有的各种有形和无形资本影响企业战略决策的制定。董事会资本反映了董事会为企业提供资源的能力,是企业重要的无形资本,会对企业战略决策产生影响,而创新作为企业提升竞争力的重要战略途径,企业在创新投入方面的决策会受到董事会资本水平的影响。本书依据董事会能为企业提供资源的来源不同将其分为董事会人力资本和董事会关系资本,探索其对企业创新投入的影响。

根据资源基础理论的思想,董事会人力资本的不同意味着企业董事会成员在知识水平、经验积累与技术能力之间的差异,这种差异会导致董事会对企业创新投资的不同判断,进而影响企业创新投入。董事会人力资本反映了凝聚在董事身上的知识、经验和技能,可以通过受教育程度(Wincent et al., 2010)、任职期限(Hitt et al., 2001)和职业背景(Carpenter and Westphal, 2001)予以反映。首先,具有较高教育水平的董事知识储备更加丰富,认知能力、信息处理能力与风险承担能力均较强（Dalziel et al.，2011），能够更好地应对高风险、高不确定性的创新活动对企业决策制定者提出的要求。面对创新过程中各种不确定的状况，受教育程度高的董事能够运用其丰富的知识及时提供合理的解决方案，在一定程度上降低了创新活动的不确定性，因而受教育程度高的董事敢于在创新活动中加大投入力度。同时，较高的教育水平意味着董事会的风险承担能力更强，对新兴事物的接受能力更强（Mcelroy et al.，2007），更愿意通过加大企业创新投入力度以提升企业创新能力的方式实现企业的绩效提升。其次，任职期限反映了董事会成员对于企业特有知识、经营管理经验与能力的积累情况，董事的经营管理经验越丰富、对企业内外部环境状况的了解越深入，越能够为企业创新过程提供有力支持，有助于降低创新活动的风险性，因而也越倾向于增加创新投入。最后，董事的职业背景反映了董事在各个功能领域积累的工作经验、对特定问题的理解能力与处理能力。拥有"输出型职能"职业背景的董事在技术领域的工作经验更加丰富，对于创新活动中潜在的不确定因素有较高的预判能力与应对能力，有助于降低创新活动的不确定性，因而更倾向于增加创新投入，以促进企业竞争力的提升。

通过前文文献分析可以发现有关董事会人力资本与企业创新投入关系的研究尽管取得了一定成果，但研究结论没有形成一致意见。Wincent 等（2010）通过实证研究发现，董事会人力资本所能给企业带来的知识、经验和技能为创新活动提供了有力支持，有助于降低创新的不确定性，对创新投入有促进作用（Schneider et al.，2010；Lin et al.，2011；Chen，2014）。然而，也有研究表明，董事会的知识、经验和专业技能与创新投入并无显著关系，甚至存在负向影响（Bantel and Jackson，1989；Grimm and Smith，1991；Jackson，1995；Cushing et al.，2002；Dakhli and De Clercq，2004）。

在我国转型经济背景下，政府一直强调创新对于经济发展的重要作用以及企业的创新主体地位，为鼓励和引导企业创新，政府部门相继出台了一系列政策措施。从整体创新投入来看，我国R&D经费总支出在逐年上涨，由2007年的3710亿元增加到2016年的15676.7亿元，占GDP的比重由1.37%增加到2.1%，其中企业R&D经费支出由2007年的2682亿元增加到2016年的10944.7亿元，企业R&D经费支出占R&D经费总支出的比重基本在70%左右[①]，可见企业在国家创新活动中确实发挥了主导力量。然而，在开展创新活动的企业中，其创新投入也存在较大差异，我国上市公司研发投入占主营业务收入比重的最大值为21.2%，最小值不足0.01%[②]，企业对待创新投入的态度存在巨大差异。面对企业创新投入之间的差异，我国学者也从董事会资源提供能力角度分析了董事会人力资本水平对企业创新投入的影响，周建等（2012）以高科技上市公司为样本进行实证研究，发现董事会人力资本对创新投入有促进作用。邵毅平和王引晟（2015）、王楠等（2017）以创业板上市公司为样本进行实证检验，得到了相似的研究结论。

综合上述分析，本书认为董事会人力资本的不同维度受教育程度、任职期限和职业背景均对企业创新投入有积极影响，即董事会人力资本正向影响企业创新投入。因此，本书提出如下假设。

假设1：在其他条件不变的情况下，董事会人力资本与企业创新投入正相关。

根据资源依赖理论的思想，企业并非封闭的、能够自给自足的

[①] 数据来源：本书根据《中国科技统计年鉴（2008）》、《中国科技统计年鉴（2017）》和《中国统计年鉴（2017）》相关统计数据整理得到。

[②] 数据来源：根据本书样本数据整理计算得到。

第五章 董事会资本对企业创新投入影响的实证分析

系统，企业需要获取外部环境中的资源以支持其生存与发展，董事会关系资本通过与其他企业、政府以及金融机构建立关系以获取企业发展所需的但被外部组织控制的资源，在获取资源的同时也赋予了外部组织对企业决策实施影响的权力（Bruce and Rodgus，1991）。企业对于外部资源的依赖程度越高，拥有相关资源的外部组织所获取的相对权力越大，越有能力影响企业决策过程。董事会关系资本并非董事个人直接携带的资源，而是通过董事与外部组织的关系所搭建的资源获取渠道，其作用的发挥依赖于与企业存在关系的、拥有相关资源的外部组织。企业无法完全自给自足地保障创新过程的投入，需要借助外部组织所提供的支持（Hillman et al.，2009），即董事会关系资本对企业创新投入会产生影响。本书以董事会企业关系（Wincent et al.，2010）、政府关系（Jermias and Gani，2014）和金融关系（Jermias and Gani，2014）三个维度反映董事会关系资本。董事会通过与其他企业建立企业关系，能够及时获取其他企业以及外部环境变化的信息（Kor and Sundaramurthy，2009）；通过与政府部门建立政府关系，能帮助企业获取税收减免、信贷支持以及政府补贴等政策性资源（白重恩等，2005）；通过与金融机构建立金融关系以获取财务资源（Mizruchi and Stearns，1988；Booth and Deli，1999）。在获取相关资源的同时，企业创新投入也会受到影响。作为对外部组织所提供资源的回报以及为了能够持续地获取相关资源，企业要重视为企业提供资源的外部组织的需求。在企业关系方面，连锁企业一方面出于维护自身被依赖地位的考量而不愿意企业增加能够提升自身竞争力的创新投入水平，另一方面出于能从被依赖关系中获益的考量而不希望企业将大量资金投注于创新这种高风险、高不确定性的活动，以避免创新过程失败而导致的损失。在政府关系方面，拥有政治背景的董事出于其职位晋升以及绩效考核方面的考量，更倾向于多元化、并购等能够在其任期内实现企业规模扩张以及绩效提升的投资战略（周黎安，2007；李健等，2012），从而降低了企业在创新活动中的投入。在金融关系方面，与企业存在关系的金融机构更注重投资的风险与收益，由于创新投资的高风险性以及长周期性（Wu et al.，2005），出于为企业提供的资金安全性以及资金使用效率的考量，金融机构更愿意选择能够较为快速获取收益且风险在可控范围内的投资项目，从而降低了企业的创新投入。

通过前文文献分析可以发现有关董事会关系资本与企业创新投入关系的研究成果较少，且研究并未形成一致性结论。Lee等（2006）研究认为董事会关系资本所能为企业带来的丰富外部资源有助于企业创新投入的提高（Armstrong et al.，2013；Chen，2014），而Cushing等（2002）则指出过度依赖外部资源并不利于企业创新投入的增加。在我国转型经济时期以及关系型社会背景下，各项制度安排尚在不断完善过程中，关系资本在企业获取发展所需的外部资源方面有重要作用，这导致企业创新投入受到董事会关系资本的影响。我国学者邵毅平和王引晟（2015）通过实证研究发现董事会关系资本有助于提升企业创新投入水平，而王楠等（2017）的研究则发现董事会关系资本不利于企业创新投入的增加。

综合上述分析，本书认为董事会关系资本的不同维度企业关系、政府关系和金融关系均对企业创新投入有消极影响，即董事会关系资本负向影响企业创新投入。因此，本书提出如下假设。

假设2：在其他条件不变的情况下，董事会关系资本与企业创新投入负相关。

二 产品市场竞争对董事会资本与企业创新投入关系的调节作用

依据竞争优势理论的思想，企业所处的产品市场竞争程度影响

第五章 董事会资本对企业创新投入影响的实证分析

企业的行为，进而影响企业绩效表现，同时企业对于提升自身竞争优势地位的渴望也会促使其采取相应的行动，而创新是提升企业竞争优势的重要战略路径（Mansfield et al.，1981）。当企业面临的产品市场竞争程度较低时，企业所处的产品市场环境相对平稳，且能够凭借其市场地位获取经济租金，缺乏创新的动力。而随着产品市场竞争程度的增加，企业若无法创新其产品和服务以满足消费者的需求，将会被激烈的市场竞争淘汰，为了维护企业的生存与发展，同时也为了在市场竞争中占据优势地位以谋取经济租金，企业倾向于增加创新投入。

面对激烈的产品市场竞争，董事会人力资本运用其知识、经验和技能对企业内外部环境进行综合的评判，能更加清晰地意识到创新对于企业生存与发展的重要作用，从而倾向于加大企业创新投入的力度，使企业能够更好地研制新产品与服务，通过高品质、低成本或者差异化的产品与服务为企业在激烈的市场竞争中占据一定的优势地位，以保障企业的生存与发展。因而，产品市场竞争能够增强董事会人力资本对创新投入的正向作用。同时，随着产品市场竞争程度的增加，董事会关系资本首先要保障企业的生存，才有可能从与企业之间的被依赖关系中获益，因而对于能够改善企业在市场中竞争地位的创新投入，其负向作用也将有所降低。产品市场竞争的增加提高了市场资源配置效率，使企业能够更多地通过市场机制获取所需资源，对外部组织的依赖程度有所降低，削弱了董事会关系资本对创新投入的负向影响。

综合上述分析，产品市场竞争增强了董事会人力资本对创新投入的积极作用，削弱了董事会关系资本对创新投入的抑制作用。因此，本书提出如下假设：

假设 3：在其他条件不变的情况下，产品市场竞争程度对董事会人力资本与企业创新投入的关系具有增强型调节作用。

假设 4：在其他条件不变的情况下，产品市场竞争程度对董事会关系资本与企业创新投入的关系具有削弱型调节作用。

三 股权治理对董事会资本与企业创新投入关系的调节作用

依据公司治理理论的思想以及《公司法》的相关规定，董事会作为企业战略决策制定的主体，对股东大会负责，是股东的受托责任人。而股权治理是公司内部治理机制重要的制度安排，实际控制人凭借其控制权地位影响董事会对于企业创新投入的决策。

股权大量集中于实际控制人手中，会导致实际控制人出于自利目的而采取侵占中小股东利益的"隧道挖掘"行为（Johnson et al., 2000；Claessens et al., 2000），而忽视关乎企业长远发展的创新能力的建设。创新活动投入资金需求量大、周期长，并且难以预测创新的成果产出及其能够为企业带来的价值增加，实际控制人为能够快速从企业攫取经济利益，以及避免创新活动失败而造成的经济损失，会降低创新投入，股权越集中越不利于企业创新投入的增加。实际控制人对于创新投入的态度将会影响董事会人力资本和董事会关系资本的作用，尽管董事会人力资本能够促使企业增加创新投入，但由于董事会的话语权受到高度集中的控制权的制约，董事会人力资本对创新投入的正向影响将会被削弱。而董事会关系资本对企业创新投入本身存在抑制作用，符合实际控制人的利益诉求，因而随着股权向实际控制人集中，董事会关系资本对创新投入的负向影响将会被扩大。

综合上述分析，股权治理削弱了董事会人力资本对创新投入的积极作用，增强了董事会关系资本对创新投入的抑制作用。因此，本书提出如下假设。

假设 5：在其他条件不变的情况下，股权治理对董事会人力资本与企业创新投入的关系具有削弱型调节作用。

假设 6：在其他条件不变的情况下，股权治理对董事会关系资本与企业创新投入的关系具有增强型调节作用。

第二节　董事会资本与企业创新投入的研究设计

在理论分析的基础上，本书提出了有待检验的研究假设，本部分为假设检验的方法设计，包括样本的选取与数据来源、变量的定义及说明、实证模型的构建以及统计方法与工具的介绍。

一　样本选取与数据来源

《企业会计准则 2006》对企业研究开发支出的披露进行了明确规定，自 2007 年《企业会计准则 2006》正式实施起我国上市公司研发投入的信息披露数据才相对完整，因此，本书选择 2007～2016 年沪深两市 A 股上市公司的数据作为初始研究样本，共计 22908 个样本观测值。对初始样本按照如下原则进行筛选：①为避免个别异常数据的影响，剔除 ST 及 *ST 的观测样本；②分别剔除产品市场竞争、股权治理以及控制变量缺失的观测样本。最终得到 17268 个样本观测值[①]，其中具有创新投资意愿的样本观测值为 9755 个。为消除极端异常值的影响，本书用 Winsorize 方法对全部连续变量进行了上下 5% 的缩尾处理。

本书所使用的企业创新投资数据来自国泰安（CSMAR）数据库上市公司研发创新文件；董事会资本数据来自国泰安（CSMAR）数

---

① 需要说明的是，本书分别以产品市场竞争、股权治理作为调节变量检验其对董事会资本与企业创新投资决策关系的影响，由于所涉及的模型不同，各模型的变量缺失情况存在差异，所涉及的样本观测值个数可能发生变化。

据库上市公司高管个人资料文件、兼任信息文件和董监高个人特征文件，对于董事会人力资本的缺失数据，通过手工查询上市公司年报，搜索巨潮资讯网、新浪财经网以及 i 问财财经网予以补充，由于国泰安数据库对董事政治背景和金融背景的信息披露从 2008 年开始，对以前年度的董事会关系资本数据也通过上述途径进行手工搜集；短期贷款利率和中长期贷款利率数据通过新浪财经网手工搜集；其他上市公司财务数据和公司治理数据均来自国泰安（CSMAR）数据库。

本章研究样本的行业和年度分布情况如表 5-1 所示。

表 5-1 研究样本的行业和年度分布

行业代码	2007 年	2008 年	2009 年	2010 年	2011 年	2012 年	2013 年	2014 年	2015 年	2016 年	合计
A	28	25	24	25	32	27	31	32	34	36	294
B	16	26	28	33	41	45	51	56	57	53	406
C1	89	103	98	101	120	139	151	156	148	150	1255
C2	213	238	248	268	319	360	375	390	392	410	3213
C3	327	376	395	434	593	712	757	799	832	876	6101
C4	24	30	22	27	32	26	34	37	40	44	316
D	51	51	51	53	54	57	55	60	63	68	563
E	24	28	27	27	34	46	48	52	58	66	410
F	71	74	74	86	94	116	125	120	118	113	991
G	51	59	56	57	62	65	65	70	70	68	623
H	7	7	8	8	9	8	9	11	9	9	85
I	38	40	46	64	94	100	115	124	129	160	910
J	12	24	24	28	34	38	40	41	46	52	339
K	52	61	65	83	88	106	104	108	109	101	877
L	14	15	14	15	21	15	15	15	17	29	170
M	1	2	3	5	7	9	10	9	14	17	77
N	9	11	8	6	7	20	22	23	24	27	157
O	5	7	7	6	7	0	0	0	0	0	32

续表

行业代码	2007年	2008年	2009年	2010年	2011年	2012年	2013年	2014年	2015年	2016年	合计
P	0	0	0	0	1	1	1	1	1	2	7
Q	0	1	0	1	1	3	3	4	4	6	23
R	4	4	6	8	11	17	19	22	30	35	156
S	39	41	37	29	33	15	17	17	19	16	263
合计	1075	1223	1241	1364	1694	1925	2047	2147	2214	2338	17268

注：根据中国证券监督管理委员会公布的《上市公司行业分类指引（2012年修订）》，行业代码分类为：A 农、林、牧、渔业；B 采矿业；C 制造业，由于制造业企业数目较大，按照二级行业代码予以细分；D 电力、热力、燃气及水生产和供应业；E 建筑业；F 批发和零售业；G 交通运输、仓储和邮政业；H 住宿和餐饮业；I 信息传输、软件和信息技术服务业；J 金融业；K 房地产业；L 租赁和商务服务业；M 科学研究和技术服务业；N 水利、环境和公共设施管理业；O 居民服务、修理和其他服务业；P 教育；Q 卫生和社会工作；R 文化、体育和娱乐业；S 综合。

二 变量操作性定义

1. 被解释变量

创新投入（RD）。本书借鉴 Yasuda（2005）的研究，选取企业研发投入占主营业务收入的比重作为创新投入的测度指标，为了消除量纲的影响，对研发投入占主营业务收入的百分比取自然对数，同时考虑到样本中含有部分研发投入为0的观测值，为避免对数变换后出现缺失值，将研发投入占主营业务收入的百分比加1后取自然对数。

2. 解释变量

（1）董事会人力资本（HC）

受教育程度（EDU）。根据周建等（2012）、陈悦等（2015）的研究，本书以董事会成员最高学历水平的平均数测度董事会受教育程度，按照如下原则对董事会成员的最高学历水平赋值：博士研究生为5，硕士研究生为4，本科为3，大专为2，中专及以下为1。

任职期限（TEN）。根据李维安等（2014）的研究，本书以董事会成员在企业担任董事职务的时间（以月份为单位）的平均数测度董事会任职期限，为了消除量纲的影响，对其进行自然对数变换。

职业背景（PROIN）。根据 Hambrick 和 Mason（1984）、周建等（2012）的研究，本书以董事会成员中具有市场营销、产品研发与设计等"输出型职能"职业背景的董事占董事会总人数的比重测度董事会职业背景。

（2）董事会关系资本（RC）

企业关系（DIRIL）。根据周建等（2012）、Chen（2014）的研究，本书以董事会成员中连锁董事占董事会总人数的比重测度董事会企业关系。其中，连锁董事是指董事同时在本企业和其他企业担任董事职务，从而在两个企业之间建立起直接的联系。

政府关系（FGO）。根据周建等（2012）、Jermias 和 Gani（2014）的研究，本书以董事会成员中有政治背景的成员占董事会总人数的比重测度董事会政府关系。董事会成员现任或曾任政府官员、人大代表以及政协委员等视为有政治背景，其中政府官员限定为厅局级及以上，人大代表和政协委员限定为省级及以上。

金融关系（FIN）。根据 Jermias 和 Gani（2014）、陈悦等（2015）的研究，本书以董事会中有金融机构从业经验的成员占董事会总人数的比重测度董事会金融关系。董事会成员现在或曾在银行、保险公司、证券公司、基金管理公司以及投资管理公司等金融机构任职视为有金融机构从业经验。

3. 调节变量

（1）产品市场竞争（PMC）。根据 Nickell（1996）、李青原等（2007）、韩忠雪和周婷婷（2011）的研究方法，以代表公司在行业内垄断势力的垄断租金来测度公司所处的产品市场竞争程度；垄断租金越高表明公司在行业内的垄断地位越高，产品市场竞争程度越低,是一个负向指标。为了便于理解和对实证结果进行解释,本书对其取相反数将其变为正向指标。产品市场竞争的计算公式为:产品市场竞争(PMC) = -[税前利润 + 当年折旧额 + 财务费用 - (权益资本 + 短期债务 + 长期债务)×加权平均资本成本]÷销售额。

其中,加权平均资本成本 = 权益资本成本率×权益资本/资本总额 + 短期债务成本率×短期债务/资本总额 + 长期债务成本率×长期债务/资本总额;短期债务成本率为1年期银行贷款利率;长期债务成本率为3~5年中长期贷款利率;采用资本资产定价模型($CAPM$)估计权益资本成本率,权益资本成本率 = 无风险收益率 + β×市场组合风险溢价[①]。

(2) 股权治理($SHARE$)。根据 La Porta 等(1999)、王卓和宁向东(2017)的研究,本书以企业实际控制人拥有上市公司所有权比例测度企业股权治理状况。实际控制人拥有的上市公司所有权比例为实际控制人控制链条上各个层级股东持股比例的乘积。

4. 控制变量

(1) 产权性质($STATE$)。根据 Lin 等(2010)、肖兴志等(2013)的研究,本书设置产权性质虚拟变量,依据企业实际控制人性质对其赋值,若企业实际控制人为国有,赋值为1,否则赋值为0。

(2) 现金约束($CASH$)。根据 Opler 等(1999)、何玉润等(2015)的研究,现金约束为经营现金流与总资产的比值。

(3) 董事会独立性($INDP$)。根据 Chen 和 Hsu(2009)、赵旭峰和温军(2011)的研究,董事会独立性为企业董事会中独立董事

[①] 李青原等(2007)的研究以1年期银行定期存款利率代表无风险收益率,将市场组合风险溢价设定为4%。

人数占董事会总人数的比重。

（4）财务杠杆（*LEV*）。根据 Ogawa（2007）、赵洪江（2009）的研究，财务杠杆为企业期末负债平均余额与总资产平均余额的比值。

（5）企业规模（*SIZE*）。根据 Zenger 和 Lazzarini（2004）、温军等（2011）的研究，企业规模为企业期末总资产（单位：十亿元）的自然对数。

（6）机构持股（*INST*）。根据 Wahal 和 Mc conell（1998）、范海峰和胡玉明（2012）的研究，机构持股为机构投资者持股与企业总股数的比值。

（7）政府补贴（*GRANT*）。根据 Folster（1995）、杨洋等（2015）的研究，政府补贴为企业获得的政府补贴金额（单位：百万元）的自然对数。

此外，本书设置行业和年度虚拟变量作为控制变量。本书样本区间为 2007~2016 年，以此为基础设置 9 个年度虚拟变量，以中国证监会《上市公司行业分类指引（2012 年修订）》为标准，对于制造业采用二级代码进行分类，其他行业按一级代码分类，共分为 22 个行业子类，设置 21 个行业虚拟变量。变量的操作性定义及说明如表 5-2 所示。

三　模型构建

在对已有文献（Wincent et al.，2010；Dalziel et al.，2011；周建等，2012；Chen，2014）进行分析梳理的基础上，本书将创新投入作为被解释变量，董事会资本作为解释变量，并根据已有的研究结论设置了相关控制变量，从而构建 Tobit 回归方程，以检验董事会资本对企业创新投入的影响。

第五章 董事会资本对企业创新投入影响的实证分析

表5-2 变量定义及说明

变量名称			代码	变量说明
被解释变量	创新投入		RD	企业研发投入占主营业务收入百分比加1后取自然对数
解释变量	董事会人力资本	受教育程度	EDU	董事会成员最高学历水平的平均值,董事会成员学历按博士研究生、硕士研究生、本科、大专和中专及以下分别赋值5、4、3、2和1
		任职期限	TEN	董事会成员在企业担任董事职务的时间(以月份为单位)的平均数的自然对数
		职业背景	PROIN	董事会成员中具有市场营销、产品研发与设计等"输出型职能"职业背景的董事所占比重
	董事会关系资本	企业关系	DIRIL	董事会成员中连锁董事占董事会总人数的比重
		政府关系	FGO	董事会成员中有政治背景的成员占董事会总人数的比重
		金融关系	FIN	董事会成员中有金融机构从业经验的成员占董事会总人数的比重
调节变量	产品市场竞争		PMC	产品市场竞争(PMC)=-[税前利润+当年折旧额+财务费用-(权益资本+短期债务+长期债务)×加权平均资本成本]÷销售额
	股权治理		SHARE	企业实际控制人拥有上市公司所有权比例
控制变量	产权性质		STATE	若企业实际控制人为国有,赋值为1,否则赋值为0
	现金约束		CASH	经营现金流与总资产的比值
	董事会独立性		INDP	独立董事人数占董事会总人数的比重
	财务杠杆		LEV	期末负债平均余额与总资产平均余额的比值
	企业规模		SIZE	期末总资产(单位:十亿元)的自然对数
	机构持股		INST	机构投资者持股与企业总股数的比值
	政府补贴		GRANT	政府补贴金额(单位:百万元)的自然对数
	年度		YEAR	根据本书样本区间2007~2016年,设置9个年度虚拟变量
	行业		INDUSTRY	以《上市公司行业分类指引(2012年修订)》为标准,制造业采用二级代码分类,其他行业按一级代码分类,共分为22个行业子类,设置21个行业虚拟变量

$$RD = \alpha_0 + \alpha_1 EDU_{i,t-1} + \alpha_2 TEN_{i,t-1} + \alpha_3 PROIN_{i,t-1} + \alpha_4 STATE_{i,t-1}$$

$$+ \alpha_5 CASH_{i,t-1} + \alpha_6 INDP_{i,t-1} + \alpha_7 LEV_{i,t-1} + \alpha_8 SIZE_{i,t-1} + \alpha_9 INST_{i,t-1}$$
$$+ \alpha_{10} GRANT_{i,t-1} + \sum YEAR + \sum INDUSTRY + \varepsilon_{i,t} \quad \text{(模型 5.1)}$$

在模型 5.1 中，RD 为创新投入，EDU、TEN 和 $PROIN$ 分别为董事会人力资本的受教育程度、任职期限和职业背景维度，α_0 为截距项，$\alpha_1 \sim \alpha_{10}$ 为解释变量和控制变量的估计系数，ε 为随机误差项。

$$RD_{i,t} = \beta_0 + \beta_1 DIRIL_{i,t-1} + \beta_2 FGO_{i,t-1} + \beta_3 FIN_{i,t-1} + \beta_4 STATE_{i,t-1}$$
$$+ \beta_5 CASH_{i,t-1} + \beta_6 INDP_{i,t-1} + \beta_7 LEV_{i,t-1} + \beta_8 SIZE_{i,t-1} + \beta_9 INST_{i,t-1}$$
$$+ \beta_{10} GRANT_{i,t-1} + \sum YEAR + \sum INDUSTRY + \varepsilon_{i,t} \quad \text{(模型 5.2)}$$

在模型 5.2 中，RD 为创新投入，$DIRIL$、FGO 和 FIN 分别为董事会关系资本的企业关系、政府关系和金融关系维度，β_0 为截距项，$\beta_1 \sim \beta_{10}$ 为解释变量和控制变量的估计系数，ε 为随机误差项。

为检验产品市场竞争对董事会资本与创新投入关系的影响，将产品市场竞争和董事会人力资本、产品市场竞争与董事会关系资本的交互项分别引入模型 5.1 和模型 5.2 中，构建模型 5.3 和模型 5.4。

$$RD = \lambda_0 + \lambda_1 EDU + \lambda_2 TEN + \lambda_3 PROIN + \lambda_4 EDU \times PMC + \lambda_5 TEN \times PMC$$
$$+ \lambda_6 PROIN \times PMC + \lambda_7 PMC + \lambda_8 STATE + \lambda_9 CASH + \lambda_{10} INDP + \lambda_{11} LEV$$
$$+ \lambda_{12} SIZE + \lambda_{13} INST + \lambda_{14} GRANT + \sum YEAR + \sum INDUSTRY + \varepsilon$$

（模型 5.3）

在模型 5.3 中，PMC 为产品市场竞争，$EDU \times PMC$、$TEN \times PMC$ 以及 $PROIN \times PMC$ 分别为董事会人力资本的受教育程度、任职期限和职业背景与产品市场竞争的交互项，λ_0 为截距项，$\lambda_1 \sim \lambda_{14}$ 分别为各变量的估计系数，ε 为随机误差项。

$$RD = \eta_0 + \eta_1 DIRIL + \eta_2 FGO + \eta_3 FIN + \eta_4 DIRIL \times PMC + \eta_5 FGO \times PMC$$
$$+ \eta_6 FIN \times PMC + \eta_7 PMC + \eta_8 STATE + \eta_9 CASH + \eta_{10} INDP + \eta_{11} LEV$$

$$+ \eta_{12} SIZE + \eta_{13} INST + \eta_{14} GRANT + \sum YEAR + \sum INDUSTRY + \varepsilon$$

（模型 5.4）

在模型 5.4 中，PMC 为产品市场竞争，$DIRIL \times PMC$、$FGO \times PMC$ 以及 $FIN \times PMC$ 分别为董事会关系资本的企业关系、政府关系和金融关系与产品市场竞争的交互项，η_0 为截距项，$\eta_1 \sim \eta_{14}$ 分别为各变量的估计系数，ε 为随机误差项。

为检验股权治理对董事会资本与创新投入关系的影响，将股权治理和董事会人力资本、股权治理与董事会关系资本的交互项分别引入模型 5.1 和模型 5.2 中，构建模型 5.5 和模型 5.6。

$$RD = \varphi_0 + \varphi_1 EDU + \varphi_2 TEN + \varphi_3 PROIN + \varphi_4 EDU \times SHARE + \varphi_5 TEN \times SHARE$$
$$+ \varphi_6 PROIN \times SHARE + \varphi_7 SHARE + \varphi_8 STATE + \varphi_9 CASH + \varphi_{10} INDP$$
$$+ \varphi_{11} LEV + \varphi_{12} SIZE + \varphi_{13} INST + \varphi_{14} GRANT + \sum YEAR + \sum INDUSTRY + \varepsilon$$

（模型 5.5）

在模型 5.5 中，$SHARE$ 为股权治理，$EDU \times SHARE$、$TEN \times SHARE$ 以及 $PROIN \times SHARE$ 分别为董事会人力资本的受教育程度、任职期限和职业背景与股权治理的交互项，φ_0 为截距项，$\varphi_1 \sim \varphi_{14}$ 分别为各变量的估计系数，ε 为随机误差项。

$$RD = \theta_0 + \theta_1 DIRIL + \theta_2 FGO + \theta_3 FIN + \theta_4 DIRIL \times SHARE + \theta_5 FGO \times SHARE$$
$$+ \theta_6 FIN \times SHARE + \theta_7 SHARE + \theta_8 STATE + \theta_9 CASH + \theta_{10} INDP + \theta_{11} LEV$$
$$+ \theta_{12} SIZE + \theta_{13} INST + \theta_{14} GRANT + \sum YEAR + \sum INDUSTRY + \varepsilon$$

（模型 5.6）

在模型 5.6 中，$SHARE$ 为股权治理，$DIRIL \times SHARE$、$FGO \times SHARE$ 以及 $FIN \times SHARE$ 分别为董事会关系资本的企业关系、政府关系和金融关系与股权治理的交互项，θ_0 为截距项，$\theta_1 \sim \theta_{14}$ 分别为各变量的估计系数，ε 为随机误差项。

此外，在调节效应的检验中，为了避免多重共线性的影响，本书对所有检验调节效应的模型（即模型 5.3～模型 5.6）中解释变量和调节变量进行中心化处理之后构建交互项（Aiken and West，1991）。

四 统计方法与工具

为检验董事会人力资本、董事会关系资本对企业创新投入的影响，以及产品市场竞争、股权治理在其中的调节作用，本书采用描述性统计分析、相关分析、方差膨胀因子分析以及 Tobit 回归分析等多种实证研究方法予以分析。

首先，本书对样本中企业创新投入、董事会人力资本、董事会关系资本、产品市场竞争、股权治理以及控制变量进行了全样本描述性统计分析，通过各变量的均值、标准差、最小值、最大值以及四分位数等指标对变量的分布情况有整体了解。

其次，本书综合运用 Pearson 相关分析和 Spearman 相关分析两种方法对主要变量的相关性进行检验，以初步判断董事会人力资本、董事会关系资本与企业创新投入之间是否存在相关关系，以及各解释变量和控制变量之间是否存在多重共线性问题。

再次，为了避免多重共线性问题，本书运用方差膨胀因子分析方法对全部回归模型进行了方差膨胀因子检验，用以判别回归模型是否存在多重共线性问题。根据 Kleinbaum 等（1988）的研究，判定多重共线性的临界点为 10，即方差膨胀因子小于 10 可以认定为不存在严重多重共线性问题。

最后，由于被解释变量创新投入取值受限，被解释变量为研发投入占主营业务收入比重的自然对数，样本中有近 45% 的观测值为 0，需要选择受限因变量模型 Tobit 模型进行回归分析，以避免 OLS 回归带来的有偏估计问题。本书运用 Tobit 回归分析依次检验董事会人力资本、董事会关系资本对创新投入的影响，并分别检验产品市场竞争、股权治理对上述关系的调节效应。

本书研究中使用 Excel 软件进行数据的手工搜集与整理工作，使用 STATA 13.0 软件进行数据整理与统计分析工作。

第三节　董事会资本与企业创新投入的实证结果分析

本部分基于前述分析提出的研究假设和构建的研究框架进行实证分析。首先，通过对变量的描述性统计分析获取样本数据基本信息；其次，通过变量间的相关分析和方差膨胀因子分析检验变量之间的相关关系以及是否存在严重共线性问题；再次，对董事会人力资本、董事会关系资本与创新投入的关系进行回归分析，并分别分析产品市场竞争、股权治理对上述关系的调节作用；最后，进行稳健性检验。

一　描述性统计分析

表 5-3 列示了企业创新投入、董事会人力资本、董事会关系资本、产品市场竞争、股权治理以及全部控制变量的描述性统计特征。

从企业创新投入（RD）的描述性统计特征可以看出，企业创新投入均值为 0.78（自然对数），说明平均而言企业研发投入占主营业务收入的比重为 1.18%，最小值为 0，最大值为 3.1，说明企业研发投入占主营业务收入的比重最高为 21.2%，最低为没有研发投入。中位数为 0.2，表明样本中 50% 的企业研发投入占比在 0.22% 以下，第三四分位数为 1.54，表明样本中 25% 的企业研发投入占比为 3.66% ~ 21.2%，可见企业之间创新投入存在巨大差异，大多企业创新投入较低，仅有少量企业将大量资金投资于创新活动。

在董事会人力资本方面，董事会受教育程度（EDU）的均值为

3.57，第一四分位数为 3.22，表明样本中 75% 以上的企业董事会成员基本具备本科及以上学历；第三四分位数为 4，说明样本中 25% 的企业董事会成员具备硕士及以上学历；中位数为 3.63，略高于均值，表明该数据近似正态分布略偏向左。董事会任职期限（TEN）的均值为 3.36，标准差为 0.75，最大值和最小值相差 3.8，说明董事会任职期限之间存在较大差距；中位数为 3.51，略高于均值，表明该数据近似正态分布略偏向左。董事会职业背景（$PROIN$）的均值为 0.26，表明平均而言董事会中具备"输出型职能"职业背景的董事比重为 26%；标准差为 0.2，最大值为 0.78，最小值为 0，表明董事会职业背景的离散程度较大；中位数为 0.22，略低于均值，表明该数据近似正态分布略偏向右。在董事会关系资本方面，董事会企业关系（$DIRIL$）均值为 0.19，表明平均而言有 19% 的董事会成员同时在其他企业担任董事职务；标准差为 0.17，最大值为 0.67，最小值为 0，表明董事会企业关系的离散程度较大；中位数为 0.17，略低于均值，表明该数据近似正态分布略偏向右。董事会政府关系（FGO）的均值为 0.12，表明平均而言有 12% 的董事会成员拥有政治背景；标准差为 0.13，最大值为 0.57，最小值为 0，表明企业政府关系离散程度较大；中位数为 0.11，略低于均值，表明该数据近似正态分布略偏向右。董事会金融关系（FIN）的均值为 0.12，表明平均而言有 12% 的董事会成员拥有金融背景；标准差为 0.17，最小值为 0，最大值为 1，表明企业金融关系离散程度较大；中位数为 0.11，略低于均值，表明该数据近似正态分布略偏向右。

表 5-3 变量描述性统计分析

变量	样本量	均值	标准差	最小值	最大值	四分位数		
						25%	50%	75%
RD	17268	0.780	0.890	0	3.100	0	0.200	1.540

续表

变量	样本量	均值	标准差	最小值	最大值	四分位数 25%	四分位数 50%	四分位数 75%
EDU	17268	3.570	0.560	2	5	3.220	3.630	4
TEN	17268	3.360	0.750	0.690	4.490	3.010	3.510	3.900
$PROIN$	17268	0.260	0.200	0	0.780	0.110	0.220	0.430
$DIRIL$	17268	0.190	0.170	0	0.670	0	0.170	0.330
FGO	17268	0.120	0.130	0	0.570	0	0.110	0.220
FIN	17268	0.120	0.170	0	1	0	0.110	0.180
PMC	14831	-0.0600	0.0500	-0.170	0.0400	-0.0900	-0.0500	-0.0200
$SHARE$	17268	0.370	0.140	0.150	0.640	0.250	0.350	0.480
$STATE$	17268	0.450	0.500	0	1	0	0	1
$CASH$	17268	0.170	0.150	0.0100	0.720	0.0700	0.130	0.230
$INDP$	17268	0.400	0.0800	0.310	0.710	0.330	0.380	0.430
LEV	17268	0.450	0.210	0.0500	0.940	0.280	0.450	0.610
$SIZE$	17268	1.630	1.130	0.280	6.490	0.850	1.320	2.060
$INST$	17268	0.0500	0.0500	0	0.220	0.0100	0.0300	0.0700
$GRANT$	17268	2.320	1.480	0	6.490	1.250	2.240	3.230

二 相关性检验

表5-4为变量相关系数分析矩阵。其中，Pearson相关性检验数据列示于矩阵的下三角部分，Spearman相关性检验数据则列示于矩阵的上三角部分。对变量之间的相关性分析发现，董事会人力资本的受教育程度（EDU）、任职期限（TEN）和职业背景（$PROIN$）与企业创新投入（RD）均存在正相关关系，且在1%的显著性水平上显著，说明董事会人力资本确实对企业创新投入有促进作用，初步验证了本书假设1。董事会关系资本的企业关系（$DIRIL$）与创新投入正相关，政府关系（FGO）和金融关系（FIN）与企业创新投入负相关，且在1%的显著性水平上显著，说明董事会关系资本的政府关系和金融关系

对企业创新投入有负向影响，部分验证了本书假设 2。产品市场竞争（PMC）与企业创新投入显著负相关，股权治理（SHARE）与企业创新投入负相关（Spearman 检验结果不显著，Pearson 检验结果显著）。在控制变量方面，产权性质（STATE）与企业创新投入显著负相关，说明非国有企业的创新投入更多；现金约束（CASH）与创新投入显著正相关，说明企业经营现金流量越充裕，其创新投入越多；董事会独立性（INDP）与创新投入显著正相关，说明独立董事比例越高的企业在创新方面投入更多；财务杠杆（LEV）与创新投入显著负相关，说明企业杠杆越高，在创新方面的投入越少；企业规模（SIZE）与创新投入显著负相关，说明大规模企业创新投入更少，而小规模企业在创新方面投入更多资金；机构持股（INST）与创新投入 Spearman 检验结果显著正相关，Pearson 检验结果为负但不显著，说明机构投资者更加重视企业创新投入；政府补贴（GRANT）与创新投入显著正相关，说明政府补贴促进了企业创新方面的投入。控制变量与企业创新投入存在显著相关关系，说明本书控制变量选取有效。

相关系数矩阵中除被解释变量创新投入以外，其他解释变量、调节变量以及控制变量之间的相关系数均较小，说明变量之间不存在严重多重共线性问题。此外，为了进一步检验多重共线性问题，本书对全部回归模型进行了方差膨胀因子检验，结果显示各模型中变量的方差膨胀因子均值及最大值均小于 2，远低于判定多重共线性的临界值 10（Kleinbaum et al.，1988），说明自变量之间不存在严重多重共线性问题。

三 回归分析

本部分运用 Tobit 回归分析方法依次检验董事会人力资本、董事会关系资本对创新投入的影响，并分别检验产品市场竞争、股权治理对上述关系的调节效应。

第五章 董事会资本对企业创新投入影响的实证分析

表 5-4 变量相关系数分析矩阵

变量	RD	EDU	TEN	PROIN	DIRIL	FGO	FIN	PMC	SHARE	STATE	CASH	INDP	LEV	SIZE	INST	GRANT
RD	1															
EDU	0.048***	1														
TEN	0.308***	0.020***	1													
PROIN	0.467***	0.115***	0.184***	1												
DIRIL	0.137***	0.154***	0.105***	0.090***	1											
FGO	−0.127***	0.045***	−0.066***	−0.074***	0.077***	1										
FIN	−0.121***	0.157***	−0.021***	−0.050***	0.158***	0.183***	1									
PMC	−0.024***	0.020***	0.041***	0.000	−0.028***	−0.050***	0.060***	1								
SHARE	−0.028***	0.037***	−0.0100	0.043***	0.024***	0.068***	−0.020***	−0.159***	1							
STATE	−0.367***	0.128***	−0.126***	−0.217***	−0.029***	0.056***	0.041***	0.046***	0.133***	1						
CASH	0.275***	0.032***	−0.023***	0.185***	0.023***	0.019***	0.069***	−0.127***	0.053***	−0.171***	1					
INDP	0.160***	0.072***	0.085***	0.090***	0.173***	0.019***	−0.00600	0.061***	0.026***	−0.150***	0.020***	1				
LEV	−0.436***	0.069***	−0.072***	−0.237***	−0.017***	0.083***	0.162***	0.293***	−0.00400	0.317***	−0.468***	−0.074***	1			
SIZE	−0.236***	0.200***	0.083***	−0.075***	0.136***	0.197***	0.339***	−0.021***	0.180***	0.317***	−0.228***	0.018***	0.505***	1		
INST	−0.00200	0.051***	−0.016***	−0.023***	0.029***	0.041***	0.091***	−0.218***	−0.097***	0.016***	0.0120	−0.00200	0.053***	0.124***	1	
GRANT	0.144***	0.111***	0.132***	0.120***	0.142***	0.081***	0.00600	−0.059***	0.064***	0.110***	−0.080***	0.060***	0.152***	0.456***	0.082***	1

注：***、** 和 * 分别表示 1%、5% 和 10% 的显著性水平。

1. 董事会人力资本对企业创新投入影响的回归分析

董事会人力资本对企业创新投入的 Tobit 回归（模型 5.1）结果如表 5-5 所示。表 5-5 给出了由控制变量构成的基准模型的回归结果，列（1）为董事会受教育程度（EDU）对企业创新投入的回归，回归系数为 0.381，且在 1% 显著性水平上显著，说明受教育程度高的董事会对企业创新投入具有促进作用。列（2）为董事会任职期限（TEN）对创新投入的回归，回归系数为 1.685，且在 1% 显著性水平上显著，说明董事会任职期限越长，其对创新投入的促进作用越大。列（3）为董事会职业背景（PROIN）对创新投入的回归，回归系数为 5.523，在 1% 显著性水平上显著，说明具有"输出型职能"职业背景的董事占比越高对企业创新投入的促进作用越强。列（4）为董事会人力资本的受教育程度、任职期限和职业背景维度对创新投入共同作用的回归结果，各指标的回归系数均在 1% 显著性水平上为正，进一步验证了董事会人力资本各维度对创新投入的促进作用，这与 Lin 等（2011）和周建等（2012）等学者的研究结果相符，说明董事会较高的知识水平、经验积累以及专业技能有助于企业增加创新方面的投入，本书的假设 1 即董事会人力资本与企业创新投入正相关得到验证。

表 5-5　董事会人力资本对企业创新投入影响的回归结果

变量	模型 5.1			
	基准	(1)	(2)	(3)	(4)
EDU		0.381*** (7.75)			0.120*** (2.81)
TEN			1.685*** (35.41)		1.448*** (33.71)
PROIN				5.523*** (35.60)	4.699*** (33.46)

第五章 董事会资本对企业创新投入影响的实证分析

续表

变量	模型 5.1 基准	(1)	(2)	(3)	(4)
STATE	-1.694***	-1.737***	-1.351***	-1.318***	-1.085***
	(-28.73)	(-29.14)	(-25.60)	(-25.16)	(-22.43)
CASH	1.010***	0.875***	1.624***	0.304	0.905***
	(4.85)	(4.20)	(8.33)	(1.56)	(4.94)
INDP	4.733***	4.522***	3.879***	4.024***	3.320***
	(13.72)	(13.14)	(12.22)	(12.70)	(11.24)
LEV	-4.597***	-4.578***	-3.663***	-3.626***	-2.949***
	(-26.58)	(-26.55)	(-23.56)	(-23.39)	(-20.77)
SIZE	-0.417***	-0.451***	-0.596***	-0.396***	-0.560***
	(-11.75)	(-12.60)	(-17.37)	(-12.08)	(-17.44)
INST	-1.114**	-1.271**	-0.374	-0.499	-0.0158
	(-2.11)	(-2.41)	(-0.76)	(-1.02)	(-0.03)
GRANT	0.787***	0.782***	0.686***	0.632***	0.563***
	(31.40)	(31.33)	(30.16)	(28.39)	(27.42)
Constant	-0.0586	-1.224***	-5.670***	-1.342***	-6.347***
	(-0.36)	(-5.48)	(-25.08)	(-8.50)	(-24.58)
YEAR	控制	控制	控制	控制	控制
INDUSTRY	控制	控制	控制	控制	控制
N	17268	17268	17268	17268	17268
sigma	2.411***	2.404***	2.165***	2.162***	1.965***
	(50.24)	(50.25)	(50.58)	(50.58)	(50.92)
LR	5737.36	5798.65	7964	7918.09	9780.3
Prob（LR）	0.000	0.000	0.000	0.000	0.000
Pseudo R^2	0.169	0.171	0.234	0.233	0.288

注：括号内为经过 White (1963) 异方差修正的 T 值，***、**和 * 分别表示1%、5%和10%的显著性水平。

2. 董事会关系资本对企业创新投入影响的回归分析

董事会关系资本对企业创新投入的 Tobit 回归（模型5.2）结果

如表5-6所示。表5-6给出了由控制变量组成的基准模型的回归结果，列（1）为董事会企业关系（DIRIL）与创新投入的回归，回归系数为2.088，在1%显著性水平上为正，与本书假设方向不符，而与Dalziel等（2011）、邵毅平和王引晟（2015）的研究一致，说明通过连锁董事而建立的企业关系有助于企业增加创新投入。这一方面可能是通过连锁董事能够获取连锁企业创新过程的相关信息，有助于降低创新过程的不确定性（Dalziel et al.，2011），从而使得董事会企业关系有利于增加创新投入；另一方面也可能是企业同时与多家企业之间存在连锁关系，对于某一特定企业的依赖程度较低，因而企业关系不易对创新投入产生负向影响。列（2）为董事会政府关系（FGO）对创新投入的回归结果，回归系数为-3.189，且在1%的上显著性水平上显著，与王楠等（2017）的研究相符，说明具有政治背景的董事更倾向其他投资项目而非创新投入。列（3）为董事会金融关系（FIN）对创新投入的回归结果，回归系数为-2.171，且在1%显著性水平上显著，说明金融关系抑制了创新投入的增加。列（4）为董事会关系资本的企业关系、政府关系和金融关系维度对创新投入共同作用的结果，各项指标的方向与显著性水平均与分别回归时相同，本书的假设2即董事会关系资本与企业创新投入负相关得到部分验证。

表5-6　董事会关系资本对企业创新投入影响的回归结果

变量	基准	模型5.2			
		（1）	（2）	（3）	（4）
DIRIL		2.088***			2.460***
		(13.59)			(15.83)
FGO			-3.189***		-3.081***
			(-15.99)		(-15.57)

续表

变量	模型 5.2				
	基准	(1)	(2)	(3)	(4)
FIN				-2.171***	-2.305***
				(-10.58)	(-11.20)
STATE	-1.694***	-1.659***	-1.684***	-1.717***	-1.667***
	(-28.73)	(-28.45)	(-28.81)	(-29.06)	(-28.84)
CASH	1.010***	0.949***	1.220***	1.201***	1.345***
	(4.85)	(4.59)	(5.88)	(5.74)	(6.54)
INDP	4.733***	4.031***	4.766***	4.773***	3.975***
	(13.72)	(11.76)	(13.92)	(13.88)	(11.75)
LEV	-4.597***	-4.461***	-4.551***	-4.550***	-4.343***
	(-26.58)	(-26.10)	(-26.56)	(-26.45)	(-25.85)
SIZE	-0.417***	-0.463***	-0.357***	-0.361***	-0.353***
	(-11.75)	(-13.00)	(-10.14)	(-10.15)	(-10.03)
INST	-1.114**	-1.154**	-1.046**	-0.995*	-0.967*
	(-2.11)	(-2.21)	(-2.00)	(-1.89)	(-1.88)
GRANT	0.787***	0.763***	0.790***	0.775***	0.749***
	(31.40)	(30.93)	(31.60)	(31.14)	(30.74)
Constant	-0.0586	-0.108	0.142	0.0515	0.195
	(-0.36)	(-0.66)	(0.87)	(0.31)	(1.21)
YEAR	控制	控制	控制	控制	控制
INDUSTRY	控制	控制	控制	控制	控制
N	17268	17268	17268	17268	17268
sigma	2.411***	2.387***	2.379***	2.397***	2.337***
	(50.24)	(50.26)	(50.28)	(50.25)	(50.33)
LR	5737.36	5933.92	6017.79	5854.05	6372.48
Prob(LR)	0.000	0.000	0.000	0.000	0.000
Pseudo R^2	0.169	0.175	0.177	0.172	0.188

注：括号内为经过 White (1963) 异方差修正的 T 值，***、** 和 * 分别表示 1%、5% 和 10% 的显著性水平。

3. 产品市场竞争对董事会人力资本与企业创新投入关系调节作用的回归分析

产品市场竞争对董事会人力资本与企业创新投入关系调节作用的 Tobit 回归（模型5.3）结果如表5-7所示。列（1）为董事会受教育程度（EDU）对企业创新投入的基础回归，回归系数为 0.268，列（2）为加入产品市场竞争（PMC）调节项的回归，调节项（$EDU \times PMC$）的系数为 0.866，但没有达到显著性水平。从方向上来看，调节项系数与原始系数符号相同，表明产品市场竞争在一定程度上增强了受教育程度对企业创新投入的促进作用。列（3）为董事会任职期限（TEN）对企业创新投入的基础回归，回归系数为 1.603，列（4）为引入产品市场竞争调节项的回归，调节项（$TEN \times PMC$）系数为 2.015，且显著。调节项系数与原始系数符号相同，表明产品市场竞争程度增强了董事会任职期限对创新投入的正向作用。列（5）为董事会职业背景（$PROIN$）对企业创新投入的基础回归，回归系数为 4.893，列（6）为引入产品市场竞争调节项的回归，调节项（$PROIN \times PMC$）系数为 1.708。调节项系数与原始系数符号相同，说明产品市场竞争在一定程度上增强了"输出型职能"职业背景的董事对创新投入的正向作用。列（7）为受教育程度、任职期限和职业背景对企业创新投入共同作用的回归结果，列（8）则为产品市场竞争的调节作用，与前面各列相比各项指标的回归系数变化不大，部分验证了本书提出的假设3，即产品市场竞争对董事会人力资本与企业创新投入关系具有增强型调节作用。

4. 产品市场竞争对董事会关系资本与企业创新投入关系调节作用的回归分析

产品市场竞争对董事会关系资本与企业创新投入关系调节作用的 Tobit 回归（模型5.4）结果如表5-8所示。列（1）为董事会企

第五章 董事会资本对企业创新投入影响的实证分析

业关系（DIRIL）对创新投入的基础回归，回归系数显著为正，列（2）为引入产品市场竞争（PMC）调节项的回归，调节项（DIRIL × PMC）的系数为正，从方向上看，与原始系数符号相同，说明产品市场竞争程度的增强促进了企业关系正向作用的发挥。列（3）为董事会政府关系（FGO）对创新投入的基础回归，回归系数为 - 3.077，列（4）为引入产品市场竞争调节项的回归，调节项（FGO × PMC）的系数为 7.315，且显著。调节项系数与原始系数符号相反，说明随着产品市场竞争程度的增强，董事会政府关系对企业创新投入的抑制作用减弱。列（5）为董事会金融关系（FIN）对创新投入的基础回归，回归系数为 - 2.073，列（6）为引入产品市场竞争调节项的回归，调节项（FIN × PMC）的系数为 6.734，且显著。调节项系数与原始系数符号相反，说明随着产品市场竞争程度的增强，董事会金融关系对创新投入的负向影响被削弱。列（7）为董事会关系资本各维度共同作用的回归结果，列（8）则为产品市场竞争的调节作用，与前面各列相比各项指标的回归系数变化不大，且产品市场竞争与政府关系和金融关系的交互项系数依然显著，进一步验证了产品市场竞争对董事会关系资本中政府关系、金融关系维度与企业创新投入之间关系具有削弱型调节作用。这部分验证了本书的假设4，即产品市场竞争对董事会关系资本与企业创新投入关系具有削弱型调节作用。

表 5 - 7　产品市场竞争对董事会人力资本与创新投入关系调节作用的回归结果

变量	模型 5.3							
	（1）	（2）	（3）	（4）	（5）	（6）	（7）	（8）
EDU	0.268***	0.258***					0.0763*	0.0730*
	(5.49)	(5.28)					(1.77)	(1.69)
EDU × PMC		0.866						0.497
		(1.00)						(0.65)

续表

变量	模型5.3							
	(1)	(2)	(3)	(4)	(5)	(6)	(7)	(8)
TEN			1.603***	1.602***			1.418***	1.422***
			(34.07)	(33.84)			(32.71)	(32.52)
TEN × PMC				2.015***				1.779***
				(3.09)				(2.89)
PROIN					4.893***	4.856***	4.149***	4.139***
					(32.07)	(31.92)	(29.91)	(29.85)
PROIN × PMC						1.708		1.293
						(0.74)		(0.59)
PMC		3.511***		−5.245**		2.576***		−5.134**
		(7.22)		(−2.32)		(5.65)		(−2.39)
STATE	−1.403***	−1.412***	−1.092***	−1.094***	−1.112***	−1.123***	−0.910***	−0.910***
	(−24.90)	(−25.05)	(−21.70)	(−21.72)	(−21.80)	(−21.98)	(−19.23)	(−19.21)
CASH	0.168	0.172	0.942***	0.937***	−0.226	−0.213	0.437**	0.429**
	(0.77)	(0.78)	(4.62)	(4.60)	(−1.09)	(−1.03)	(2.25)	(2.21)
INDP	3.939***	3.694***	3.279***	3.169***	3.535***	3.367***	2.853***	2.796***
	(11.36)	(10.66)	(10.27)	(9.90)	(10.93)	(10.39)	(9.47)	(9.25)
LEV	−3.882***	−4.265***	−3.090***	−3.288***	−3.209***	−3.495***	−2.596***	−2.718***
	(−23.08)	(−23.78)	(−20.27)	(−20.28)	(−20.72)	(−21.19)	(−18.25)	(−17.98)
SIZE	−0.337***	−0.290***	−0.496***	−0.471***	−0.325***	−0.291***	−0.493***	−0.478***
	(−9.72)	(−8.29)	(−14.99)	(−14.06)	(−10.06)	(−8.92)	(−15.56)	(−14.86)
INST	−1.514***	−0.558	−0.595	−0.248	−0.658	0.0263	−0.0704	0.0854
	(−2.87)	(−1.03)	(−1.21)	(−0.49)	(−1.32)	(0.05)	(−0.15)	(0.18)
GRANT	0.730***	0.729***	0.641***	0.641***	0.608***	0.609***	0.543***	0.544***
	(30.07)	(30.13)	(28.98)	(29.01)	(27.50)	(27.57)	(26.64)	(26.67)
Constant	−1.211***	−0.818***	−5.638***	−5.853***	−1.395***	−1.128***	−6.116***	−6.358***
	(−5.43)	(−3.59)	(−24.89)	(−21.45)	(−8.70)	(−6.80)	(−23.58)	(−21.35)
YEAR	控制	控制	控制	控制	控制	控制	控制	控制
INDUSTRY	控制	控制	控制	控制	控制	控制	控制	控制
N	14831	14831	14831	14831	14831	14831	14831	14831

续表

变量	模型 5.3							
	(1)	(2)	(3)	(4)	(5)	(6)	(7)	(8)
sigma	2.282***	2.275***	2.052***	2.049***	2.093***	2.089***	1.898***	1.897***
	(48.98)	(48.99)	(49.33)	(49.34)	(49.25)	(49.26)	(49.60)	(49.60)
LR	3794.80	3849.19	5791.42	5813.89	5351.76	5384.77	7100.58	7114.84
Prob (LR)	0.000	0.000	0.000	0.000	0.000	0.000	0.000	0.000
Pseudo R^2	0.130	0.132	0.199	0.199	0.184	0.185	0.244	0.245

注：括号内为经过 White (1963) 异方差修正的 T 值，***、**和*分别表示1%、5%和10%的显著性水平。

表 5-8　产品市场竞争对董事会关系资本与创新投入关系调节作用的回归结果

变量	模型 5.4							
	(1)	(2)	(3)	(4)	(5)	(6)	(7)	(8)
DIRIL	2.049***	2.048***					2.383***	2.378***
	(13.32)	(13.34)					(15.33)	(15.33)
DIRIL × PMC		3.301						3.680
		(1.52)						(1.58)
FGO			-3.077***	-2.998***			-2.925***	-2.836***
			(-15.46)	(-15.12)			(-14.85)	(-14.45)
FGO × PMC				7.315**				7.266**
				(2.11)				(2.10)
FIN					-2.073***	-2.113***	-2.193***	-2.230***
					(-10.08)	(-10.29)	(-10.63)	(-10.82)
FIN × PMC						6.734*		8.258**
						(1.83)		(2.21)
PMC		3.618***		3.272***		3.774***		3.477***
		(7.49)		(6.78)		(7.77)		(7.28)
STATE	-1.338***	-1.348***	-1.370***	-1.378***	-1.394***	-1.409***	-1.358***	-1.370***
	(-24.27)	(-24.44)	(-24.77)	(-24.90)	(-24.96)	(-25.19)	(-24.82)	(-25.02)
CASH	0.167	0.166	0.468**	0.469**	0.448**	0.475**	0.555**	0.564***
	(0.77)	(0.77)	(2.15)	(2.16)	(2.04)	(2.17)	(2.57)	(2.62)

续表

变量	模型5.4							
	(1)	(2)	(3)	(4)	(5)	(6)	(7)	(8)
INDP	3.402***	3.143***	4.168***	3.941***	4.177***	3.898***	3.449***	3.188***
	(9.86)	(9.12)	(12.10)	(11.44)	(12.07)	(11.29)	(10.12)	(9.36)
LEV	-3.750***	-4.146***	-3.838***	-4.201***	-3.855***	-4.253***	-3.639***	-4.010***
	(-22.53)	(-23.35)	(-23.01)	(-23.62)	(-23.00)	(-23.78)	(-22.25)	(-22.99)
SIZE	-0.357***	-0.311***	-0.258***	-0.216***	-0.257***	-0.204***	-0.256***	-0.211***
	(-10.39)	(-8.98)	(-7.56)	(-6.26)	(-7.43)	(-5.84)	(-7.52)	(-6.12)
INST	-1.490***	-0.510	-1.318**	-0.411	-1.356***	-0.263	-1.311**	-0.316
	(-2.84)	(-0.95)	(-2.52)	(-0.76)	(-2.58)	(-0.49)	(-2.54)	(-0.59)
GRANT	0.709***	0.709***	0.737***	0.735***	0.722***	0.718***	0.697***	0.693***
	(29.61)	(29.68)	(30.34)	(30.36)	(29.82)	(29.78)	(29.45)	(29.38)
Constant	-0.436***	-0.0603	-0.212	0.120	-0.305*	0.0809	-0.168	0.196
	(-2.66)	(-0.35)	(-1.30)	(0.71)	(-1.86)	(0.47)	(-1.04)	(1.17)
YEAR	控制	控制	控制	控制	控制	控制	控制	控制
INDUSTRY	控制	控制	控制	控制	控制	控制	控制	控制
N	14831	14831	14831	14831	14831	14831	14831	14831
sigma	2.262***	2.254***	2.254***	2.248***	2.273***	2.264***	2.213***	2.205***
	(49.00)	(49.01)	(49.02)	(49.03)	(48.99)	(49.00)	(49.07)	(49.08)
LR	3952.66	4011.65	4026.7	4076.6	3870.12	3935.49	4353.32	4415.97
Prob(LR)	0.000	0.000	0.000	0.000	0.000	0.000	0.000	0.000
Pseudo R^2	0.138	0.138	0.139	0.14	0.133	0.135	0.149	0.152

注：括号内为经过 White（1963）异方差修正的 T 值，***、**和*分别表示1%、5%和10%的显著性水平。

5. 股权治理对董事会人力资本与企业创新投入关系调节作用的回归分析

股权治理对董事会人力资本与企业创新投入关系调节作用的 Tobit 回归（模型5.5）结果如表5-9所示。列（1）为董事会受教育程度（EDU）对企业创新投入的基础回归，回归系数为 0.381，列（2）为引入股权治理（SHARE）调节项的回归，调节项

第五章　董事会资本对企业创新投入影响的实证分析

表 5-9　股权治理对董事会人力资本与创新投入关系调节作用的回归结果

变量	(1)	(2)	(3)	(4)	(5)	(6)	(7)	(8)	国有企业	国有企业	非国有企业	非国有企业
EDU	0.381*** (7.75)	0.380*** (7.67)					0.120*** (2.81)	0.118*** (2.73)	0.353*** (5.92)	0.352*** (5.86)	-0.0303 (-0.49)	-0.00326 (-0.05)
EDU × SHARE		-0.627* (-1.84)						-0.345 (-1.16)		-0.977** (-2.39)		0.611 (1.34)
TEN			1.685*** (35.41)	1.671*** (34.95)			1.448*** (33.71)	1.435*** (33.24)	1.448*** (24.08)	1.450*** (23.84)	1.452*** (23.54)	1.407*** (22.63)
TEN × SHARE				-0.699*** (-2.71)				-0.607** (-2.51)		-0.376 (-1.13)		-0.987*** (-2.75)
PROIN					5.523*** (35.60)	5.502*** (35.16)	4.699*** (33.46)	4.672*** (32.98)	3.956*** (22.12)	3.995*** (21.91)	5.132*** (24.12)	4.982*** (23.21)
PROIN × SHARE						-3.093*** (-3.66)		-2.584*** (-3.24)		-1.399 (-1.35)		-4.719*** (-3.82)
SHARE		0.673*** (3.88)		3.195*** (3.53)		0.186 (1.16)		2.500*** (2.95)		1.246 (1.06)		4.393*** (3.48)
STATE	-1.737*** (-29.14)	-1.774*** (-29.04)	-1.351*** (-25.60)	-1.389*** (-25.74)	-1.318*** (-25.16)	-1.345*** (-25.09)	-1.085*** (-22.43)	-1.113*** (-22.45)				

续表

变量	(1)	(2)	(3)	(4)	(5)	(6)	(7)	(8)	国有企业	非国有企业
					模型5.5					
CASH	0.875***	0.910***	1.624***	1.604***	0.304	0.371*	0.905***	0.909***	0.658**	0.500*
	(4.20)	(4.27)	(8.33)	(8.07)	(1.56)	(1.87)	(4.94)	(4.86)	(2.45)	(1.87)
									0.610**	0.640**
									(2.29)	(2.47)
INDP	4.522***	4.323***	3.879***	3.722***	4.024***	3.895***	3.320***	3.206***	2.774***	3.167***
	(13.14)	(12.48)	(12.22)	(11.66)	(12.70)	(12.20)	(11.24)	(10.77)	(6.70)	(7.43)
									2.831***	3.323***
									(6.86)	(7.88)
LEV	-4.578***	-4.417***	-3.663***	-3.514***	-3.626***	-3.506***	-2.949***	-2.842***	-1.080***	-4.575***
	(-26.55)	(-25.53)	(-23.56)	(-22.52)	(-23.39)	(-22.48)	(-20.77)	(-19.87)	(-6.22)	(-19.07)
									-1.090***	-4.648***
									(-6.35)	(-19.60)
SIZE	-0.451***	-0.437***	-0.596***	-0.593***	-0.396***	-0.378***	-0.560***	-0.547***	-0.489***	-0.629***
	(-12.60)	(-11.77)	(-17.37)	(-16.72)	(-12.08)	(-11.14)	(-17.44)	(-16.47)	(-12.62)	(-10.79)
									-0.508***	-0.656***
									(-13.61)	(-11.70)
INST	-1.271**	-0.841	-0.374	0.136	-0.499	-0.254	-0.0158	0.310	0.704	0.460
	(-2.41)	(-1.57)	(-0.76)	(0.27)	(-1.02)	(-0.51)	(-0.03)	(0.66)	(1.13)	(0.65)
									0.659	0.0454
									(1.07)	(0.07)
GRANT	0.782***	0.779***	0.686***	0.683***	0.632***	0.628***	0.563***	0.559***	0.449***	0.661***
	(31.33)	(30.87)	(30.16)	(29.70)	(28.39)	(27.86)	(27.42)	(26.88)	(18.24)	(19.38)
									0.453***	0.674***
									(18.64)	(20.07)
Constant	-1.224***	-1.484***	-5.670***	-6.798***	-1.342***	-1.432***	-6.347***	-7.215***	-9.026***	-6.739***
	(-5.48)	(-6.36)	(-25.08)	(-16.77)	(-8.50)	(-8.59)	(-24.58)	(-17.55)	(-14.96)	(-11.52)
									-8.556***	-5.280***
									(-22.05)	(-14.66)
YEAR	控制	控制	控制	控制	控制	控制	控制	控制	控制	控制
INDUSTRY	控制	控制	控制	控制	控制	控制	控制	控制	控制	控制
N	17268	17268	17268	17268	17268	17268	17268	17268	7700	9568
									7700	9568

续表

变量	模型 5.5									国有企业		非国有企业	
	(1)	(2)	(3)	(4)	(5)	(6)	(7)	(8)				
$sigma$	2.404***	2.395***	2.165***	2.157***	2.162***	2.156***	1.965***	1.960***	1.731***	1.729***	2.152***	2.145***
	(50.25)	(49.76)	(50.58)	(50.10)	(50.58)	(50.09)	(50.92)	(50.43)	(36.36)	(36.22)	(35.79)	(35.24)
LR	5798.65	5537.91	7964.00	7647.40	7918.09	7602.97	9780.30	9413.84	2881.7	2836.76	4767.14	4517.01
$Prob(LR)$	0.000	0.000	0.000	0.000	0.000	0.000	0.000	0.000	0.000	0.000	0.000	0.000
Pseudo R^2	0.171	0.168	0.236	0.231	0.233	0.230	0.288	0.285	0.211	0.209	0.207	0.263

注：括号内为经过 White（1963）异方差修正的 T 值，***、** 和 * 分别表示 1%、5% 和 10% 的显著性水平。

（$EDU \times SHARE$）系数为 -0.627，且显著。调节项系数与原始系数符号相反，说明实际控制人持股的增加削弱了董事会受教育程度对创新投入的正向作用。列（3）为董事会任职期限（TEN）对企业创新投入的基础回归，回归系数为 1.685，列（4）为引入股权治理调节项的回归，调节项（$TEN \times SHARE$）系数为 -0.699，且显著。调节项系数与原始系数符号相反，表明股权治理亦削弱了董事会任职期限对创新投入的正向作用。列（5）为董事会职业背景（$PROIN$）对企业创新投入的基础回归，回归系数为 5.523，列（6）为引入股权治理调节项的回归，调节项（$PROIN \times SHARE$）系数为 -3.093。调节项系数与原始系数符号相反，说明实际控制人持股的增加抑制了董事会职业背景对创新投入的促进作用。列（7）为受教育程度、任职期限和职业背景对企业创新投入共同作用的回归结果，列（8）则为股权治理的调节作用，与前面各列相比各项指标的回归系数变化不大，调节项系数全部为负，由此基本可以证明本书提出的假设5，即股权治理对董事会人力资本与企业创新投入关系具有削弱型调节作用。

此外，本书还根据实际控制人性质是国有企业还是非国有企业进行分组回归，以检验不同产权性质下股权治理对董事会人力资本与创新投入关系的作用。从国有企业子样本来看，董事会受教育程度与股权治理的交互项在5%显著性水平上为负，且与董事会受教育程度的作用方向相反，说明国有企业实际控制人持股削弱了董事会受教育程度对创新投入的正向作用；而任职期限、职业背景与股权治理的交互项不具有显著性。从非国有企业子样本来看，董事会受教育程度与股权治理的交互项不具有显著性，任职期限和职业背景与股权治理的交互项均在1%的显著性水平上为负，且分别与任职期限和职业背景的作用方向相反，说明在非国有企业，实际控制人持股削弱了董事会任职期限与职业背景对创

第五章　董事会资本对企业创新投入影响的实证分析

新投入的促进作用。

6. 股权治理对董事会关系资本与企业创新投入关系调节作用的回归分析

股权治理对董事会关系资本与企业创新投入关系调节作用的 Tobit 回归（模型 5.6）结果如表 5-10 所示。列（1）为董事会企业关系（$DIRIL$）对创新投入的基础回归，回归系数为 2.088，列（2）为引入股权治理（$SHARE$）调节项的回归，调节项（$DIRIL \times SHARE$）的系数为 -7.485，且显著。调节项系数与原始系数符号相反，说明股权治理削弱了董事会企业关系对创新投入的正向作用。列（3）为董事会政府关系（FGO）对创新投入的基础回归，回归系数为 -3.189，列（4）为引入股权治理调节项的回归，调节项（$FGO \times SHARE$）的系数为 -3.038，且显著。调节项系数与原始系数符号相同，说明随着实际控制人持股的增加，董事会政府关系对企业创新投入的抑制作用增强。列（5）为董事会金融关系（FIN）对创新投入的基础回归，回归系数为 -2.171，列（6）为引入股权治理调节项的回归，调节项（$FIN \times SHARE$）的系数为 -2.12。调节项系数与原始系数符号相同，说明股权治理在一定程度上增强了金融关系对创新投入的负向影响。列（7）为董事会关系资本各维度共同作用的回归结果，列（8）则为股权治理的调节作用，与前面各列相比各项指标的回归系数变化不大，进一步验证了股权治理对企业关系与创新投入之间关系的削弱型调节作用，对政府关系和金融关系与创新投入之间关系的增强型调节作用，部分验证了本书的假设 6，即股权治理对董事会关系资本与创新投入的关系具有增强型调节作用。

此外，本书还根据实际控制人性质是国有企业还是非国有企业进行分组回归，以检验不同产权性质下股权治理对董事会关系资本

表 5 – 10　股权治理对董事会关系资本与创新投入关系调节作用的回归结果

模型 5.6

变量	(1)	(2)	(3)	(4)	(5)	(6)	(7)	(8)	国有企业	国有企业	非国有企业	非国有企业
DIRIL	2.088*** (13.59)	2.057*** (13.31)					2.460*** (15.83)	2.398*** (15.36)	1.987*** (9.92)	2.069*** (10.19)	2.901*** (12.34)	2.677*** (11.20)
DIRIL × SHARE		-7.485*** (-7.06)						-7.013*** (-6.59)		-6.317*** (-4.66)		-6.598*** (-3.96)
FGO			-3.189*** (-15.99)	-3.208*** (-15.91)			-3.081*** (-15.57)	-3.088*** (-15.46)	-3.425*** (-12.82)	-3.334*** (-12.30)	-2.604*** (-9.02)	-2.763*** (-9.39)
FGO × SHARE				-3.038** (-2.29)				-2.186* (-1.65)		-0.373 (-0.22)		-1.958 (-0.96)
FIN					-2.171*** (-10.58)	-2.049*** (-9.83)	-2.305*** (-11.20)	-2.142*** (-10.28)	-1.734*** (-6.25)	-1.728*** (-6.15)	-2.482*** (-8.32)	-2.268*** (-7.39)
FIN × SHARE						-2.120 (-1.51)		-0.509 (-0.36)		-0.363 (-0.19)		-0.535 (-0.25)
SHARE		0.660*** (3.83)		0.750*** (4.35)		0.575*** (3.32)		0.691*** (4.06)		-0.309 (-1.41)		1.602*** (6.11)
STATE	-1.659*** (-28.45)	-1.699*** (-28.49)	-1.684*** (-28.81)	-1.726*** (-28.85)	-1.717*** (-29.06)	-1.746*** (-28.94)	-1.667*** (-28.84)	-1.701*** (-28.81)				

第五章　董事会资本对企业创新投入影响的实证分析

续表

变量	模型 5.6									国有企业		非国有企业	
	(1)	(2)	(3)	(4)	(5)	(6)	(7)	(8)				
CASH	0.949***	1.023***	1.220***	1.230***	1.201***	1.199***	1.345***	1.360***	1.123***	1.206***	0.913***	0.736**
	(4.59)	(4.85)	(5.88)	(5.81)	(5.74)	(5.62)	(6.54)	(6.49)	(3.75)	(4.00)	(3.15)	(2.47)
INDP	4.031***	3.871***	4.766***	4.590***	4.773***	4.620***	3.975***	3.856***	3.685***	3.713***	3.729***	3.486***
	(11.76)	(11.23)	(13.92)	(13.33)	(13.88)	(13.34)	(11.75)	(11.32)	(7.81)	(7.83)	(7.74)	(7.17)
LEV	-4.461***	-4.251***	-4.551***	-4.406***	-4.550***	-4.412***	-4.343***	-4.170***	-1.903***	-1.881***	-6.656***	-6.485***
	(-26.10)	(-24.87)	(-26.56)	(-25.61)	(-26.45)	(-25.53)	(-25.85)	(-24.76)	(-9.70)	(-9.49)	(-23.08)	(-22.37)
SIZE	-0.463***	-0.455***	-0.357***	-0.348***	-0.361***	-0.359***	-0.353***	-0.355***	-0.267***	-0.258***	-0.467***	-0.445***
	(-13.00)	(-12.38)	(-10.14)	(-9.53)	(-10.15)	(-9.73)	(-10.03)	(-9.76)	(-6.69)	(-6.16)	(-7.54)	(-6.91)
INST	-1.154**	-0.781	-1.046**	-0.574	-0.995*	-0.610	-0.967*	-0.606	-0.266	-0.256	-1.167	-0.657
	(-2.21)	(-1.47)	(-2.00)	(-1.08)	(-1.89)	(-1.14)	(-1.88)	(-1.16)	(-0.39)	(-0.37)	(-1.52)	(-0.84)
GRANT	0.763***	0.757***	0.790***	0.788***	0.775***	0.776***	0.749***	0.747***	0.612***	0.609***	0.861***	0.848***
	(30.93)	(30.41)	(31.60)	(31.18)	(31.14)	(30.77)	(30.74)	(30.33)	(21.29)	(20.99)	(21.76)	(21.18)
Constant	-0.108	-0.379**	0.142	-0.138	0.0515	-0.187	0.195	-0.0820	-2.185***	-2.129***	1.172***	0.679***
	(-0.66)	(-2.19)	(0.87)	(-0.80)	(0.31)	(-1.07)	(1.21)	(-0.48)	(-9.87)	(-8.98)	(4.92)	(2.69)
YEAR	控制	控制	控制	控制	控制	控制	控制	控制	控制	控制	控制	YEAR
INDUSTRY	控制	控制	控制	控制	控制	控制	控制	控制	控制	控制	控制	INDUSTRY
N	17268	17268	17268	17268	17268	17268	17268	17268	7700	7700	9568	9568

续表

变量	模型 5.6								国有企业		非国有企业	
	(1)	(2)	(3)	(4)	(5)	(6)	(7)	(8)				
sigma	2.387***	2.373***	2.379***	2.368***	2.397***	2.390***	2.337***	2.324***	2.056***	2.050***	2.555***	2.540***
	(50.26)	(49.79)	(50.28)	(49.79)	(50.25)	(49.77)	(50.33)	(49.85)	(35.88)	(35.74)	(35.42)	(34.87)
LR	5933.92	5717.08	6017.79	5761.23	5854.05	5574.45	6372.48	6134.16	1301.36	1284.02	2981.85	2819.6
Prob (LR)	0.000	0.000	0.000	0.000	0.000	0.000	0.000	0.000	0.000	0.000	0.000	0.000
Pseudo R^2	0.175	0.173	0.177	0.174	0.172	0.169	0.188	0.186	0.101	0.103	0.167	0.164

注：括号内为经过 White (1963) 异方差修正的 T 值，***、** 和 * 分别表示 1%、5% 和 10% 的显著性水平。

与创新投入关系的作用。从国有企业子样本来看，董事会企业关系与股权治理的交互项在1%显著性水平上为负，且与董事会企业关系的作用方向相反，说明国有企业实际控制人持股削弱了董事会企业关系对创新投入的正向作用；尽管政府关系、金融关系与股权治理的交互项不具有显著性，但从方向上看交互项系数均为负，且与自变量作用方向相同，表明国有企业股权治理对政府关系和金融关系与创新投入的负向影响有一定增强作用。从非国有企业子样本来看，董事会企业关系与股权治理的交互项在1%显著性水平上为负，且与企业关系作用相反，说明非国有企业实际控制人持股削弱了董事会企业关系对创新投入的正向作用；而政府关系和金融关系与股权治理的交互项不具有显著性，但从方向上看交互项系数为负，且作用方向与自变量相同，说明非国有企业股权治理在一定程度上也会扩大政府关系和金融关系对创新投入的抑制作用。从国有企业和非国有企业子样本的回归系数比较来看，非国有企业中企业关系、政府关系与金融关系的交互项系数绝对值均大于国有企业相应系数的绝对值，说明股权治理在非国有企业的调节作用要强于在国有企业的调节作用。

第四节 董事会资本与企业创新投入的稳健性检验

为保障前文研究结果的有效性，本书采用划分子样本的方法进行稳健性检验。延续上一章的做法，本书根据上市公司所属板块将样本数据划分为主板、创业板与中小板三个子样本，以检验董事会资本对企业创新投入的影响，检验结果与主回归相同，说明本书研究结论是稳健的。

一 董事会人力资本与企业创新投入关系的稳健性检验

表5-11为董事会人力资本对企业创新投入回归的稳健性检验结果。对比表5-5,从主板上市公司子样本来看,董事会受教育程度、任职期限以及职业背景对创新投入的回归系数均为正,且在1%的显著性水平上显著,与表5-5的回归结果相同,说明董事会人力资本对企业创新投入有促进作用;在创业板上市公司和中小板上市公司的子样本中,董事会受教育程度、任职期限和职业背景对创新投入的回归系数也均为正,且在1%的显著性水平上显著,与表5-5的回归结果相同。通过对不同子样本的回归分析发现前述研究结果并未发生改变,表明本书研究结果稳健。

二 董事会关系资本与企业创新投入关系的稳健性检验

表5-12为董事会关系资本与企业创新投入回归的稳健性检验结果。对比表5-6,从主板上市公司子样本来看,董事会企业关系对创新投入的回归系数在1%显著性水平上为正,政府关系和金融关系对创新投入的回归系数在1%显著性水平上为负,与表5-6的回归结果相同。从创业板上市公司子样本来看,董事会企业关系对创新投入的回归系数在1%显著性水平上为正,政府关系对创新投入的回归系数在1%显著性水平上为负,金融关系对创新投入的回归系数为负,尽管显著性有所降低,但并未发生实质性改变,与表5-6的回归结果相同。从中小板上市公司的回归结果来看,董事会企业关系对创新投入的回归系数在1%显著性水平上为正,政府关系对创新投入的回归系数在1%显著性水平上为负,金融关系对创新投入的回归系数在10%显著性水平上为负,尽管显著性水平有所下降,但并未发生实质性改变,与表5-6回归结果相同。通过对不同子样本的回归分析发现前述研究结果并未发生实质改变,表明本书研究结果稳健。

表5－11 董事会人力资本对企业创新投入回归的稳健性检验

变量	模型5.1 主板	模型5.1 创业板	模型5.1 中小板
EDU	0.107 ***	0.269 ***	0.193 ***
	(3.42)	(8.24)	(6.77)
TEN	1.191 ***	0.114 ***	0.296 ***
	(37.61)	(4.02)	(14.10)
$PROIN$	2.095 ***	0.707 ***	1.116 ***
	(23.41)	(8.97)	(15.52)
$STATE$	－0.234 ***	－0.110	－0.0468
	(－7.09)	(－1.55)	(－1.34)
$CASH$	0.0868	0.245 **	－0.288 ***
	(0.55)	(2.41)	(－2.76)
$INDP$	1.948 ***	0.675 ***	0.495 ***
	(8.73)	(3.81)	(2.88)
LEV	－1.048 ***	－0.990 ***	－1.565 ***
	(－10.81)	(－8.35)	(－17.04)
$SIZE$	－0.211 ***	－0.305 ***	－0.223 ***
	(－10.24)	(－7.48)	(－8.31)
$INST$	－0.120	－0.183	0.705 **
	(－0.35)	(－0.56)	(2.39)
$GRANT$	0.351 ***	0.191 ***	0.195 ***
	(27.31)	(11.48)	(14.92)
Constant	－5.973 ***	－0.0242	－0.690 ***
	(－30.85)	(－0.14)	(－4.83)
$YEAR$	控制	控制	控制
$INDUSTRY$	控制	控制	控制
N	10373	2127	4768
$sigma$	1.185 ***	0.618 ***	0.837 ***
	(73.05)	(63.74)	(83.29)
LR	4200.83	527.27	1457.69
$Prob（LR）$	0.000	0.000	0.000

续表

变量	模型 5.1		
	主板	创业板	中小板
Pseudo R^2	0.211	0.115	0.113

注：括号内为经过 White（1963）异方差修正的 T 值，***、** 和 * 分别表示 1%、5% 和 10% 的显著性水平。

表 5-12 董事会关系资本对企业创新投入回归的稳健性检验

变量	模型 5.2		
	主板	创业板	中小板
DIRIL	0.948***	0.266***	0.571***
	(8.66)	(2.86)	(6.59)
FGO	-2.187***	-0.495***	-0.593***
	(-15.35)	(-3.95)	(-5.39)
FIN	-1.296***	-0.0132	-0.188*
	(-8.69)	(-0.10)	(-1.69)
STATE	-0.385***	0.0157	-0.0673*
	(-10.61)	(0.22)	(-1.87)
CASH	0.251	0.296***	-0.394***
	(1.44)	(2.80)	(-3.61)
INDP	2.365***	0.533***	0.487***
	(9.46)	(2.86)	(2.68)
LEV	-1.449***	-1.038***	-1.923***
	(-13.52)	(-8.41)	(-20.08)
SIZE	0.00812	-0.308***	-0.125***
	(0.36)	(-7.31)	(-4.53)
INST	-0.561	0.244	0.478
	(-1.50)	(0.72)	(1.54)
GRANT	0.421***	0.209***	0.233***
	(29.38)	(12.15)	(17.13)
Constant	-1.351***	1.636***	1.299***
	(-11.06)	(15.57)	(14.02)

续表

变量	模型 5.2		
	主板	创业板	中小板
YEAR	控制	控制	控制
INDUSTRY	控制	控制	控制
N	10373	2127	4768
sigma	1.371***	0.642***	0.884***
	(71.30)	(63.73)	(83.11)
LR	2001.39	364.47	967.59
Prob（LR）	0.000	0.000	0.000
Pseudo R^2	0.101	0.0794	0.075

注：括号内为经过 White（1963）异方差修正的 T 值，***、** 和 * 分别表示 1%、5% 和 10% 的显著性水平。

第五节　本章小结

本章对董事会资本与企业创新投入之间的作用关系加以阐述并进行经验验证。首先，基于前述理论分析，探索董事会人力资本和董事会关系资本对企业创新投入的影响，并进一步分析产品市场竞争、股权治理对上述关系的调节作用，提出相关研究假设。其次，通过研究设计，根据企业创新投入的数据特征，构建进行假设检验的 Tobit 回归模型。再次，以中国 A 股上市公司的数据为研究样本进行回归分析，检验假设的正确性。最后，为保障研究结果的稳健性，根据不同上市板块划分子样本对董事会资本与企业创新投入之间的关系进行稳健性检验，结果表明实证分析具有较好的稳健性。

研究发现，董事会人力资本的受教育程度、任职期限和职业背景维度均对企业创新投入有提升作用，而董事会关系资本的企业关系维度有助于创新投入的增加,政府关系和金融关系维度对企业创新投入则表现为抑制作用。产品市场竞争、股权治理对上述关系表现出不同的调节效应:产品市场竞争能够增强董事会人力资本的任职期限维度对创新投入的正向作用,削弱董事会关系资本的政府关系和金融关系维度对创新投入的负向影响;股权治理削弱了董事会人力资本的受教育程度、任职期限和职业背景以及董事会关系资本的企业关系维度对创新投入的正向作用,而增强了董事会关系资本的政府关系维度对创新投入的负向作用。因此,从扩大企业创新投资规模的角度来看,企业应该聘请具有较高教育水平、丰富任职经验与专业技术背景的董事,同时避免对单一组织的过度依赖。

第六章　董事会资本对企业创新绩效影响的实证分析

企业进行创新投资是为了通过创新的技术产出提高企业的市场竞争力，从而实现价值的增长。而董事会资本作为企业重要的无形资本，很有可能会影响到企业创新投入的产出效率以及创新成果的市场化进程。在前文文献回顾与理论分析的基础上，本部分将实证检验董事会资本对企业创新的技术绩效和价值绩效的影响。

第一节　董事会资本与企业创新绩效的作用机理分析

鉴于企业创新投入后会经历两个不同的产出阶段，即创新投入转化为专利等技术成果的过程和技术成果应用带动企业价值提升的过程，因而本书对企业创新绩效的实证分析也分为对董事会资本与企业创新技术绩效之间关系的分析和对董事会资本与企业创新价值绩效之间关系的分析。本书通过分别讨论董事会人力资本和董事会关系资本对两种创新绩效的影响，以及产品市场竞争、股权治理对上述关系的调节效应，进一步挖掘董事会资本影响企业创新绩效的具体路径，以及创新投资对企业的深层影响。

一 董事会资本与企业创新绩效的关系

企业创新技术绩效是创新投资的直接成果,主要表现为单位创新投入所能带来的新专利、新产品以及新工艺等直接产出的数量和质量,创新技术绩效越好则单位投入的产出数量越多且质量越高(Hall et al.,1984)。而企业创新价值绩效则是企业创新投资活动的最终成果,代表企业创新的技术绩效转化为经济价值的能力,一般用创新技术绩效带来的企业价值变动情况进行衡量,创新价值绩效的提高往往意味着企业经营业绩的改善、市场价值的提升以及成长机会的增加(Rhodes-Kropf et al.,2005)。而董事会人力资本和董事会关系资本通过其能为企业带来的不同资源,影响着企业创新技术绩效和创新价值绩效。

资源基础理论认为,企业是资源要素的集合体,而企业具有的资源可以分为有形资源和无形资源两种,这两种资源又可以进一步分为容易模仿和不容易模仿两类(Wernerfelt,1984)。不容易模仿的资源在企业间无法流动且难以复制,将会转变为企业独特的能力,使企业在市场竞争中更具优势(Barney,1991)。企业特有且难以复制的资源是企业竞争优势的来源,而董事会人力资本恰是企业所拥有的不可完全模仿的重要资源,其对企业绩效表现提升方面的作用甚至超越了物质资本资源(Schultz,1961)。董事会人力资本能够为企业创新活动提供信息、咨询和建议等多方面的支持,并对企业创新过程实施有效管理,从而促使企业从事创新活动并产生较好的创新绩效。拥有良好的教育背景、丰富的任职经验以及"输出型职能"背景的董事,往往能为企业创新提供更多建设性的意见,帮助企业克服创新过程中的障碍,减少企业创新决策过程中的失误,从而提高企业创新投资效率,改善创新技术绩效。

在企业创新技术产出转化为企业价值的过程中,董事会人力资

第六章　董事会资本对企业创新绩效影响的实证分析

本有助于创新技术成果的吸收和扩散，有助于提升创新成果的转化速度。具有丰富的学识和知识基础、工作经验和社会阅历的董事能够更加有效地发现市场机会，推动企业将新专利、新技术等创新技术产出转化为面向客户的实际产品和服务，从而加速创新成果的市场化进程，改善企业绩效表现，实现企业价值的增加。Weir 和 Knight（2004）研究发现人力资本对创新成果的扩散和应用有显著促进作用。我国学者李小青（2012）研究发现董事会任期通过影响创新成果的转化进而提升了企业价值。李长娥和谢永珍（2017）的研究也发现董事会受教育程度和职业背景与企业成长存在相关关系。

综合上述分析，作者认为董事会人力资本各维度，即受教育程度、任职期限和职业背景对企业创新技术绩效和价值绩效都具有正向影响。因此，本书提出如下假设。

假设1：在其他条件不变的情况下，董事会人力资本与企业创新技术绩效正相关。

假设2：在其他条件不变的情况下，董事会人力资本与企业创新价值绩效正相关。

资源依赖理论认为，企业是一个开放的系统，与外部环境之间存在着资源与信息的交换，只有取得了所需的各种资源，企业才能持续生存发展（Emerson，1962；Thompson，1967）。外部资源提供者在为企业提供资源的同时，也影响着企业的发展，企业满足外部资源提供者利益需求的能力决定了其成长空间（Pfeffer and Salancik，1978）。而董事会企业关系、政府关系和金融关系代表着企业从外部组织获取资源的能力，会对企业创新技术绩效和价值绩效产生影响。

在企业的创新投入转化为技术成果产出、创新技术成果转化为企业价值的过程中，对于已经发生的创新投入，为了使其不成为沉没成本而给企业和为之提供关键资源的外部组织造成经济损失，董事会关系资本能够为企业创新技术成果产出以及市场化过程提供有力支持，有助于促进创新技术绩效和价值绩效的提升。董事会与外部企业的联系，有助于创新信息在企业之间的传播，使企业更加及时地了解外部经营环境的变化，更加有效地为企业创新过程提供咨询和建议，从而推动企业创新技术成果的产出和市场化过程，提升企业创新绩效表现。董事会与政府部门的联系有助于企业获取相关政策性资源（李维安等，2015），与金融机构的联系有助于企业获取财务资源（Booth and Deli，1999；刘浩等，2012），这些外部资源的取得为企业高风险、长周期的创新活动提供了政策导向以及资金投入方面的支持，有助于企业的创新投入顺利转化为技术成果产出，并且有助于创新技术成果市场化进而带动企业价值增加。

综合上述分析，本书认为董事会关系资本各维度对企业创新技术绩效和价值绩效具有正向影响。因此，本书提出如下假设。

假设3：在其他条件不变的情况下，董事会关系资本与企业创新技术绩效正相关。

假设4：在其他条件不变的情况下，董事会关系资本与企业创新价值绩效正相关。

二 产品市场竞争对董事会资本与企业创新绩效关系的调节作用

依据竞争优势理论的观点，企业所处行业的市场竞争越激烈，则其竞争优势的持续性越差（Porter，1980）。存在相互竞争关系的企业在短期内可能由于拥有某些资源和能力而处于领先地位，例如通过新技术、新工艺改进产品生产流程与优化生产要素投资组合降低企业生产成本进而获得成本领先优势，通过企业创新为客户提供差异化的产品和服务，提升产品和服务的质量，更好地满足客户需求，从而使企业在竞争中处于优势地位。然而在竞争激烈的产品市

第六章 董事会资本对企业创新绩效影响的实证分析

场中，企业所拥有的竞争优势可能因为技术的进步和竞争对手的模仿而逐渐消失。为了在动态复杂的竞争环境中保持企业的竞争优势，企业需要不断更新自身资源和能力储备（Prahalad and Hamel，1990；Teece et al.，1997）。

创新是在激烈的市场竞争中决定企业绩效的关键，企业需要不断更新其所提供的产品与服务以满足客户需求，为了应对复杂多变的竞争环境，企业需要保证其创新成果产出的速度与质量。与依靠自身探索在核心技术和核心概念上产生突破，并依靠企业自身能力完成创新后续环节实现技术成果市场化、商业化的率先创新相比，在率先创新的示范下，以率先创新企业的创新模式和创新产品为依托，在吸收率先创新企业的成功经验和失败教训的基础上，通过模仿创新获取新技术并对其进行加工完善，进而应用到面向客户的产品和服务中，这样的创新方式在创新成果的产出速度方面更具优势，且创新失败的风险相对较低。因此，这样的创新方式有助于企业在市场竞争中迅速抢占市场份额。同时，由于这种创新方式有既有的创新模式和创新产品可供参照，会减弱董事会人力资本和董事会关系资本所能提供的各种资源在帮助企业选择创新方向、提高企业创新成果转化效率方面的作用。

企业为了保持其竞争优势，在激烈的市场竞争中谋得生存与发展的机遇，除了模仿成功企业的创新模式与创新行为之外，也会效仿这类企业的战略决策模式以及决策制定机构，以期本企业在未来的发展中亦能做出优质战略决策进而提升企业绩效。鉴于企业董事会人力资本和董事会关系资本在促进创新技术绩效和价值绩效方面的有益作用，企业会模仿成功企业董事会资本的配置或者寻求替代资源，例如加强研发部门人力资源投入替代董事会人力资本在专利成果产出中的作用，加强对营销部门的人力资源投入替代董事会人力资本在技术成果市场化过程中的作用。由产品市场竞争加剧所引发的这种模仿和替代会削弱董事会资本对创新绩效的促进作用。除此之外，随着产品市场竞争的加剧，企业需要不断搜集市场中的其他企业在新技术开发和新产品生产方面的信息，虽然董事会关系资本通过与外部组织建立的关系丰富了企业信息获取渠道，与此同时也意味着有关企业创新活动的信息更容易被外部组织获取，企业的创新行为更容易被其他企业获知和模仿，从而影响了企业创新的技术绩效和价值绩效。因此，随着产品市场竞争程度的增强，董事会关系资本丰富的企业其创新绩效表现反而不佳。

综合上述分析，作者认为产品市场竞争削弱了董事会人力资本对创新技术绩效和价值绩效的正向作用，也削弱了董事会关系资本对创新技术绩效和价值绩效的促进作用。因此，本书提出如下假设。

假设5：在其他条件不变的情况下，产品市场竞争对董事会人力资本与企业创新技术绩效的关系具有削弱型调节作用。

假设6：在其他条件不变的情况下，产品市场竞争对董事会人力资本与企业创新价值绩效的关系具有削弱型调节作用。

假设7：在其他条件不变的情况下，产品市场竞争对董事会关系资本与企业创新技术绩效的关系具有削弱型调节作用。

假设8：在其他条件不变的情况下，产品市场竞争对董事会关系资本与企业创新价值绩效的关系具有削弱型调节作用。

三 股权治理对董事会资本与企业创新绩效关系的调节作用

依据公司治理理论的观点，随着企业控制权的集中，大股东的话语权逐渐提高，这会导致企业大股东侵占中小股东利益的现象出现（Müller，2008；马永斌，2010）。在控制权高度集中的企业中，其经营决策权大部分集中于实际控制人之手，使得企业董事会资本作用的发挥受到股权治理状况的影响（Rajan and Zingales，2000）。

第六章 董事会资本对企业创新绩效影响的实证分析

企业实际控制人所有权比例越高，意味着其能从企业获取的经济利益越多，尽管实际控制人更倾向于选择高回报且周期短的投资项目，但在企业既已做出创新投资的决策后，为保证自身利益不受损害，实际控制人亦会致力于促使企业创新投入尽快转化为专利技术成果产出，并尽快实现市场化和商业化，以带动企业价值的增加。在企业创新投入转化为专利技术等成果产出的过程中，当股权较为集中时，实际控制人对企业经营管理的掌控力度更强，更有能力监督和控制企业经营管理者的行为（Friedman et al., 2003；周英豪，2005），有助于实际控制人及时调配由董事会资本所带来的内外部资源以为创新研发过程提供保障，提高企业创新的技术绩效。

企业在创新技术成果市场化过程中，能够快速推出符合客户需求的新产品有助于企业抢先占领市场份额，从而占据一定的优势地位。而随着股权越发集中于实际控制人，实际控制人在企业中的话语权越大，企业的经营决策效率往往更高，因此实际控制人将会更加有效地利用董事会人力资本和董事会关系资本为企业带来的有关外部经营环境的信息、对于市场机遇的判断及其为创新成果市场化过程所提供的咨询和建议，快速而准确地制定创新技术成果市场化的策略，提升企业创新价值绩效。

综合上述分析，作者认为股权治理增强了董事会人力资本对创新技术绩效和价值绩效的正向作用，也增强了董事会关系资本对创新技术绩效和价值绩效的促进作用。因此，本书提出如下假设。

假设9：在其他条件不变的情况下，股权治理对董事会人力资本与企业创新技术绩效的关系具有增强型调节作用。

假设10：在其他条件不变的情况下，股权治理对董事会人力资本与企业创新价值绩效的关系具有增强型调节作用。

假设11：在其他条件不变的情况下，股权治理对董事会关系资本与企业创新技术绩效的关系具有增强型调节作用。

假设 12：在其他条件不变的情况下，股权治理对董事会关系资本与企业创新价值绩效的关系具有增强型调节作用。

第二节　董事会资本与企业创新绩效的研究设计

在理论分析的基础上，本书提出了有待检验的研究假设。本部分为假设检验的方法设计，包括样本的选取与数据来源、变量的定义及说明、实证模型的构建以及统计方法与工具的介绍。

一　样本选取与数据来源

本章选择进行创新的上市公司为样本检验董事会资本对企业创新绩效的影响，由于自 2007 年《企业会计准则 2006》正式实施起，我国上市公司研发投入的信息披露数据才相对完整，因此选择的样本区间为 2007~2016 年。又由于创新绩效的测度需要使用滞后 1 年的创新投入数据，而国泰安（CSMAR）数据库可获得的创新投入数据最早为 2007 年，因此最终样本区间选定为 2008~2016 年。对初始样本按照如下原则进行筛选：①为避免个别异常数据的影响，剔除 ST 及 *ST 的观测样本；②分别剔除产品市场竞争、股权治理以及控制变量缺失的观测样本。最终得到 8521 个样本观测值[①]。为消除极端异常值的影响，本书用 Winsorize 方法对全部连续变量进行了上下 5% 的缩尾处理。

本书所使用的企业创新投入数据来自国泰安（CSMAR）数据库

[①] 需要说明的是，本书分别以产品市场竞争、股权治理作为调节变量检验其对董事会资本与企业创新绩效关系的影响，同时创新绩效的测度包含多个指标，由于所涉及的模型不同，各模型的变量缺失情况存在差异，所涉及的样本观测值个数可能发生变化。

第六章 董事会资本对企业创新绩效影响的实证分析

上市公司研发创新文件；企业专利数据来自国泰安（CSMAR）数据库上市公司与子公司专利文件；董事会资本数据来自国泰安（CSMAR）数据库上市公司高管个人资料文件、兼任信息文件和董监高个人特征文件，对于董事会人力资本的缺失数据，通过手工查询上市公司年报，搜索巨潮资讯网、新浪财经网以及i问财财经网予以补充，由于国泰安数据库对董事政治背景和金融背景的信息披露从2008年开始，对以前年度的董事会关系资本数据也通过上述途径进行手工搜集；短期贷款利率和中长期贷款利率数据通过新浪财经网手工搜集；其他上市公司财务数据和公司治理数据均来自国泰安（CSMAR）数据库。

本章研究样本的行业和年度分布情况如表6-1所示。

表6-1 研究样本的行业和年度分布

行业代码	2008年	2009年	2010年	2011年	2012年	2013年	2014年	2015年	2016年	合计
A	0	1	2	6	7	22	25	26	28	117
B	2	6	5	10	11	32	37	35	36	174
C1	3	15	15	28	45	118	128	125	132	609
C2	26	49	79	121	178	336	356	360	390	1895
C3	32	95	132	248	380	696	742	789	852	3966
C4	1	9	13	22	21	31	33	37	42	209
D	1	1	2	2	1	20	21	21	24	93
E	3	3	4	8	19	38	38	43	50	206
F	1	2	2	6	8	31	34	35	32	151
G	1	1	0	0	3	12	14	16	19	66
H	0	0	0	1	0	0	2	1	1	5
I	3	14	32	54	69	109	123	128	154	686
J	0	0	0	0	0	2	5	4	10	21
K	1	1	1	0	1	10	12	12	14	52
L	0	1	0	4	3	7	8	8	15	46

续表

行业代码	2008年	2009年	2010年	2011年	2012年	2013年	2014年	2015年	2016年	合计
M	1	2	4	7	8	10	9	14	16	71
N	0	0	0	0	6	9	9	10	14	48
O	0	0	0	2	0	0	0	0	0	2
P	0	0	0	0	0	1	1	1	1	4
Q	0	0	0	0	1	2	3	2	4	12
R	0	1	1	1	0	3	8	12	18	44
S	3	1	0	1	0	9	10	11	9	44
合计	78	202	292	521	761	1498	1618	1690	1861	8521

注：根据中国证券监督管理委员会公布的《上市公司行业分类指引（2012年修订）》，行业代码分类为：A农、林、牧、渔业；B采矿业；C制造业，由于制造业企业数目较大，按照二级行业代码予以细分；D电力、热力、燃气及水生产和供应业；E建筑业；F批发和零售业；G交通运输、仓储和邮政业；H住宿和餐饮业；I信息传输、软件和信息技术服务业；J金融业；K房地产业；L租赁和商务服务业；M科学研究和技术服务业；N水利、环境和公共设施管理业；O居民服务、修理和其他服务业；P教育；Q卫生和社会工作；R文化、体育和娱乐业；S综合。

二 变量操作性定义

1. 被解释变量

创新技术绩效（PATENT）。根据Hall等（1984）的研究，企业创新投入影响着专利产出，且这一影响存在滞后性。因此，本书以滞后1年的创新投入（单位：千万元）所能产生的专利产出作为创新技术绩效的测度指标，具体计算公式为：创新技术绩效＝企业当年专利申请数量/滞后1年的创新投入。

创新价值绩效（LRVTB1/LRVTB2/LRVTB3）。根据Rhodes-Kropf等（2005）的研究，以企业获得授权的专利能够带来的成长机会的增加作为创新价值绩效的测度指标，为了考察企业专利对成长性的长期影响，分别测算了专利授权获得后1年、2年和3年的成长性提升。具体计算公式为：LRVTB1＝（成长性$_{t+1}$－成长性$_t$）/专利授权数$_t$；LRVTB2 =（成长性$_{t+2}$ - 成长性$_t$）/专利授权数$_t$；LRVTB3 =（成长性$_{t+3}$ - 成长性$_t$）/专利授权数$_t$。以下将采用 RKRV 分解模型的方法进行详细阐述，从而获得企业成长机会（LRVTB）的原始指标。

RKRV 拆解市账率的理论依据是不完全资本市场的观点，即市场价格并不总能正确地反映公司的真实价值，因此市账率中包含定价偏误和成长机会两部分。随后 RKRV 构建了预测公司内在价值的推导模型，进一步将定价偏误区分为公司自身特有的偏误以及行业共有的偏误因素。最终，RKRV 将市账率分为三个部分：由长期历史乘数决定的公司真实价值（即成长机会）、基于长期平均定价的行业范围错误定价（即时间偏误）和公司特有的定价偏误（即企业偏误）。

具体而言，RKRV 假定由于市场的信息不对称，公司的市场价值不等于公司的内在价值。因此公司的市账率包含两个因子：市场价值/内在价值（M/V）以及内在价值/账面价值（V/B），经过对数化处理后可以用等式（1）表示：

$$m - b = (m - v) + (v - b) \quad (1)$$

在等式（1）中，m 代表市场价值，b 表示账面价值，v 则是内在价值，它们都经过了对数化处理（如无特殊说明，大写字母表示标准的价值，而小写字母表示价值的对数形式）。假如市场可以完全预测企业的成长机会、折现率和现金流量，那么就不存在错误定价的影响，$m - v$ 应该为 0，而 $v - b$ 则总是等于 $\ln(M/B)$。然而现实市场并不能准确估计企业未来现金流量的现值，同时也不能掌握经营者所拥有的内部信息，因此 $m - v$ 就偏离 0，而 $m - b$ 就会存在估值偏差。

在加入内在价值 v 将市账率拆分为两部分以后，由于内在价值 v

对企业会计信息 θ_{it} 和会计乘数具有线性函数关系，因此可以通过会计乘数 α_{jt} 和长期会计乘数 α_j 将市账率进一步拆分为企业偏误（FSE）、时间偏误（TSSE）和成长机会（LRVTB）三个部分，如等式（2）所示。

$$m_{it} - b_{it} = \underbrace{m_{it} - v(\theta_{it}; a_{jt})}_{FSE} + \underbrace{v(\theta_{it}; a_{jt}) - v(\theta_{it}; a_j)}_{TSSE} + \underbrace{v(\theta_{it}; a_j) - b_{it}}_{LRVTB} \quad (2)$$

在等式（2）中，FSE 代表企业市场价值与行业 j 在 t 时期的内在价值差异，即企业特有的定价偏误（用于衡量企业相对于同行业其他企业的偏差程度）；TSSE 表示行业在 t 时期的内在价值与长期价值的差异，即时间序列上的偏差（用于衡量整个行业的定价错误）；LRTVB 则是企业所处行业的长期价值与企业自身账面价值的差异，也即成长机会。

RKRV 使用了三种模型对 $v(\theta_{it}; \alpha_{jt})$ 和 $v(\theta_{it}; \alpha_j)$ 进行估计，不同模型的区别表现为会计变量的选取不同。而一般研究多采用 RKRV 的第三种模型，因为第三种模型能够将更多的企业会计信息纳入模型的计算中。该模型中包含的信息主要有账面价值的对数值（b）、会计收益净额的对数值 [NI，当 NI 取值为负时，则使用其绝对值 $(NI)^+$，同时构建一个虚拟变量 $I(<0)$ 来衡量是否进行了绝对值处理] 以及企业的负债比率（LEV）等因子，具体模型如等式（3）所示。

$$m_{it} = \alpha_{0jt} + \alpha_{1jt} b_{it} + \alpha_{2jt} \ln(NI)_{it}^+ + \alpha_{3jt} I_{(<0)} \ln(NI)_{it}^+ + \alpha_{4jt} LEV_{it} + \varepsilon_{it} \quad (3)$$

在对会计乘数进行计算后，等式（3）的估计值就是对 $v(\theta_{it}; \alpha_{jt})$ 的估计值。而本书也将使用这一模型对 $v(\theta_{it}; \alpha_{jt})$ 和 $v(\theta_{it}; \alpha_j)$ 的取值进行估计，从而用于计算出企业的成长机会（LRVTB），以此为基础，将企业的当期成长机会减去前一期成机会，并将相减后的成长机会变动值比前一期新增专利数量，将比值作为企业创新

第六章　董事会资本对企业创新绩效影响的实证分析

价值绩效的度量指标。

2. 解释变量

（1）董事会人力资本（HC）

受教育程度（EDU）。根据周建等（2012）、陈悦等（2015）的研究，本书以董事会成员最高学历水平的平均数测度董事会受教育程度，按照如下原则对董事会成员的最高学历水平赋值，博士研究生为5，硕士研究生为4，本科为3，大专为2，中专及以下为1。

任职期限（TEN）。根据李维安等（2014）的研究，本书以董事会成员在企业担任董事职务的时间（以月份为单位）的平均数测度董事会任职期限，为了消除量纲的影响，对其进行自然对数变换。

职业背景（PROIN）。根据Hambrick和Mason（1984）、周建等（2012）的研究，本书以董事会成员中具有市场营销、产品研发与设计等"输出型职能"职业背景的董事占董事会总人数的比重测度董事会职业背景。

（2）董事会关系资本（RC）

企业关系（DIRIL）。根据周建等（2012）、Chen（2014）的研究，本书以董事会成员中连锁董事占董事会总人数的比重测度董事会企业关系。其中，连锁董事是指董事同时在本企业和其他企业担任董事职务，从而在两个企业之间建立起直接的联系。

政府关系（FGO）。根据周建等（2012）、Jermias和Gani（2014）的研究，本书以董事会成员中有政治背景的成员占董事会总人数的比重测度董事会政府关系。董事会成员现任或曾任政府官员、人大代表以及政协委员等视为有政治背景，其中政府官员限定为厅局级及以上，人大代表和政协委员限定为省级及以上。

金融关系（FIN）。根据Jermias和Gani（2014）、陈悦等

(2015) 的研究，本书以董事会中有金融机构从业经验的成员占董事会总人数的比重测度董事会金融关系。董事会成员现在或曾在银行、保险公司、证券公司、基金管理公司以及投资管理公司等金融机构任职视为有金融机构从业经验。

3. 调节变量

（1）产品市场竞争（*PMC*）。根据 Nickell（1996）、李青原等（2007）、韩忠雪和周婷婷（2011）的研究方法，以代表公司在行业内垄断势力的垄断租金来测度公司所处的产品市场竞争程度；垄断租金越高表明公司在行业内的垄断地位越高，产品市场竞争越低，是一个负向指标。为了便于理解和对实证结果进行解释，本书对其取相反数将其变为正向指标。产品市场竞争的计算公式为：产品市场竞争（*PMC*）= −[税前利润 + 当年折旧额 + 财务费用 −（权益资本 + 短期债务 + 长期债务）× 加权平均资本成本] ÷ 销售额。

其中，加权平均资本成本 = 权益资本成本率 × 权益资本/资本总额 + 短期债务成本率 × 短期债务/资本总额 + 长期债务成本率 × 长期债务/资本总额；短期债务成本率为 1 年期银行贷款利率；长期债务成本率为 3～5 年中长期贷款利率；采用资本资产定价模型（CAPM）估计权益资本成本率，权益资本成本率 = 无风险收益率 + β × 市场组合风险溢价[①]。

（2）股权治理（*SHARE*）。根据 La Porta 等（1999）、王卓和宁向东（2017）的研究，本书以企业实际控制人拥有上市公司所有权比例测度企业股权治理状况。实际控制人拥有的上市公司所有权比例为实际控制人控制链条上各个层级股东持股比例的

---

① 李青原等（2007）的研究以 1 年期银行定期存款利率代表无风险收益率，将市场组合风险溢价设定为 4%。

乘积。

4. 控制变量

（1）产权性质（STATE）。根据 Lin 等（2010）、肖兴志等（2013）的研究，本书设置产权性质虚拟变量，依据企业实际控制人性质对其赋值，若企业实际控制人为国有，赋值为 1，否则赋值为 0。

（2）现金约束（CASH）。根据 Opler 等（1999）、何玉润等（2015）的研究，现金约束为经营现金流与总资产的比值。

（3）董事会独立性（INDP）。根据 Chen 和 Hsu（2009）、赵旭峰和温军（2011）的研究，董事会独立性为企业董事会中独立董事人数占董事会总人数的比重。

（4）财务杠杆（LEV）。根据 Ogawa（2007）、赵洪江（2009）的研究，财务杠杆为企业期末负债平均余额与总资产平均余额的比值。

（5）企业规模（SIZE）。根据 Zenger 和 Lazzarini（2004）、温军等（2011）的研究，企业规模为企业期末总资产（单位：十亿元）的自然对数。

（6）机构持股（INST）。根据 Wahal 和 Mc conell（1998）、范海峰和胡玉明（2012）的研究，机构持股为机构投资者持股与企业总股数的比值。

（7）政府补贴（GRANT）。根据 Folster（1995）、杨洋等（2015）的研究，政府补贴为企业获得的政府补贴金额（单位：百万元）的自然对数。

此外，本书设置行业和年度虚拟变量作为控制变量。本章样本区间为 2008~2016 年，以此为基础设置 8 个年度虚拟变量，以中国证监会《上市公司行业分类指引（2012 年修订）》为标准，对于制造业采用二级代码进行分类，其他行业按一级代码分类，共分为 22

个行业子类,设置 21 个行业虚拟变量。变量的操作性定义及说明如表 6-2 所示。

三 模型构建

在对已有文献（Kor and Leblebici, 2005; Wincent et al., 2010; Dalziel et al., 2011; Chen, 2014; 袁建国等, 2015）进行分析梳理的基础上,本书将创新绩效作为被解释变量,董事会资本作为解释变量,并根据已有的研究结论设置了相关控制变量,从而构建如下 OLS 回归方程,以检验董事会资本对企业创新绩效的影响。

$$PATENT_{i,t} = \alpha_0 + \alpha_1 EDU_{i,t-1} + \alpha_2 TEN_{i,t-1} + \alpha_3 PROIN_{i,t-1} + \alpha_4 STATE_{i,t-1} \\ + \alpha_5 CASH_{i,t-1} + \alpha_6 INDP_{i,t-1} + \alpha_7 LEV_{i,t-1} + \alpha_8 SIZE_{i,t-1} + \alpha_9 INST_{i,t-1} \\ + \alpha_{10} GRANT_{i,t-1} + \sum YEAR + \sum INDUSTRY + \varepsilon_{i,t} \quad (模型 6.1)$$

在模型 6.1 中, $PATENT$ 为创新技术绩效, EDU、TEN 和 $PROIN$ 分别为董事会人力资本的受教育程度、任职期限和职业背景维度, α_0 为截距项, $\alpha_1 \sim \alpha_{10}$ 为解释变量和控制变量的估计系数, ε 为随机误差项。

$$PATENT_{i,t} = \beta_0 + \beta_1 DIRIL_{i,t-1} + \beta_2 FGO_{i,t-1} + \beta_3 FIN_{i,t-1} + \beta_4 STATE_{i,t-1} \\ + \beta_5 CASH_{i,t-1} + \beta_6 INDP_{i,t-1} + \beta_7 LEV_{i,t-1} + \beta_8 SIZE_{i,t-1} + \beta_9 INST_{i,t-1} \\ + \beta_{10} GRANT_{i,t-1} + \sum YEAR + \sum INDUSTRY + \varepsilon_{i,t} \quad (模型 6.2)$$

在模型 6.2 中, $PATENT$ 为创新技术绩效, $DIRIL$、FGO 和 FIN 分别为董事会关系资本的企业关系、政府关系和金融关系维度, β_0 为截距项, $\beta_1 \sim \beta_{10}$ 为解释变量和控制变量的估计系数, ε 为随机误差项。

第六章 董事会资本对企业创新绩效影响的实证分析

表6-2 变量定义及说明

变量名称		代码	变量说明
被解释变量	创新绩效 创新技术绩效	PATENT	创新技术绩效 = 企业当年专利申请数量/滞后1年的创新投入
	创新价值绩效	LRVTB1	LRVTB1 =（成长性$_{t+1}$ - 成长性$_t$）/专利授权数$_t$
		LRVTB2	LRVTB2 =（成长性$_{t+2}$ - 成长性$_t$）/专利授权数$_t$
		LRVTB3	LRVTB3 =（成长性$_{t+3}$ - 成长性$_t$）/专利授权数$_t$
解释变量	董事会人力资本 受教育程度	EDU	董事会成员最高学历水平的平均值，董事会成员学历按博士研究生、硕士研究生、本科、大专和中专以下分别赋值5、4、3、2和1
	任职期限	TEN	董事会成员在企业担任董事职务的时间（以月份为单位）的平均数的自然对数
	职业背景	PROIN	董事会成员中具有市场营销、产品研发与设计等"输出型职能"职业背景的董事所占比重
	董事会关系资本 企业关系	DIRIL	董事会成员中连锁董事占董事会总人数的比重
	政府关系	FGO	董事会成员中有政治背景的成员占董事会总人数的比重
	金融关系	FIN	董事会成员中有金融机构从业经验的成员占董事会总人数的比重
调节变量	产品市场竞争	PMC	产品市场竞争（PMC）= -［税前利润 + 当年折旧额 + 财务费用 -（权益资本 + 短期债务 + 长期债务）× 加权平均资本成本］÷销售额
	股权治理	SHARE	企业实际控制人拥有上市公司所有权比例
控制变量	产权性质	STATE	若企业实际控制人为国有，赋值为1，否则赋值为0
	现金约束	CASH	经营现金流与总资产的比值
	董事会独立性	INDP	独立董事人数占董事会总人数的比重
	财务杠杆	LEV	期末负债平均余额与总资产平均余额的比值
	企业规模	SIZE	期末总资产（单位：十亿元）的自然对数
	机构持股	INST	机构投资者持股与企业总股数的比值
	政府补贴	GRANT	政府补贴金额（单位：百万元）的自然对数
	年度	YEAR	根据本章样本区间2008~2016年，设置8个年度虚拟变量
	行业	INDUSTRY	以《上市公司行业分类指引（2012年修订）》为标准，制造业采用二级代码分类，其他行业按一级代码分类，共分为22个行业子类，设置21个行业虚拟变量

为检验产品市场竞争、股权治理对董事会资本与创新技术绩效关系的影响，分别将产品市场竞争、股权治理及其与董事会人力资本、董事会关系资本的交互项引入模型6.1和模型6.2中，构建模型6.3和模型6.4。

$$\begin{aligned}PATENT = & \lambda_0 + \lambda_1 EDU + \lambda_2 TEN + \lambda_3 PROIN + \lambda_4 EDU \times MODERATE \\ & + \lambda_5 TEN \times MODERATE + \lambda_6 PROIN \times MODERATE + \lambda_7 MODERATE \\ & + \lambda_8 STATE + \lambda_9 CASH + \lambda_{10} INDP + \lambda_{11} LEV + \lambda_{12} SIZE \\ & + \lambda_{13} INST + \lambda_{14} GRANT + \sum YEAR + \sum INDUSTRY + \varepsilon \end{aligned} \quad (模型6.3)$$

在模型6.3中，$MODERATE$依据检验的调节变量不同，分别表示产品市场竞争和股权治理，$EDU \times MODERATE$、$TEN \times MODERATE$以及$PROIN \times MODERATE$分别为董事会人力资本的受教育程度、任职期限和职业背景与产品市场竞争、股权治理的交互项，λ_0为截距项，$\lambda_1 \sim \lambda_{14}$分别为各变量的估计系数，$\varepsilon$为随机误差项。

$$\begin{aligned}PATENT = & \eta_0 + \eta_1 DIRIL + \eta_2 FGO + \eta_3 FIN + \eta_4 DIRIL \times MODERATE \\ & + \eta_5 FGO \times MODERATE + \eta_6 FIN \times MODERATE + \eta_7 MODERATE \\ & + \eta_8 STATE + \eta_9 CASH + \eta_{10} INDP + \eta_{11} LEV + \eta_{12} SIZE \\ & + \eta_{13} INST + \eta_{14} GRANT + \sum YEAR + \sum INDUSTRY + \varepsilon \end{aligned} \quad (模型6.4)$$

在模型6.4中，$MODERATE$依据检验的调节变量不同，分别表示产品市场竞争和股权治理，$DIRIL \times MODERATE$、$FGO \times MODERATE$以及$FIN \times MODERATE$分别为董事会关系资本的企业关系、政府关系和金融关系与产品市场竞争、股权治理的交互项，η_0为截距项，$\eta_1 \sim \eta_{14}$分别为各变量的估计系数，ε为随机误差项。

$$\begin{aligned}LRVTB1/LRVTB2/LRVTB3_{i,t} = & \varphi_0 + \varphi_1 EDU_{i,t} + \varphi_2 TEN_{i,t} + \varphi_3 PROIN_{i,t} \\ & + \varphi_4 STATE_{i,t} + \varphi_5 CASH_{i,t} + \varphi_6 INDP_{i,t} + \varphi_7 LEV_{i,t} \\ & + \varphi_8 INST_{i,t} + \varepsilon_{i,t} \end{aligned} \quad (模型6.5)$$

第六章 董事会资本对企业创新绩效影响的实证分析

在模型 6.5 中，$LRVTB1$、$LRVTB2$ 和 $LRVTB3$ 为创新价值绩效，EDU、TEN 和 $PROIN$ 分别为董事会人力资本的受教育程度、任职期限和职业背景维度，φ_0 为截距项，$\varphi_1 \sim \varphi_8$ 为解释变量和控制变量的估计系数，ε 为随机误差项。

$$LRVTB1/LRVTB2/LRVTB3_{i,t} = \rho_0 + \rho_1 DIRIL_{i,t} + \rho_2 FGO_{i,t} + \rho_3 FIN_{i,t} \\ + \rho_4 STATE_{i,t} + \rho_5 CASH_{i,t} + \rho_6 INDP_{i,t} + \rho_7 LEV_{i,t} \\ + \rho_8 INST_{i,t} + \varepsilon_{i,t}$$

（模型 6.6）

在模型 6.6 中，$LRVTB1$、$LRVTB2$ 和 $LRVTB3$ 为创新价值绩效，$DIRIL$、FGO 和 FIN 分别为董事会关系资本的企业关系、政府关系和金融关系维度，ρ_0 为截距项，$\rho_1 \sim \rho_8$ 为解释变量和控制变量的估计系数，ε 为随机误差项。

为检验产品市场竞争、股权治理对董事会资本与创新价值绩效关系的影响，分别将产品市场竞争、股权治理及其与董事会人力资本、董事会关系资本的交互项引入模型 6.5 和模型 6.6 中，构建模型 6.7 和模型 6.8。

$$LRVTB3 = \theta_0 + \theta_1 EDU + \theta_2 TEN + \theta_3 PROIN + \theta_4 EDU \times MODERATE \\ + \theta_5 TEN \times MODERATE + \theta_6 PROIN \times MODERATE + \theta_7 MODERATE \\ + \theta_8 STATE + \theta_9 CASH + \theta_{10} INDP + \theta_{11} LEV + \theta_{12} INST + \varepsilon$$

（模型 6.7）

在模型 6.7 中，$MODERATE$ 依据检验的调节变量不同，分别表示产品市场竞争和股权治理，$EDU \times MODERATE$、$TEN \times MODERATE$ 以及 $PROIN \times MODERATE$ 分别为董事会人力资本的受教育程度、任职期限和职业背景与产品市场竞争、股权治理的交互项，θ_0 为截距项，$\theta_1 \sim \theta_{12}$ 分别为各变量的估计系数，ε 为随机误差项。

$$LRVTB3 = \omega_0 + \omega_1 DIRIL + \omega_2 FGO + \omega_3 FIN + \omega_4 DIRIL \times MODERATE \\ + \omega_5 FGO \times MODERATE + \omega_6 FIN \times MODERATE + \omega_7 MODERATE$$

$$+ \omega_8 STATE + \omega_9 CASH + \omega_{10} INDP + \omega_{11} LEV + \omega_{12} INST + \varepsilon$$

（模型 6.8）

在模型 6.8 中，$MODERATE$ 依据检验的调节变量不同，分别表示产品市场竞争和股权治理，$DIRIL \times MODERATE$、$FGO \times MODERATE$ 以及 $FIN \times MODERATE$ 分别为董事会关系资本的企业关系、政府关系和金融关系与产品市场竞争、股权治理的交互项，ω_0 为截距项，$\omega_1 \sim \omega_{12}$ 分别为各变量的估计系数，ε 为随机误差项。

此外，在调节效应的检验中，为了避免多重共线性的影响，本书对所有检验调节效应的模型（即模型 6.3、模型 6.4、模型 6.7 和模型 6.8）中解释变量和调节变量进行中心化处理之后构建交互项（Aiken and West，1991）。

四 统计方法与工具

为检验董事会人力资本、董事会关系资本对企业创新绩效的影响，以及产品市场竞争、股权治理在其中的调节作用，本书采用描述性统计分析、相关分析、方差膨胀因子分析以及 OLS 回归分析等多种实证研究方法予以分析。

首先，本书对样本中创新技术绩效、创新价值绩效、董事会人力资本、董事会关系资本、产品市场竞争、股权治理以及控制变量进行了全样本描述性统计分析，通过各变量的均值、标准差、最小值、最大值以及四分位数等指标对变量的分布情况有整体了解。

其次，本书综合运用 Pearson 相关分析和 Spearman 相关分析两种方法对主要变量的相关性进行检验，以初步判断董事会人力资本、董事会关系资本与企业创新绩效之间是否存在相关关系，以及各解释变量和控制变量之间是否存在多重共线性问题。

再次，为了避免多重共线性问题，本书运用方差膨胀因子分析方法对全部回归模型进行了方差膨胀因子检验,用以判别回归模型是否存在多重共线性问题。根据 Kleinbaum 等 (1988) 的研究,判定多重共线性的临界点为 10,即方差膨胀因子小于 10 可以认定为不存在严重多重共线性问题。

最后,运用 OLS 回归分析方法依次检验董事会人力资本、董事会关系资本对企业创新技术绩效和价值绩效的影响,以及产品市场竞争、股权治理对上述关系的调节作用。

本书研究中使用 Excel 软件进行数据的手工搜集与整理工作,使用 STATA 13.0 软件进行数据整理与统计分析工作。

第三节 董事会资本与企业创新绩效的实证结果分析

本部分基于前述分析提出的研究假设和构建的研究框架进行实证分析。首先,对全部研究变量进行描述性统计分析以获取数据分布特征;其次,通过变量之间的相关分析和方差膨胀因子分析检验变量之间的相关关系以及多重共线性问题;再次,对董事会资本与企业创新绩效的关系进行实证回归并分析实证结果,同时进一步探究产品市场竞争、股权治理对两者关系的调节作用;最后,对回归结果进行稳健性检验。

一 描述性统计分析

创新技术绩效和创新价值绩效的描述性统计分析如表 6-3 所示。创新价值绩效 (*LRVTB*) 等变量在全样本中存在缺失值,虽然本章研究的初始样本量为 8521,但一些回归中使用的样本低于这一数字,最低的为对 3 年期创新价值绩效 (*LRVTB*3) 的回归,样本量仅为 3513。

在表 6-3 中，创新技术绩效（PATENT）的均值为 9.290，表明样本公司平均每一单位的创新资金投入可以产出 9.290 件专利产出，但标准差为 11.72，意味着不同公司之间的创新技术绩效差异很大。根据最小值 0 和最大值 44.02 的极端差异也可以看出，高效率的创新企业和低效率的创新企业之间存在巨大差距。中位数为 4.640，不足平均数的一半，第三四分位数为 11.98，仅略大于平均数，由此可以看出企业创新活动存在赢家通吃的现象，大部分创新活动是由少数优质公司完成的。

对企业创新的 1 年期价值绩效（LRVTB1）、2 年期价值绩效（LRVTB2）和 3 年期价值绩效（LRVTB3）的描述性统计分析可以发现，其均值分别为 -0.0100、-0.0200 和 -0.0200，表明平均来看样本公司创新后出现了轻微的价值损伤。而标准差 0.0400、0.0400 和 0.0500 分别是均值的 4 倍、2 倍和 2.5 倍，说明类似于创新技术绩效，不同公司之间创新价值绩效的差异较大。1 年期价值绩效（LRVTB1）、2 年期价值绩效（LRVTB2）和 3 年期价值绩效（LRVTB3）的最小值分别为 -0.200、-0.230 和 -0.300 的变化倾向以及最大值分别为 0.140、0.110 和 0.130 的演变趋势，表明企业创新的价值绩效存在劣势逐渐扩大而优势难以持久的现象，这也是创新企业的市场竞争比较激烈的具体表现。第一四分位数分别为 -0.0100、-0.0200 和 -0.0300，中位数分别为 0、0 和 -0.0100，第三四分位数全部为 0，三者之间差距不大，且与均值较为接近，表明超过半数企业的创新产出对企业价值的影响并不明显，价值增长和价值损失是由少数企业引起的。

总体而言，企业创新的技术绩效和价值绩效都表现出处于中等区间的企业差异不大，而处于两端的企业之间差距明显的特点，这可能是创新投资的门限效应导致的。在创新投入水平达到门限之前，企业的创新绩效较为平庸，而只有达到门限以后，创新绩效才能实现质的飞跃。因此企业在创新投资决策时需要秉持审慎的态度，进行合理科学的创新投资规划。

表6-3 变量描述性统计分析

变量	样本量	均值	标准差	最小值	最大值	四分位数 25%	四分位数 50%	四分位数 75%
PATENT	8521	9.290	11.72	0	44.02	1.390	4.640	11.98
LRVTB1	6123	-0.0100	0.0400	-0.200	0.140	-0.0100	0	0
LRVTB2	4781	-0.0200	0.0400	-0.230	0.110	-0.0200	0	0
LRVTB3	3513	-0.0200	0.0500	-0.300	0.130	-0.0300	-0.0100	0
EDU	8521	3.580	0.530	2	5	3.250	3.630	4
TEN	8521	3.620	0.590	1.270	4.490	3.390	3.750	4.010
PROIN	8521	0.340	0.200	0	0.780	0.220	0.330	0.440
DIRIL	8521	0.220	0.170	0	0.670	0.110	0.200	0.330
FGO	8521	0.100	0.120	0	0.500	0	0.0900	0.170
FIN	8521	0.100	0.120	0	0.500	0	0.100	0.140
PMC	5926	-0.0600	0.0600	-0.250	0.040	-0.0900	-0.0500	-0.0200
SHARE	8521	0.380	0.150	0.100	0.640	0.270	0.370	0.490
STATE	8521	0.280	0.450	0	1	0	0	1
CASH	8521	0.200	0.160	0.0100	0.720	0.0800	0.140	0.260
INDP	8521	0.420	0.0900	0.330	0.710	0.330	0.400	0.440
LEV	8521	0.380	0.200	0.0400	0.850	0.220	0.360	0.520
SIZE	8521	1.470	0.930	0.350	4.940	0.800	1.220	1.830
INST	8521	0.0500	0.0400	0	0.190	0.0100	0.0300	0.0700
GRANT	8521	2.590	1.290	0.110	6.370	1.690	2.460	3.340

二 相关性检验

表6-4展示了研究变量之间的相关系数矩阵。矩阵的左下三角部分为Pearson检验结果，右上三角部分为Spearman检验结果。

对相关系数矩阵的分析可以发现，创新技术绩效（PATENT）与董事会人力资本的三个维度受教育程度（EDU）、任职期限（TEN）和职业背景（PROIN）以及董事会关系资本的三个维度企业关系（DIRIL）、政府关系（FGO）和金融关系（FIN）大多具有较为显著的相关关系，但是相关性的方向并不一致。从 Pearson 检验结果来看，受教育程度、任职期限与创新技术绩效的相关性为负，职业背景与创新技术绩效的相关性为正，但没有达到显著性水平。企业关系与创新技术绩效的相关性为负但不显著，政府关系、金融关系与创新技术绩效的相关性为正。这表明董事会人力资本和董事会关系资本对企业创新技术绩效的影响存在差异。

而企业创新的 1 年期价值绩效（LRVTB1）、2 年期价值绩效（LRVTB2）和 3 年期价值绩效（LRVTB3）与董事会人力资本的三个维度受教育程度（EDU）、任职期限（TEN）和职业背景（PROIN）以及董事会关系资本的三个维度企业关系（DIRIL）、政府关系（FGO）和金融关系（FIN）也大多具有较为显著的相关关系。虽然董事会人力资本、董事会关系资本与企业创新价值绩效（LRVTB）的相关性全部为正相关，但相关系数的显著性普遍弱于企业创新的技术绩效。这表明在创新成果市场化的过程中，由于面临其他不确定性因素的影响，董事会资本的作用受到削弱。

总体上看，董事会资本与企业创新绩效的各指标之间大多存在较为显著的相关关系，但相关系数的方向存在差异。在相关系数矩阵中，其他变量之间的相关系数均较小，说明变量之间不存在严重多重共线性问题。此外，为了进一步检验多重共线性问题，本书对全部回归模型进行了方差膨胀因子检验，结果显示各模型中变量的方差膨胀因子均值及最大值均小于 2，远低于判定多重共线性的临界值 10（Kleinbaum et al.，1988），说明自变量之间不存在严重多重共线性问题。

第六章 董事会资本对企业创新绩效影响的实证分析

表6-4 变量相关系数矩阵

变量	PATENT	LRVTB1	LRVTB2	LRVTB3	EDU	TEN	PROIN	DIRIL	FGO	FIN
PATENT	1	0.230***	0.294***	0.331***	0.023	-0.056**	0.018	-0.030	-0.012	0.120***
LRVTB1	0.125***	1	0.555***	0.485***	0.0414*	0.002	0.065**	0.038	0.042**	0.042*
LRVTB2	0.207***	0.600***	1	0.647***	0.105***	0.037	0.063**	0.057**	0.040**	0.059**
LRVTB3	0.274***	0.506***	0.716***	1	0.110***	0.023	0.042*	0.061***	0.047***	0.076***
EDU	-0.030***	0.036***	0.070***	0.065***	1	-0.023	0.172***	0.153***	0.016	0.198***
TEN	-0.090***	0.025*	0.027*	0.0190	-0.038***	1	-0.015	0.044*	0.023	-0.053**
PROIN	0.010	0.026*	0.045**	0.041**	0.137***	0.0170	1	-0.017	-0.036	-0.041**
DIRIL	-0.011	0.001	0.030**	0.049**	0.141***	0.024**	-0.017	1	0.090***	0.195***
FGO	0.048***	0.032**	0.019	0.021	0.007	-0.002	-0.045**	0.052***	1	0.086***
FIN	0.053***	0.001	0.036**	0.063***	0.151***	-0.089***	-0.073***	0.161***	0.100***	1
PMC	-0.010	0.039**	0.075***	0.086***	0.036***	0.036***	0.001	-0.019	-0.045**	-0.016
SHARE	0.050***	0.009	0.017	0.007	-0.014	-0.068***	0.027*	-0.028**	0.038**	-0.017
STATE	-0.049***	0.038***	0.064***	0.058***	0.218***	-0.028**	-0.122***	-0.00200	0.00100	0.00600
CASH	0.062***	0.029**	0.018	0.019	0.013	-0.127***	0.153***	-0.046***	0.047***	0.049***
INDP	0.006	0.005	-0.004	0.019	0.054***	-0.034**	-0.005	0.150***	-0.015	0.003
LEV	-0.010	-0.0100	-0.002	0.005	0.084***	0.051***	-0.180***	0.025*	0.000	0.038**
SIZE	-0.079***	0.092***	0.140***	0.150***	0.175***	0.155***	-0.133***	0.088***	0.038**	0.062***
INST	-0.017	-0.003	-0.017	-0.029	0.089***	0.007	0.005	0.028**	-0.013	0.042***

— 193 —

续表

变量	PATENT	LRVTB1	LRVTB2	LRVTB3	EDU	TEN	PROIN	DIRIL	FGO	FIN
GRANT	-0.019*	0.088***	0.151***	0.168***	0.201***	0.135***	-0.043***	0.108***	0.042***	0.024**

变量	PMC	SHARE	STATE	CASH	INDP	LEV	SIZE	INST	GRANT	FGO
PATENT	0.052**	-0.007	-0.012	0.057**	-0.017	0.010	-0.099***	-0.043*	-0.028	
LRVTB1	0.198***	-0.008	0.013	0.032	0.036	0.019	0.081***	-0.004	0.077***	
LRVTB2	0.202***	0.027	0.101***	0.004	0.034	0.027	0.149***	-0.014	0.153***	
LRVTB3	0.188***	0.013	0.124***	-0.015	0.046**	0.057**	0.221***	-0.041*	0.188***	
EDU	0.027	-0.019	0.244***	-0.005	0.027	0.078***	0.124***	0.166***	0.205***	
TEN	0.093***	-0.057**	-0.003	-0.094***	-0.015	0.083***	0.264***	-0.035	0.170***	
PROIN	-0.004	0.024	-0.102***	0.200***	0.006	-0.186***	-0.132***	0.009	-0.091***	
DIRIL	-0.044**	0.020	0.001	0.019	0.099***	-0.036	0.096***	0.054***	0.154***	
FGO	-0.017	0.006	0.029	-0.017	0.071***	0.043*	0.116***	0.028	0.124***	
FIN	-0.004	-0.033	0.040*	0.037	0.078***	0.029	0.037	0.076***	0.060***	
PMC	1	-0.056	0.109***	-0.159***	0.089***	0.284***	0.018	-0.329***	0.056**	
SHARE	-0.102***	1	0.051**	0.055**	0.032	-0.015	0.106***	-0.088***	-0.012	
STATE	0.119***	0.056***	1	-0.161***	-0.103***	0.313***	0.329***	0.085***	0.201***	
CASH	-0.138***	0.050***	-0.164***	1	0.013	-0.592***	-0.292***	0.053**	-0.176***	
INDP	0.054***	0.057***	-0.097***	-0.011	1	-0.017	-0.010	-0.031	0.028	
LEV	0.287***	-0.019*	0.358***	-0.548***	-0.031***	1	0.526***	-0.005	0.292***	

第六章 董事会资本对企业创新绩效影响的实证分析

续表

变量	PMC	SHARE	STATE	CASH	INDP	LEV	SIZE	INST	GRANT
SIZE	-0.017	0.069***	0.413***	-0.340***	-0.012	0.581***	1	0.153***	0.556***
INST	-0.185***	-0.082***	0.0100	-0.005	0.004	0.024**	0.066***	1	0.156***
GRANT	-0.014	-0.016	0.255***	-0.203***	0.007	0.336***	0.623***	0.104***	1

注：***、**和*分别表示1%、5%和10%的显著性水平。

三　回归分析

本部分将根据提出的研究假设，实证分析董事会人力资本与董事会关系资本对企业创新技术绩效与企业创新价值绩效的影响，并检验产品市场竞争、股权治理对董事会资本与企业创新绩效之间关系的调节作用。

1. 董事会人力资本对企业创新技术绩效影响的回归分析

表6-5列示了董事会人力资本对企业创新技术绩效的回归结果（模型6.1），几个分回归的拟合优度在9.7%到21.2%之间，表明模型拟合效果较好。首列是由控制变量组成的基准回归结果。列（1）为受教育程度（EDU）对企业创新技术绩效的回归，回归系数为0.219，尽管没有达到显著性水平，但回归系数的方向为正，在一定程度上说明受教育程度较高的董事会对企业创新技术绩效有促进作用。列（2）为任职期限（TEN）对企业创新技术绩效的回归，回归系数为-1.270，与本书假设预期相反，表明董事会成员的任职期限越长，虽然对于企业的了解更为深入，更敢于做出风险较高的创新投入的决定，但是创新专利成果的产出过程是一项技术性较高的工作，还需要有创新性的思维，董事长时间任职会带来思维模式上一定程度的固化，从而对创新专利成果产出造成一定的不利影响，阻碍创新技术绩效的提升。列（3）为职业背景（PROIN）对企业创新技术绩效的回归，回归系数为0.181，表明"输出型职能"职业背景在一定程度上有助于改善企业创新的技术绩效。列（4）为董事会人力资本各维度对企业创新技术绩效共同作用的回归结果，与前面各列相比各指标的回归系数变化不大，本书的假设1即董事会人力资本与企业创新技术绩效正相关没能得到验证。这应该是在企业的创新投入转化为专利技术等直接成果的过程中，董事会作用的发挥更多体现在决策层面，而能否取得预期的专利技术成果还依赖于企

第六章 董事会资本对企业创新绩效影响的实证分析

业的研发团队。此外，企业专利产出包含发明专利、实用新型专利和外观设计专利三种类型，不同类型专利所反映的技术含量不同，董事会人力资本对三种类型专利产出的作用亦可能存在差异。

为了进一步研究企业创新技术绩效的不同组成部分与董事会人力资本的关系，本书根据企业专利的不同类型将其分为发明专利、实用新型专利和外观设计专利三部分，分别检验董事会人力资本对这三个部分的影响。回归结果显示，受教育程度（*EDU*）对发明专利的回归系数显著为正，对实用新型专利的回归系数为负但不显著，对外观设计专利的回归系数显著为负；结合其对企业创新技术绩效的整体回归系数不显著的回归结果，可以推断董事会受教育程度虽然很难直接促进创新专利产出的增加，却能改善企业创新技术绩效的结构，使企业的创新项目由对科技含量相对较低的外观设计专利的投入更多地转向对经济价值更高的发明专利的投入。任职期限（*TEN*）对发明专利、实用新型专利和外观设计专利的回归系数都显著为负，表明董事会的任职期限越长，则企业创新技术绩效越差，这应该是由于董事任期的延长，形成惯性决策思维，对外界环境变化敏感性降低，不利于企业专利技术成果的产出。而职业背景（*PROIN*）对发明专利的回归系数为正但不显著，对实用新型专利的回归系数为负但不显著，对外观设计专利的回归系数显著为负；结合其对企业创新技术绩效的整体回归系数不显著的回归结果，可以推断董事会职业背景和受教育程度类似，并不能直接促进创新专利产出的增加，而通过改善产出结构来实现对企业创新技术绩效的优化。因此，为了提高企业创新技术绩效，改善创新成果的质量，企业应该首先专注于聘用受教育程度高的董事，并适当以具有"输出型职能"职业经历的董事作为补充，同时保持董事会成员更新换代的适当速度，降低董事任职期限过长而对创新产出造成的不利影响。

表6-5 董事会人力资本对企业创新技术绩效影响的回归结果

变量	模型6.1 基准	(1)	(2)	(3)	(4)	发明专利	实用新型专利	外观设计专利
EDU	0.219 (0.78)			0.133 (0.47)	0.285** (2.27)	-0.201 (-1.09)	-0.431*** (-4.37)	
TEN			-1.270*** (-4.24)		-1.260*** (-4.20)	-0.724*** (-5.36)	-1.051*** (-5.33)	-0.236** (-2.27)
PROIN				0.181 (0.26)	0.128 (0.18)	0.475 (1.55)	-0.193 (-0.43)	-0.892*** (-3.78)
STATE	-0.872*** (-2.83)	-0.915*** (-2.92)	-0.975*** (-3.15)	-0.869*** (-2.82)	-0.999*** (-3.18)	0.121 (0.87)	-0.860*** (-4.19)	-0.227** (-2.12)
CASH	5.696*** (5.28)	5.646*** (5.22)	5.498*** (5.09)	5.674*** (5.24)	5.453*** (5.03)	1.418*** (2.90)	2.449*** (3.41)	1.564*** (4.27)
INDP	2.467 (1.57)	2.379 (1.51)	1.712 (1.08)	2.480 (1.58)	1.673 (1.06)	0.900 (1.29)	-0.166 (-0.16)	0.784 (1.51)
LEV	4.385*** (4.71)	4.387*** (4.71)	4.192*** (4.50)	4.401*** (4.72)	4.205*** (4.51)	1.610*** (3.80)	3.840*** (6.20)	0.569* (1.74)
SIZE	-1.448*** (-5.97)	-1.449*** (-5.97)	-1.372*** (-5.64)	-1.445*** (-5.95)	-1.370*** (-5.63)	-0.791*** (-7.30)	-1.023*** (-6.53)	-0.441*** (-5.40)
INST	0.839 (0.28)	0.694 (0.23)	1.174 (0.39)	0.834 (0.27)	1.079 (0.35)	1.169 (0.87)	1.216 (0.61)	-5.002*** (-4.85)
GRANT	0.547*** (4.02)	0.534*** (3.90)	0.561*** (4.12)	0.546*** (4.01)	0.552*** (4.03)	0.268*** (4.28)	-0.155* (-1.71)	-0.174*** (-3.59)
Constant	11.06*** (5.98)	10.40*** (5.12)	15.15*** (7.27)	11.02*** (5.94)	14.70*** (6.47)	9.193*** (8.50)	17.06*** (10.38)	8.049*** (9.69)
YEAR	控制	控制	控制	控制	控制	控制	控制	控制
INDUSTRY	控制	控制	控制	控制	控制	控制	控制	控制
N	8521	8521	8521	8521	8521	6849	6214	2843
R^2	0.117	0.117	0.118	0.117	0.118	0.097	0.103	0.212
F	22.88	22.28	22.79	22.26	21.63	10.53	18.59	21.58

注：括号内为经过White（1963）异方差修正的T值，***、**和*分别表示1%、5%和10%的显著性水平。

2. 董事会人力资本对企业创新价值绩效影响的回归分析

表6-6列示了董事会人力资本对企业创新价值绩效的回归结果（模型6.5），其中列（1）、列（2）和列（3）为受教育程度（EDU）对企业创新的1年期价值绩效（LRVTB1）、2年期价值绩效（LRVTB2）和3年期价值绩效（LRVTB3）的回归，回归系数分别为0.127、0.310和0.395，皆显著为正且系数随时间逐渐增大。这表明董事会的受教育程度对企业创新价值绩效具有促进作用，且这种有利影响会随时间而发挥更大的效果。董事学识越深厚，创新的专利产出质量越高，专利市场化的效果也更好。

列（4）、列（5）和列（6）为任职期限（TEN）对企业创新的1年期价值绩效（LRVTB1）、2年期价值绩效（LRVTB2）和3年期价值绩效（LRVTB3）的回归，回归系数分别为0.126、0.220和0.226，也都显著为正且系数有随时间逐渐增大的趋势。这表明董事会的任期对企业创新价值绩效也具有促进作用，且这种作用会随时间延长而更加深化。董事的长期任职虽然会因思维僵化降低专利产出效率，但是专利成果市场化过程更多依赖企业决策层和管理层的生产经营规划、市场推广等，具有丰富任职经验的董事有助于减少市场化过程中的错误，提高专利市场化的成效，提高创新价值绩效。

列（7）、列（8）和列（9）为职业背景（PROIN）对企业创新的1年期价值绩效（LRVTB1）、2年期价值绩效（LRVTB2）和3年期价值绩效（LRVTB3）的回归，回归系数分别为0.192、0.746和0.909，系数随时间增大且后两个系数显著为正。这表明董事会职业背景也具有和受教育程度、任职期限相近的效果，对企业创新价值绩效具有随时间延长而逐渐加强的促进作用。具有"输出型职能"背景的董事不仅有助于改善企业专利的结构，也能在专利的市场化过程中利用相关专业的经验提供建设性帮助。

列（10）、列（11）和列（12）为受教育程度（*EDU*）、任职期限（*TEN*）和职业背景（*PROIN*）对企业创新的 1 年期价值绩效（*LRVTB*1）、2 年期价值绩效（*LRVTB*2）和 3 年期价值绩效（*LRVTB*3）共同作用的回归结果，与前面各列相比各指标的回归系数的显著性变化不大。本书假设 2 提出的董事会人力资本与企业创新价值绩效正相关的推断得到了证明。

3. 董事会关系资本对企业创新技术绩效影响的回归分析

表 6-7 列示了董事会关系资本对企业创新技术绩效的回归结果（模型 6.2）。首列是由控制变量组成的基准回归结果。列（1）为企业关系（*DIRIL*）对企业创新技术绩效的回归，回归系数为 0.297，但并未达到显著性水平。列（2）为政府关系（*FGO*）对企业创新技术绩效的回归，回归系数为 2.992，且在 1% 的水平上通过显著性检验，表明有政府关系的董事越多，则企业创新技术绩效越好。列（3）为金融关系（*FIN*）对企业创新技术绩效的回归，回归系数为 6.116，且在 1% 的水平上通过显著性检验，表明与金融机构关系密切的董事会能具有更好的企业创新技术绩效。列（4）为董事会关系资本各维度对企业创新技术绩效共同作用的回归结果，政府关系和金融关系对企业创新技术绩效依然具有显著的正向影响，而企业关系对创新技术绩效的影响并未达到显著性水平，可见尽管企业关系能够拓宽企业信息渠道，获取有关企业战略知识、决策过程等信息，但是并无法提供具体技术开发领域的信息，依然需要依靠企业不断探索以获得专利技术产出，因此企业关系对创新技术绩效的影响没有通过显著性检验。由此，部分验证了假设 3 即董事会关系资本与企业创新技术绩效正相关。

第六章　董事会资本对企业创新绩效影响的实证分析

表6-6　董事会人力资本对企业创新价值绩效影响的回归结果

模型6.5

变量	(1)	(2)	(3)	(4)	(5)	(6)	(7)	(8)	(9)	(10)	(11)	(12)
EDU	0.127**	0.310***	0.395***							0.120**	0.268***	0.345**
	(2.33)	(3.46)	(2.83)							(2.17)	(2.95)	(2.43)
TEN				0.126***	0.220***	0.226**				0.125***	0.210***	0.218**
				(2.71)	(2.97)	(2.10)				(2.67)	(2.84)	(2.02)
PROIN							0.192	0.746***	0.909***	0.120	0.597***	0.717**
							(1.46)	(3.43)	(2.67)	(0.90)	(2.70)	(2.07)
STATE	0.144**	0.305***	0.365**	0.181***	0.387***	0.464***	0.181***	0.406***	0.487***	0.158***	0.350***	0.414***
	(2.46)	(3.16)	(2.42)	(3.15)	(4.10)	(3.15)	(3.14)	(4.28)	(3.29)	(2.66)	(3.60)	(2.73)
INDP	0.273	0.340	1.222	0.337	0.438	1.317	0.332	0.453	1.360	0.285	0.342	1.231
	(0.84)	(0.63)	(1.43)	(1.04)	(0.81)	(1.54)	(1.03)	(0.84)	(1.59)	(0.88)	(0.64)	(1.44)
CASH	0.345*	0.321	0.586	0.444**	0.505	0.778	0.354*	0.286	0.521	0.401*	0.332	0.537
	(1.70)	(0.96)	(1.13)	(2.17)	(1.51)	(1.50)	(1.74)	(0.86)	(1.00)	(1.96)	(0.99)	(1.03)
LEV	-0.0796	-0.0241	0.408	-0.0622	1.07e-05	0.423	-0.0421	0.103	0.576	-0.0561	0.0635	0.512
	(-0.47)	(-0.09)	(0.91)	(-0.37)	(0.00)	(0.94)	(-0.25)	(0.36)	(1.27)	(-0.33)	(0.22)	(1.13)
INST	0.00215	-1.486	-2.345	0.153	-1.040	-1.688	0.162	-1.101	-1.758	0.0150	-1.378	-2.159
	(0.00)	(-1.55)	(-1.60)	(0.26)	(-1.09)	(-1.16)	(0.27)	(-1.15)	(-1.21)	(0.03)	(-1.43)	(-1.47)

— 201 —

续表

变量	(1)	(2)	(3)	(4)	(5)	(6)	(7)	(8)	(9)	(10)	(11)	(12)
						模型 6.5						
Constant	-1.309***	-2.717***	-4.318***	-1.382***	-2.536***	-3.857***	-0.976***	-1.988***	-3.362***	-1.802***	-3.561***	-5.179***
	(-5.43)	(-6.83)	(-6.88)	(-5.69)	(-6.53)	(-6.60)	(-5.60)	(-6.92)	(-7.39)	(-6.02)	(-7.39)	(-7.01)
N	6123	4781	3513	6123	4781	3513	6123	4781	3513	6123	4781	3513
R^2	0.003	0.007	0.007	0.003	0.006	0.006	0.003	0.006	0.007	0.005	0.010	0.009
F	3.228	5.211	4.039	3.547	4.682	3.432	2.676	5.178	3.893	3.458	5.956	4.145

注：括号内为经过 White (1963) 异方差修正的 T 值，***、**和 * 分别表示 1%、5% 和 10% 的显著性水平。

第六章 董事会资本对企业创新绩效影响的实证分析

表6-7 董事会关系资本对企业创新技术绩效影响的回归结果

变量	模型6.2 基准	(1)	(2)	(3)	(4)	发明专利	实用新型专利	外观设计专利
DIRIL		0.297			-0.558	-0.0443	-1.180**	-0.546**
		(0.38)			(-0.70)	(-0.13)	(-2.30)	(-2.01)
FGO			2.992***		2.753**	0.391	2.139***	0.565
			(2.62)		(2.41)	(0.77)	(2.89)	(1.46)
FIN				6.116***	6.112***	2.317***	3.377***	1.304***
				(5.18)	(5.10)	(4.32)	(4.35)	(3.24)
STATE	-0.872***	-0.870***	-0.833***	-0.813***	-0.780**	0.257*	-0.770***	-0.254**
	(-2.83)	(-2.82)	(-2.70)	(-2.64)	(-2.53)	(1.88)	(-3.85)	(-2.38)
CASH	5.696***	5.704***	5.762***	5.505***	5.552***	1.635***	2.511***	1.436***
	(5.28)	(5.28)	(5.34)	(5.10)	(5.15)	(3.36)	(3.51)	(3.91)
INDP	2.467	2.381	2.387	2.335	2.422	1.365*	0.688	0.904*
	(1.57)	(1.50)	(1.52)	(1.49)	(1.53)	(1.95)	(0.68)	(1.74)
LEV	4.385***	4.393***	4.500***	4.280***	4.370***	1.671***	3.995***	0.577*
	(4.71)	(4.72)	(4.83)	(4.61)	(4.70)	(3.94)	(6.45)	(1.75)
SIZE	-1.448***	-1.451***	-1.502***	-1.527***	-1.571***	-0.889***	-1.153***	-0.462***
	(-5.97)	(-5.98)	(-6.17)	(-6.29)	(-6.45)	(-8.19)	(-7.36)	(-5.62)
INST	0.839	0.820	0.949	0.236	0.373	0.882	0.680	-5.174***
	(0.28)	(0.27)	(0.31)	(0.08)	(0.12)	(0.66)	(0.34)	(-4.99)
GRANT	0.547***	0.544***	0.528***	0.554***	0.542***	0.283***	-0.173*	-0.211***
	(4.02)	(3.99)	(3.88)	(4.08)	(3.98)	(4.54)	(-1.92)	(-4.37)
Constant	11.06***	11.05***	10.50***	10.59***	10.09***	7.485***	12.32***	5.639***
	(5.98)	(5.97)	(5.64)	(5.73)	(5.43)	(8.11)	(8.68)	(7.87)
YEAR	控制	控制	控制	控制	控制	控制	控制	控制
INDUSTRY	控制	控制	控制	控制	控制	控制	控制	控制
N	8521	8521	8521	8521	8521	6849	6214	2843
R^2	0.117	0.117	0.118	0.120	0.121	0.093	0.103	0.204
F	22.88	22.26	22.46	23.06	22.04	10.000	18.60	20.61

注：括号内为经过White (1963)异方差修正的T值，***、**和*分别表示1%、5%和10%的显著性水平。

类似于对董事会人力资本的研究，本书将企业专利产出分为发明专利、实用新型专利和外观设计专利三部分，分别检验董事会关系资本对这三个部分的影响。回归结果显示，企业关系（$DIRIL$）对发明专利的回归系数为负但不显著，对实用新型专利和外观设计专利的回归系数显著为负。这表明企业与其他企业的关系越密切，可能会因为可获得信息过多造成的信息超载而降低创新技术绩效。政府关系（FGO）对发明专利、实用新型专利和外观设计专利的回归系数均为正，其中对实用新型专利的回归系数显著为正。这可能是企业与政府关系越密切，会受到政府决策以稳定为先风格的影响，其创新投资也更侧重实用新型专利这类风险中等而价值也中等的稳健型创新。金融关系（FIN）对发明专利、实用新型专利和外观设计专利的回归系数都显著为正，表明与金融机构的密切关系可以为企业带来更多的金融资源以保障技术创新过程中的后续投入，从而提高各类专利产出的成功率。可见，董事会关系资本中的政府关系和金融关系有助于企业提升创新技术绩效。

4. 董事会关系资本对企业创新价值绩效影响的回归分析

表6-8列示了董事会关系资本对企业创新价值绩效的回归结果（模型6.6）。其中列（1）、列（2）和列（3）为企业关系（$DIRIL$）对企业创新的1年期价值绩效（$LRVTB1$）、2年期价值绩效（$LRVTB2$）和3年期价值绩效（$LRVTB3$）的回归，回归系数分别为0.0564、0.469和0.824，符号皆为正且系数与显著性随时间逐渐增加。这表明董事会与其他企业的关系对企业创新价值绩效具有促进作用，且这种有利影响会随时间延长而发挥更大的效果。董事会中连锁董事比重越多，则技术产出市场化的效果越好。

列（4）、列（5）和列（6）为政府关系（FGO）对企业创新的1年期价值绩效（$LRVTB1$）、2年期价值绩效（$LRVTB2$）和3年期价值绩效（$LRVTB3$）的回归，回归系数分别为0.436、0.502和0.746，

第六章 董事会资本对企业创新绩效影响的实证分析

表6-8 董事会关系资本对企业创新价值绩效影响的回归结果

模型6.6

变量	(1)	(2)	(3)	(4)	(5)	(6)	(7)	(8)	(9)	(10)	(11)	(12)
DIRIL	0.0564	0.469*	0.824**							0.0418	0.366	0.578
	(0.36)	(1.81)	(2.02)							(0.26)	(1.38)	(1.39)
FGO				0.436**	0.502	0.746				0.442**	0.416	0.573
				(2.15)	(1.52)	(1.46)				(2.16)	(1.25)	(1.11)
FIN							-0.101	0.676*	1.650***	-0.156	0.547	1.447**
							(-0.43)	(1.77)	(2.78)	(-0.66)	(1.40)	(2.39)
STATE	0.173***	0.370***	0.442***	0.170***	0.372***	0.443***	0.173***	0.376***	0.453***	0.169**	0.368***	0.439***
	(3.02)	(3.92)	(3.00)	(2.96)	(3.93)	(3.00)	(3.02)	(3.98)	(3.08)	(2.95)	(3.89)	(2.97)
INDP	0.313	0.314	1.104	0.314	0.403	1.256	0.331	0.426	1.251	0.304	0.283	1.032
	(0.96)	(0.58)	(1.28)	(0.97)	(0.75)	(1.47)	(1.02)	(0.79)	(1.46)	(0.93)	(0.52)	(1.20)
CASH	0.378*	0.423	0.718	0.359*	0.399	0.700	0.382*	0.377	0.619	0.370*	0.390	0.643
	(1.86)	(1.27)	(1.39)	(1.77)	(1.20)	(1.36)	(1.88)	(1.13)	(1.20)	(1.82)	(1.17)	(1.24)
LEV	-0.0684	0.00190	0.448	-0.0860	-0.0241	0.407	-0.0630	-0.0327	0.368	-0.0775	-0.0434	0.365
	(-0.41)	(0.01)	(1.00)	(-0.51)	(-0.09)	(0.90)	(-0.37)	(-0.12)	(0.82)	(-0.46)	(-0.15)	(0.81)
INST	0.148	-1.154	-1.884	0.129	-1.133	-1.851	0.166	-1.191	-2.011	0.143	-1.244	-2.103
	(0.25)	(-1.21)	(-1.29)	(0.22)	(-1.19)	(-1.27)	(0.28)	(-1.24)	(-1.38)	(0.24)	(-1.30)	(-1.44)

— 205 —

续表

模型6.6

变量	(1)	(2)	(3)	(4)	(5)	(6)	(7)	(8)	(9)	(10)	(11)	(12)
Constant	-0.910*** (-5.42)	-1.768*** (-6.35)	-3.119*** (-7.07)	-0.940*** (-5.60)	-1.764*** (-6.34)	-3.107*** (-7.03)	-0.899*** (-5.36)	-1.767*** (-6.35)	-3.138*** (-7.11)	-0.935*** (-5.55)	-1.820*** (-6.51)	-3.218*** (-7.26)
N	6123	4781	3513	6123	4781	3513	6123	4781	3513	6123	4781	3513
R²	0.002	0.005	0.006	0.003	0.004	0.005	0.002	0.005	0.007	0.003	0.005	0.008
F	2.343	3.755	3.381	3.093	3.592	3.052	2.353	3.728	3.990	2.376	3.282	3.439

注：括号内为经过White（1963）异方差修正的T值，***、**和*分别表示1%、5%和10%的显著性水平。

第六章 董事会资本对企业创新绩效影响的实证分析

符号为正且系数有随时间逐渐增大的趋势。这表明董事会与政府的关系对企业创新价值绩效也具有促进作用，且这种作用会随时间延长而更加深化。董事在政府部门的任职经历不仅会促进企业的稳健型专利产出，还可以凭借政府的支持和补贴提高创新成果的市场化绩效，因此对创新绩效而言具有重要作用。

列（7）、列（8）和列（9）为金融关系（FIN）对企业创新的1年期价值绩效（$LRVTB1$）、2年期价值绩效（$LRVTB2$）和3年期价值绩效（$LRVTB3$）的回归，回归系数分别为 -0.101、0.676 和 1.650，其中第一个负系数不显著而后两个正系数都显著，总体来看系数有随时间增大的倾向。这表明了董事会与金融机构的联系也具有和企业关系、政府关系相近的效果，对企业创新价值绩效具有随时间延长而逐渐加强的促进作用。现在或曾在金融机构任职的董事不仅能为企业在研发投入阶段提供融资便利，也能在专利的市场化过程中提供融资支持。

列（10）、列（11）和列（12）为企业关系（$DIRIL$）、政府关系（FGO）和金融关系（FIN）对企业创新的1年期价值绩效（$LRVTB1$）、2年期价值绩效（$LRVTB2$）和3年期价值绩效（$LRVTB3$）共同作用的回归结果，与前面各列相比各指标的回归系数的符号变化不大，受多种因素共同作用的影响，企业关系对创新价值绩效作用的显著性程度有所降低。从分别回归的结果来看，基本验证了本书假设4提出的董事会关系资本与企业创新价值绩效正相关的推断。

5. 产品市场竞争对董事会人力资本与企业创新技术绩效关系调节作用的回归分析

表6-9列示了产品市场竞争对董事会人力资本与创新技术绩效关系的回归结果（模型6.3）。列（1）为受教育程度（EDU）对企

业创新技术绩效的基础回归,回归系数为 0.494;列(2)为加入产品市场竞争(PMC)调节项的回归,调节项($EDU \times PMC$)的系数为 -5.464。尽管没有达到显著性水平,但从方向上看,调节项系数与原始系数符号相反,表明产品市场竞争对受教育程度与企业创新技术绩效的正向关系有一定的削弱作用。列(3)为任职期限(TEN)对企业创新技术绩效的基础回归,回归系数为 -0.933;列(4)为加入产品市场竞争调节项的回归,调节项($TEN \times PMC$)的系数为 -8.394。调节项系数与原始系数符号相同,表明随着产品市场竞争程度的增强,董事会任职期限对创新技术绩效的负向影响扩大。列(5)为职业背景($PROIN$)对企业创新技术绩效的基础回归,回归系数为 0.470;列(6)为加入产品市场竞争调节项的回归,调节项($PROIN \times PMC$)的系数为 -27.96,且显著。调节项系数与原始系数符号相反,表明产品市场竞争对职业背景与企业创新技术绩效的正向关系具有削弱型调节作用。列(7)为董事会人力资本各维度对企业创新技术绩效共同作用的回归结果,列(8)则为产品市场竞争的调节作用,与前面各列相比各指标的回归系数变化不大。调节项的系数符号全部为负,但仅产品市场竞争与董事会职业背景的交互项系数显著。由此,部分验证了假设5,产品市场竞争对董事会人力资本的职业背景与企业创新技术绩效的关系具有削弱型调节作用。

6. 产品市场竞争对董事会人力资本与企业创新价值绩效关系调节作用的回归分析

表6-10列示了产品市场竞争对董事会人力资本与创新价值绩效关系的回归结果(模型6.7)。列(1)为受教育程度(EDU)对企业创新的3年期价值绩效($LRVTB3$)的基础回归,回归系数为 0.343;列(2)为加入产品市场竞争(PMC)调节项的回归,调节

第六章 董事会资本对企业创新绩效影响的实证分析

项（$EDU \times PMC$）的系数为 -7.477，且显著。调节项系数与原始系数符号相反，表明产品市场竞争对受教育程度与企业创新价值绩效的正相关关系具有削弱型调节作用。列（3）为任职期限（TEN）对企业创新的 3 年期价值绩效的基础回归，回归系数为 0.266；列（4）为加入产品市场竞争（PMC）调节项的回归，调节项（$TEN \times PMC$）的系数为 -0.712，没有达到显著性水平，但从方向上看与原始系数符号相反，表明产品市场竞争对任职期限与企业创新价值绩效的正向关系有一定削弱作用。列（5）为职业背景对企业创新的 3 年期价值绩效的基础回归，回归系数为 1.272；列（6）为加入产品市场竞争调节项的回归，调节项（$PROIN \times PMC$）的系数为 6.222，没有达到显著性水平，从方向上看与原始系数符号相同，与假设预期不符，这应该是由于"输出型职能"职业背景占比较多的董事会，其董事的营销与研发经验较为丰富，在面临激烈的产品市场竞争时，能够帮助企业制定更为合理的营销战略，从而有助于企业创新技术成果转化为价值成果。列（7）为董事会人力资本各维度对企业创新的 3 年期价值绩效共同作用的回归结果，列（8）则为产品市场竞争的调节作用，与前面各列相比各指标的回归系数变化不大。由此，部分验证了假设 6，产品市场竞争对董事会人力资本的受教育程度和任职期限与企业创新价值绩效的关系具有削弱型调节作用。

表 6 - 9　产品市场竞争对董事会人力资本与创新技术绩效关系
调节作用的回归结果

变量	模型 6.3							
	（1）	（2）	（3）	（4）	（5）	（6）	（7）	（8）
EDU	0.494	0.455					0.475	0.501
	(1.57)	(1.43)					(1.49)	(1.55)
$EDU \times PMC$		-5.464						-4.589
		(-0.92)						(-0.76)

续表

变量	模型6.3							
	(1)	(2)	(3)	(4)	(5)	(6)	(7)	(8)
TEN			-0.933***	-0.387			-0.898***	-0.336
			(-2.75)	(-1.10)			(-2.64)	(-0.95)
TEN × PMC				-8.394				-8.365
				(-1.58)				(-1.57)
PROIN					0.470	0.875	0.671	1.077
					(0.59)	(1.08)	(0.83)	(1.31)
PROIN × PMC						-27.96*		-25.00*
						(-1.83)		(-1.69)
PMC		-1.758		28.70		-1.652		28.81
		(-0.54)		(1.46)		(-0.51)		(1.46)
STATE	-0.681**	-0.441	-0.658**	-0.397	-0.586*	-0.356	-0.755**	-0.489
	(-2.05)	(-1.32)	(-2.01)	(-1.21)	(-1.79)	(-1.09)	(-2.26)	(-1.46)
CASH	6.015***	3.697**	5.946***	3.739**	6.163***	3.891**	5.936***	3.852**
	(4.39)	(2.51)	(4.34)	(2.54)	(4.49)	(2.64)	(4.32)	(2.61)
INDP	1.761	1.414	1.438	1.395	1.941	1.439	1.215	1.045
	(0.95)	(0.75)	(0.77)	(0.74)	(1.05)	(0.77)	(0.65)	(0.55)
LEV	5.100***	5.705***	4.967***	5.709***	5.062***	5.602***	4.924***	5.589***
	(4.88)	(5.07)	(4.75)	(5.07)	(4.83)	(4.97)	(4.70)	(4.96)
SIZE	-1.311***	-1.323***	-1.259***	-1.314***	-1.306***	-1.304***	-1.272***	-1.312***
	(-4.93)	(-4.78)	(-4.72)	(-4.75)	(-4.90)	(-4.71)	(-4.77)	(-4.74)
INST	2.488	3.998	3.048	4.260	2.694	4.293	2.806	4.208
	(0.71)	(1.11)	(0.87)	(1.18)	(0.76)	(1.19)	(0.80)	(1.16)
GRANT	0.554***	0.593***	0.592***	0.619***	0.583***	0.616***	0.568***	0.591***
	(3.64)	(3.87)	(3.91)	(4.06)	(3.85)	(4.05)	(3.73)	(3.86)
Constant	11.15***	11.67***	15.61***	16.23***	12.72***	13.18***	14.19***	14.80***
	(4.95)	(4.94)	(6.76)	(5.93)	(6.21)	(6.10)	(5.61)	(5.06)
YEAR	控制	控制	控制	控制	控制	控制	控制	控制
INDUSTRY	控制	控制	控制	控制	控制	控制	控制	控制
N	5926	5926	5926	5926	5926	5926	5926	5926

第六章 董事会资本对企业创新绩效影响的实证分析

续表

变量	模型6.3							
	(1)	(2)	(3)	(4)	(5)	(6)	(7)	(8)
R^2	0.074	0.074	0.074	0.074	0.073	0.075	0.075	0.076
F	14.04	12.43	14.19	12.45	13.98	12.48	13.51	11.45

注：括号内为经过White（1963）异方差修正的T值，***、**和*分别表示1%、5%和10%的显著性水平。

7. 产品市场竞争对董事会关系资本与企业创新技术绩效关系调节作用的回归分析

表6-11列示了产品市场竞争对董事会关系资本与创新技术绩效关系的回归结果（模型6.4）。列（1）为企业关系（DIRIL）对企业创新技术绩效的基础回归，回归系数为-0.458；列（2）为加入产品市场竞争（PMC）调节项的回归，调节项（DIRIL×PMC）的系数为-12.76，不显著。列（3）为政府关系（FGO）对企业创新技术绩效的基础回归，回归系数为2.953；列（4）为加入产品市场竞争调节项的回归，调节项（FGO×PMC）的系数为69.58，且显著。调节项系数与原始系数符号相同，表明产品市场竞争对政府关系与企业创新技术绩效的正相关关系具有增强型调节作用，与假设预期相反。这应该是由于在激烈的产品市场竞争中，政府关系这种其他企业不易模仿的外部组织关系，为企业带来的政策性资源在市场竞争程度加剧的时候更能体现其作用，能为企业专利技术成果的产出提供有力保障，从而提升企业创新技术绩效。列（5）为金融关系（FIN）对企业创新技术绩效的基础回归，回归系数为7.676；列（6）为加入产品市场竞争调节项的回归，调节项（FIN×PMC）的系数为-11.03。调节项系数与原始系数符号相反，但不显著。列（7）为董事会关系资本各维度对企业创新技术绩效共同作用的回归结果，列（8）则为产品市场竞争的调节作用，与前面各列相比各指

标的回归系数变化不大。因此，本书假设7没能得到验证。

表6-10 产品市场竞争对董事会人力资本与创新价值绩效关系调节作用的回归结果

变量	模型6.7							
	(1)	(2)	(3)	(4)	(5)	(6)	(7)	(8)
EDU	0.343** (2.29)	0.255* (1.69)					0.266* (1.75)	0.190 (1.24)
$EDU \times PMC$		-7.477*** (-2.62)						-7.849*** (-2.72)
TEN			0.266** (2.30)	0.213* (1.80)			0.255** (2.21)	0.198* (1.68)
$TEN \times PMC$				-0.712 (-0.32)				-0.997 (-0.45)
$PROIN$					1.272*** (3.36)	1.180*** (3.10)	1.106*** (2.87)	1.021*** (2.64)
$PROIN \times PMC$						6.222 (0.87)		9.502 (1.31)
PMC		7.605*** (5.06)		9.938 (1.25)		7.544*** (4.95)		10.94 (1.37)
$STATE$	0.290* (1.87)	0.279* (1.80)	0.375** (2.47)	0.350** (2.31)	0.404*** (2.66)	0.380** (2.51)	0.349** (2.24)	0.332** (2.14)
$INDP$	2.016** (2.10)	1.559 (1.62)	2.099** (2.18)	1.639* (1.70)	2.122** (2.21)	1.706* (1.77)	2.001** (2.08)	1.620* (1.69)
$CASH$	0.626 (1.02)	0.491 (0.80)	0.810 (1.32)	0.632 (1.03)	0.506 (0.82)	0.371 (0.60)	0.560 (0.91)	0.436 (0.71)
LEV	0.426 (0.88)	-0.224 (-0.45)	0.451 (0.94)	-0.169 (-0.34)	0.608 (1.26)	-0.00676 (-0.01)	0.535 (1.11)	-0.0703 (-0.14)
$INST$	-1.104 (-0.69)	2.035 (1.19)	-0.504 (-0.32)	2.392 (1.41)	-0.510 (-0.32)	2.333 (1.38)	-0.799 (-0.50)	2.088 (1.22)
Constant	-4.431*** (-6.51)	-3.295*** (-4.66)	-4.287*** (-6.73)	-3.130*** (-3.59)	-3.735*** (-7.42)	-2.905*** (-5.47)	-5.422*** (-6.81)	-3.949*** (-3.94)
N	2845	2845	2845	2845	2845	2845	2845	2845

续表

变量	模型6.7							
	（1）	（2）	（3）	（4）	（5）	（6）	（7）	（8）
R^2	0.006	0.017	0.006	0.015	0.008	0.017	0.011	0.022
F	3.003	6.306	3.014	5.330	4.019	6.104	3.984	5.216

注：括号内为经过White（1963）异方差修正的T值，***、**和*分别表示1%、5%和10%的显著性水平。

表6－11 产品市场竞争对董事会关系资本与创新技术绩效关系调节作用的回归结果

变量	模型6.4							
	（1）	（2）	（3）	（4）	（5）	（6）	（7）	（8）
DIRIL	-0.458 (-0.51)	-0.470 (-0.52)					-0.514 (-0.56)	-0.352 (-0.38)
DIRIL×PMC		-12.76 (-0.74)						-11.14 (-0.64)
FGO			2.953** (2.24)	3.812*** (2.85)			2.530* (1.92)	3.395** (2.53)
FGO×PMC				69.58*** (2.93)				73.96*** (3.07)
FIN					7.676*** (5.64)	6.578*** (4.75)	7.646*** (5.53)	6.442*** (4.58)
FIN×PMC						-11.03 (-0.42)		-21.09 (-0.78)
PMC		-1.701 (-0.52)		-1.324 (-0.41)		-1.942 (-0.60)		-1.337 (-0.41)
STATE	-0.579* (-1.77)	-0.355 (-1.08)	-0.546* (-1.67)	-0.294 (-0.90)	-0.512 (-1.57)	-0.306 (-0.93)	-0.486 (-1.49)	-0.259 (-0.79)
CASH	6.117*** (4.47)	3.728** (2.54)	6.181*** (4.51)	3.808** (2.59)	5.902*** (4.32)	3.599** (2.45)	5.955*** (4.36)	3.649** (2.49)
INDP	1.836 (0.98)	1.516 (0.80)	1.854 (1.00)	1.419 (0.76)	1.515 (0.82)	1.169 (0.63)	1.567 (0.84)	1.140 (0.60)

续表

变量	模型6.4							
	(1)	(2)	(3)	(4)	(5)	(6)	(7)	(8)
LEV	5.121***	5.721***	5.197***	5.803***	5.017***	5.702***	5.077***	5.754***
	(4.89)	(5.08)	(4.97)	(5.15)	(4.81)	(5.07)	(4.86)	(5.11)
$SIZE$	-1.307***	-1.312***	-1.361***	-1.403***	-1.399***	-1.414***	-1.444***	-1.482***
	(-4.91)	(-4.74)	(-5.09)	(-5.05)	(-5.26)	(-5.11)	(-5.40)	(-5.33)
$INST$	2.657	4.084	2.747	4.414	2.146	3.658	2.238	3.959
	(0.75)	(1.13)	(0.78)	(1.22)	(0.61)	(1.01)	(0.64)	(1.10)
$GRANT$	0.576***	0.608***	0.562***	0.593***	0.583***	0.619***	0.572***	0.597***
	(3.79)	(3.98)	(3.70)	(3.90)	(3.86)	(4.08)	(3.77)	(3.91)
Constant	12.62***	12.96***	12.13***	12.43***	12.18***	12.61***	11.76***	12.13***
	(6.18)	(6.01)	(5.91)	(5.73)	(5.97)	(5.85)	(5.74)	(5.60)
YEAR	控制	控制	控制	控制	控制	控制	控制	控制
INDUSTRY	控制	控制	控制	控制	控制	控制	控制	控制
N	5926	5926	5926	5926	5926	5926	5926	5926
R^2	0.073	0.074	0.074	0.076	0.078	0.077	0.078	0.080
F	13.97	12.37	14.12	12.80	14.92	12.99	14.24	12.15

注：括号内为经过White (1963) 异方差修正的T值，***、**和*分别表示1%、5%和10%的显著性水平。

8. 产品市场竞争对董事会关系资本与企业创新价值绩效关系调节作用的回归分析

表6-12列示了产品市场竞争对董事会关系资本与创新价值绩效关系的回归结果（模型6.8）。列（1）为企业关系（$DIRIL$）对企业创新的3年期价值绩效的基础回归，回归系数为0.754；列（2）为加入产品市场竞争（PMC）调节项的回归，调节项（$DIRIL \times PMC$）的系数为-20.66，且显著。调节项系数与原始系数符号相反，表明产品市场竞争对企业关系与企业创新价值绩效的正相关关系具有削弱型调节作用。列（3）为政府关系（FGO）对企业创新的3年期价值绩效的基础回归，回归系数为0.572；列（4）为加入产品市场竞

第六章 董事会资本对企业创新绩效影响的实证分析

争调节项的回归,调节项($FGO \times PMC$)的系数为 -4.725。尽管没有达到显著性水平,但从方向上看,调节项系数与原始系数符号相反,表明产品市场竞争对政府关系与企业创新价值绩效的正向关系有一定削弱作用。列(5)为金融关系对企业创新的 3 年期价值绩效的基础回归,回归系数为 1.633;列(6)为加入产品市场竞争调节项的回归,调节项($FIN \times PMC$)的系数为 -37.36,且显著。调节项系数与原始系数符号相反,表明产品市场竞争对金融关系与企业创新价值绩效的正相关关系具有削弱型调节作用。列(7)为董事会关系资本各维度对企业创新的 3 年期价值绩效共同作用的回归结果,列(8)则为产品市场竞争的调节作用,与前面各列相比各指标的回归系数变化不大。由此,部分验证了假设 8,即产品市场竞争对董事会关系资本与企业创新价值绩效的关系具有削弱型调节作用。

表 6-12 产品市场竞争对董事会关系资本与创新价值绩效关系
调节作用的回归结果

变量	模型 6.8							
	(1)	(2)	(3)	(4)	(5)	(6)	(7)	(8)
DIRIL	0.754 *	0.810 *					0.533	0.591
	(1.71)	(1.84)					(1.18)	(1.32)
DIRIL × PMC		-20.66 **						-15.41 *
		(-2.46)						(-1.78)
FGO			0.572	0.706			0.394	0.625
			(1.02)	(1.26)			(0.70)	(1.11)
FGO × PMC				-4.725				0.478
				(-0.44)				(0.04)
FIN					1.633 **	1.460 **	1.439 **	1.227 *
					(2.51)	(2.24)	(2.16)	(1.85)
FIN × PMC						-37.36 ***		-32.61 **
						(-3.05)		(-2.57)

续表

变量	模型 6.8							
	(1)	(2)	(3)	(4)	(5)	(6)	(7)	(8)
PMC		7.534***		7.960***		8.187***		8.098***
		(5.00)		(5.10)		(5.42)		(5.16)
STATE	0.358**	0.339**	0.359**	0.334**	0.365**	0.325**	0.355**	0.317**
	(2.36)	(2.24)	(2.36)	(2.21)	(2.40)	(2.15)	(2.33)	(2.09)
INDP	1.900*	1.414	2.041**	1.555	1.975**	1.510	1.766*	1.246
	(1.96)	(1.46)	(2.11)	(1.61)	(2.05)	(1.57)	(1.81)	(1.28)
CASH	0.712	0.557	0.708	0.541	0.624	0.444	0.632	0.461
	(1.16)	(0.91)	(1.15)	(0.88)	(1.02)	(0.73)	(1.03)	(0.75)
LEV	0.497	-0.140	0.451	-0.200	0.416	-0.212	0.425	-0.215
	(1.03)	(-0.28)	(0.93)	(-0.40)	(0.86)	(-0.43)	(0.88)	(-0.43)
INST	-0.771	2.154	-0.688	2.348	-0.817	2.295	-0.954	2.097
	(-0.48)	(1.27)	(-0.43)	(1.38)	(-0.51)	(1.35)	(-0.60)	(1.24)
Constant	-3.408***	-2.586***	-3.381***	-2.530***	-3.412***	-2.521***	-3.467***	-2.601***
	(-6.93)	(-5.01)	(-6.87)	(-4.90)	(-6.95)	(-4.89)	(-7.04)	(-5.04)
N	2845	2845	2845	2845	2845	2845	2845	2845
R^2	0.005	0.017	0.005	0.014	0.007	0.019	0.007	0.021
F	2.614	6.082	2.301	5.096	3.177	6.838	2.638	5.104

注：括号内为经过 White (1963) 异方差修正的 T 值，***、**和*分别表示1%、5%和10%的显著性水平。

9. 股权治理对董事会人力资本与企业创新技术绩效关系调节作用的回归分析

表6-13列示了股权治理对董事会人力资本与创新技术绩效关系的回归结果（模型6.3）。列（1）为受教育程度（EDU）对企业创新技术绩效的基础回归，回归系数为0.219；列（2）为加入股权治理（SHARE）调节项的回归，调节项（EDU×SHARE）的系数为-1.309，调节项系数与原始系数符号相反，但不显著。列（3）为任职期限（TEN）对企业创新技术绩效的基础回归，回归系数为-1.270；列

(4) 为加入股权治理调节项的回归，调节项（$TEN \times SHARE$）的系数为 -0.246，调节项系数与原始系数符号相同，但也不显著。列(5) 为职业背景（$PROIN$）对企业创新技术绩效的基础回归，回归系数为 0.181；列(6) 为加入股权治理调节项的回归，调节项（$PROIN \times SHARE$）的系数为 -6.027，且显著。列(7) 为董事会人力资本各维度对企业创新技术绩效共同作用的回归结果，列(8) 则为股权治理的调节作用，与前面各列相比各指标的回归系数变化不大，调节项系数全部为负。由此，本书提出的假设 9 没有得到验证，这应该是随着股权越发集中于实际控制人，实际控制人在企业经营管理方面的话语权越大，容易形成实际控制人"一言堂"的局面，不利于企业董事会运用其成员丰富的知识、技能和经验为企业创新活动提供咨询和建议，不利于创新思维和创新意识的形成，从而不利于企业创新技术绩效的提升。

为进一步检验股权治理的调节效应，本书根据产权性质将样本划分为国有企业和非国有企业两个子样本，进行分组回归分析。在国有企业子样本中，董事会受教育程度、任职期限和职业背景对创新技术绩效的回归系数分别为 1.038、-0.8 和 0.242，其中受教育程度的回归系数显著，而在非国有企业中，董事会受教育程度、任职期限和职业背景对创新技术绩效的回归系数分别为 0.133、-1.324 和 0.0855，其中任职期限回归系数显著。从系数方向上看与主样本回归一致，而从系数大小上看，国有企业董事会受教育程度对创新技术绩效的促进作用要大于非国有企业，而任职期限对创新技术绩效的不利影响亦低于非国有企业，说明整体而言国有企业董事会人力资本对创新技术绩效的促进作用更强。股权治理的调节效应方面，在国有企业子样本中，股权治理与受教育程度的交互项系数显著为正，说明国有实际控制人持股比重对董事会受教育程度与创新技术绩效的关系有促进作用，而在非国有企业中，股权治理的调节项系数全部为

表6-13 股权治理对董事会人力资本与创新技术绩效关系调节作用的回归结果

变量	模型6.3									国有企业		非国有企业	
	(1)	(2)	(3)	(4)	(5)	(6)	(7)	(8)				
EDU	0.219	0.319					0.133	0.267	1.038*	1.105**	0.133	0.373
	(0.78)	(1.13)					(0.47)	(0.93)	(1.90)	(2.03)	(0.40)	(1.10)
EDU×SHARE		-1.309						-0.960		13.08***		-1.943
		(-0.73)						(-0.53)		(3.56)		(-0.89)
TEN			-1.270***	-1.135***			-1.260***	-1.118***	-0.800	-0.584	-1.324***	-1.161***
			(-4.24)	(-3.73)			(-4.20)	(-3.66)	(-1.46)	(-1.06)	(-3.70)	(-3.17)
TEN×SHARE				-0.246				-0.217		0.274		-1.309
				(-0.15)				(-0.14)		(0.09)		(-0.69)
PROIN					0.181	-0.111	0.128	-0.212	0.242	0.753	0.0855	-0.516
					(0.26)	(-0.16)	(0.18)	(-0.30)	(0.18)	(0.56)	(0.11)	(-0.62)
PROIN×SHARE						-6.027*		-6.025*		-2.797		-12.58**
						(-1.72)		(-1.69)		(-0.34)		(-2.37)
SHARE		2.712***		3.395		2.749***		3.428		-8.317		9.511
		(3.17)		(0.58)		(3.21)		(0.59)		(-0.76)		(1.38)
STATE	-0.915***	-0.982***	-0.975***	-1.009***	-0.869***	-0.925***	-0.999***	-1.065***				
	(-2.92)	(-3.09)	(-3.15)	(-3.22)	(-2.82)	(-2.95)	(-3.18)	(-3.34)				

— 218 —

第六章　董事会资本对企业创新绩效影响的实证分析

续表

变量	模型 6.3 (1)	(2)	(3)	(4)	(5)	(6)	(7)	(8)	国有企业		非国有企业	
CASH	5.646*** (5.22)	6.039*** (5.47)	5.498*** (5.09)	5.923*** (5.37)	5.674*** (5.24)	6.088*** (5.51)	5.453*** (5.03)	5.864*** (5.30)	3.287 (1.33)	3.910 (1.57)	6.363*** (5.21)	6.748*** (5.40)
INDP	2.379 (1.51)	2.049 (1.28)	1.712 (1.08)	1.522 (0.95)	2.480 (1.58)	2.152 (1.35)	1.673 (1.06)	1.377 (0.85)	0.237 (0.07)	0.775 (0.24)	1.477 (0.81)	0.992 (0.53)
LEV	4.387*** (4.71)	4.871*** (5.14)	4.192*** (4.50)	4.677*** (4.93)	4.401*** (4.72)	4.877*** (5.14)	4.205*** (4.51)	4.686*** (4.93)	5.712*** (3.42)	6.047*** (3.59)	4.457*** (3.91)	5.061*** (4.35)
SIZE	−1.449*** (−5.97)	−1.605*** (−6.46)	−1.372*** (−5.64)	−1.537*** (−6.17)	−1.445*** (−5.95)	−1.617*** (−6.50)	−1.370*** (−5.63)	−1.539*** (−6.17)	−0.838** (−2.22)	−0.696* (−1.80)	−1.825*** (−5.54)	−2.004*** (−5.93)
INST	0.694 (0.23)	0.999 (0.32)	1.174 (0.39)	1.519 (0.49)	0.834 (0.27)	1.286 (0.42)	1.079 (0.35)	1.369 (0.44)	20.02*** (3.39)	17.78*** (3.01)	−4.374 (−1.23)	−3.708 (−1.02)
GRANT	0.534*** (3.90)	0.549*** (3.94)	0.561*** (4.12)	0.575*** (4.15)	0.546*** (4.01)	0.560*** (4.04)	0.552*** (4.03)	0.556*** (3.98)	0.463** (2.04)	0.388* (1.70)	0.621*** (3.62)	0.632*** (3.60)
Constant	10.40*** (5.12)	9.195*** (4.44)	15.15*** (7.27)	13.56*** (4.41)	11.02*** (5.94)	10.22*** (5.40)	14.70*** (6.47)	12.79*** (3.98)	4.821 (1.19)	6.493 (1.09)	17.82*** (6.24)	13.52*** (3.50)
YEAR	控制	控制	控制	控制	控制	控制	控制	控制	控制	控制	控制	控制
INDUSTRY	控制	控制	控制	控制	控制	控制	控制	控制	控制	控制	控制	控制

续表

变量	模型 6.3								国有企业		非国有企业	
	(1)	(2)	(3)	(4)	(5)	(6)	(7)	(8)				
N	8521	8521	8521	8521	8521	8521	8521	8521	2397	2397	6124	6124
R^2	0.089	0.089	0.090	0.091	0.089	0.089	0.090	0.091	0.082	0.089	0.110	0.115
F	22.28	20.74	22.79	21.08	22.26	20.74	21.63	19.19	5.874	5.738	20.33	18.56

注：括号内为经过 White（1963）异方差修正的 T 值，***、** 和 * 分别表示 1%、5% 和 10% 的显著性水平。

负，且对职业背景的调节项系数显著，说明非国有企业股权治理一定程度削弱了董事会人力资本的职业背景维度对创新技术绩效的促进作用。

10. 股权治理对董事会人力资本与企业创新价值绩效关系调节作用的回归分析

表 6-14 列示股权治理对董事会人力资本与创新价值绩效关系的回归结果（模型 6.7）。列（1）为受教育程度（EDU）对企业创新的 3 年期价值绩效的基础回归，回归系数为 0.395；列（2）为加入股权治理（$SHARE$）调节项的回归，调节项（$EDU \times SHARE$）的系数为 1.190。尽管没有达到显著性水平，但方向与原始系数符号相同，表明股权治理对受教育程度与企业创新价值绩效的正向关系有一定增强作用。列（3）为任职期限（TEN）对企业创新的 3 年期价值绩效的基础回归，回归系数为 0.226；列（4）为加入股权治理调节项的回归，调节项（$TEN \times SHARE$）的系数为 1.476，且显著。调节项系数与原始系数符号相同，表明股权治理对任职期限与企业创新价值绩效的正相关关系具有增强型调节作用。列（5）为职业背景（$PROIN$）对企业创新的 3 年期价值绩效的基础回归，回归系数为 0.909；列（6）为加入股权治理调节项的回归，调节项（$PROIN \times SHARE$）的系数为 2.329。尽管没有达到显著性水平，但方向与原始系数符号相同，表明股权治理对职业背景与企业创新价值绩效的正相关关系有一定增强作用。列（7）为董事会人力资本各维度对企业创新的 3 年期价值绩效共同作用的回归结果，列（8）则为股权治理的调节作用，与前面各列相比各指标的回归系数变化不大。由此，部分验证了假设 10，即股权治理对董事会人力资本与企业创新价值绩效的关系具有增强型调节作用。

表 6-14 股权治理对董事会人力资本与创新价值绩效关系调节作用的回归结果

变量	模型 6.7								国有企业	非国有企业
	(1)	(2)	(3)	(4)	(5)	(6)	(7)	(8)		
EDU	0.395*** (2.83)	0.346** (2.44)					0.345** (2.43)	0.300** (2.08)	0.666*** (2.63)	0.650** (2.55)	0.222 (1.29)	0.155 (0.88)
EDU × SHARE		1.190 (1.17)						1.172 (1.14)		2.379 (1.25)		0.971 (0.76)
TEN			0.226** (2.10)	0.211* (1.93)			0.218** (2.02)	0.201* (1.84)	0.480** (2.51)	0.415** (2.13)	0.114 (0.87)	0.108 (0.82)
TEN × SHARE				1.476* (1.82)				1.435* (1.77)		3.189** (2.21)		0.450 (0.46)
PROIN					0.909*** (2.67)	0.853** (2.46)	0.717** (2.07)	0.668* (1.89)	2.444*** (3.98)	2.484*** (3.97)	−0.0350 (−0.08)	−0.106 (−0.25)
PROIN × SHARE						2.329 (0.99)		2.027 (0.86)		−6.963 (−1.63)		5.093* (1.71)
SHARE		−0.342 (−0.71)		−5.568* (−1.92)		−0.351 (−0.73)		−5.360* (−1.85)		−12.96** (−2.50)		−1.723 (−0.49)
STATE	0.365** (2.42)	0.372** (2.44)	0.464*** (3.15)	0.466*** (3.12)	0.487*** (3.29)	0.496*** (3.32)	0.414*** (2.73)	0.417*** (2.72)				

第六章　董事会资本对企业创新绩效影响的实证分析

续表

变量	模型6.7 (1)	(2)	(3)	(4)	(5)	(6)	(7)	(8)	国有企业		非国有企业	
INDP	1.222	1.292	1.317	1.345	1.360	1.406	1.231	1.276	4.329***	4.299***	0.160	0.258
	(1.43)	(1.49)	(1.54)	(1.55)	(1.59)	(1.62)	(1.44)	(1.47)	(2.68)	(2.64)	(0.16)	(0.25)
CASH	0.586	0.568	0.778	0.777	0.521	0.522	0.537	0.549	−0.0995	0.180	0.599	0.552
	(1.13)	(1.08)	(1.50)	(1.47)	(1.00)	(0.98)	(1.03)	(1.03)	(−0.09)	(0.17)	(0.98)	(0.88)
LEV	0.408	0.377	0.423	0.421	0.576	0.554	0.512	0.487	0.739	0.963	0.154	0.0622
	(0.91)	(0.82)	(0.94)	(0.92)	(1.27)	(1.21)	(1.13)	(1.06)	(1.02)	(1.31)	(0.27)	(0.10)
INST	−2.345	−1.955	−1.688	−1.408	−1.758	−1.484	−2.159	−1.801	−2.733	−3.020	−1.809	−1.242
	(−1.60)	(−1.30)	(−1.16)	(−0.95)	(−1.21)	(−1.00)	(−1.47)	(−1.20)	(−1.05)	(−1.15)	(−1.02)	(−0.68)
Constant	−4.318***	−4.038***	−3.857***	−1.751	−3.362***	−3.235***	−5.179***	−2.971**	−8.482***	−3.504	−3.613***	−2.716*
	(−6.88)	(−6.12)	(−6.60)	(−1.40)	(−7.39)	(−6.63)	(−7.01)	(−2.22)	(−6.16)	(−1.42)	(−4.09)	(−1.69)
N	3513	3513	3513	3513	3513	3513	3513	3513	1129	1129	2384	2384
R^2	0.007	0.007	0.006	0.007	0.007	0.007	0.009	0.010	0.036	0.044	0.002	0.003
F	4.039	2.937	3.432	2.888	3.893	2.898	4.145	2.995	6.058	4.590	0.640	0.667

注：括号内为经过White（1963）异方差修正的T值，***、**和*分别表示1%、5%和10%的显著性水平。

为进一步检验股权治理的调节效应,本书根据产权性质将样本划分为国有企业和非国有企业两个子样本,进行分组回归分析。在国有企业子样本中,董事会受教育程度、任职期限和职业背景对创新价值绩效的回归系数分别为 0.666、0.480 和 2.444,且均显著,而在非国有企业中,董事会受教育程度、任职期限和职业背景对创新价值绩效的回归系数分别为 0.222、0.114 和 -0.035,且均不显著,从系数方向上看国有企业子样本与主样本回归一致,而非国有企业子样本中董事会职业背景对创新价值绩效有微弱负向影响。从系数大小上看,国有企业董事会受教育程度、任职期限和职业背景对创新价值绩效的促进作用均大于非国有企业,说明整体而言国有企业董事会人力资本对创新价值绩效的促进作用更强。股权治理的调节效应方面,在国有企业子样本中,股权治理与受教育程度、任职期限的交互项系数为正,与职业背景交互项系数为负,其中股权治理与任职期限交互项系数显著,说明国有实际控制人持股比重对任职期限与创新价值绩效的关系有促进作用。而在非国有企业子样本中,股权治理与董事会受教育程度、任职期限和职业背景的交互项系数均为正,且其与职业背景交互项系数显著,说明非国有企业股权治理削弱了董事会职业背景对创新价值绩效的负向影响。

11. 股权治理对董事会关系资本与企业创新技术绩效关系调节作用的回归分析

表 6-15 列示股权治理对董事会关系资本与创新技术绩效关系的回归结果(模型 6.4)。列(1)为企业关系(*DIRIL*)对企业创新技术绩效的基础回归,回归系数为 0.297;列(2)为加入股权治理(*SHARE*)调节项的回归,调节项(*DIRIL* × *SHARE*)的系数为 6.361。调节项系数与原始系数符号相同,但不显著。列(3)为政府关系(*FGO*)对企业创新技术绩效的基础回归,回归系数为

第六章 董事会资本对企业创新绩效影响的实证分析

2.992；列（4）为加入股权治理调节项的回归，调节项（$FGO \times SHARE$）的系数为-3.798，但没有达到显著性水平。列（5）为金融关系（FIN）对企业创新技术绩效的基础回归，回归系数为6.116；列（6）为加入股权治理调节项的回归，调节项的系数为23.40，且显著。调节项系数与原始系数符号相同，表明股权治理对金融关系与企业创新技术绩效的正相关关系具有增强型调节作用。列（7）为董事会关系资本各维度对企业创新技术绩效共同作用的回归结果，列（8）则为股权治理的调节作用，与前面各列相比各指标的回归系数变化不大。部分验证了的本书的假设11，即股权治理对董事会关系资本的金融关系维度与企业创新技术绩效的关系具有增强型调节作用。

为进一步检验股权治理的调节效应，根据产权性质将样本划分为国有企业和非国有企业两个子样本，进行分组回归分析。在国有企业子样本中，董事会企业关系、政府关系和金融关系对创新技术绩效的回归系数分别为-1.516、4.639和3.536，而在非国有企业中，董事会企业关系、政府关系和金融关系对创新技术绩效的回归系数分别为0.184、1.863和7.037，政府关系对国有企业创新技术绩效的促进作用要强于非国有企业，而金融关系对非国有企业创新技术绩效的促进作用强于国有企业。这应该是由于国有企业有更多的政府官员担任董事职务，从而给企业带来更多优质的政治资源，而非国有企业则需要自己与金融机构建立密切联系以获取更多的信贷支持。在股权治理的调节效应方面，国有企业股权治理对董事会关系资本的企业关系与创新技术绩效之间的负向关系有削弱作用，而在非国有企业中，股权治理增强了董事会关系资本的金融关系维度对创新技术绩效的正向影响。

表6-15 股权治理对董事会关系资本与创新技术绩效关系调节作用的回归结果

模型6.4

变量	(1)	(2)	(3)	(4)	(5)	(6)	(7)	(8)	国有企业		非国有企业	
DIRIL	0.297	0.639					-0.558	-0.309	-1.516	-1.605	0.184	0.300
	(0.38)	(0.80)					(-0.70)	(-0.38)	(-1.05)	(-1.10)	(0.19)	(0.31)
DIRIL × SHARE		6.361						4.022		33.49***		-7.078
		(1.20)						(0.75)		(3.59)		(-1.09)
FGO			2.992***	3.432***			2.753**	3.201***	4.639**	4.487**	1.863	2.412*
			(2.62)	(2.97)			(2.41)	(2.76)	(2.13)	(2.05)	(1.39)	(1.77)
FGO × SHARE				-3.798				-6.235		-16.18		0.382
				(-0.53)				(-0.87)		(-1.29)		(0.04)
FIN					6.116***	6.911***	6.112***	6.818***	3.536	3.780	7.037***	8.164***
					(5.18)	(5.77)	(5.10)	(5.60)	(1.48)	(1.58)	(5.08)	(5.78)
FIN × SHARE						23.40***		23.57***		-7.110		41.37***
						(2.98)		(2.95)		(-0.49)		(4.33)
SHARE		2.648***		2.659***		2.779***		2.749***		-4.208***		4.750***
		(3.10)		(3.12)		(3.26)		(3.23)		(-2.65)		(4.65)
STATE	-0.870***	-0.916***	-0.833***	-0.876***	-0.813***	-0.843***	-0.780**	-0.803**				
	(-2.82)	(-2.93)	(-2.70)	(-2.80)	(-2.64)	(-2.70)	(-2.53)	(-2.57)				
CASH	5.704***	6.108***	5.762***	6.177***	5.505***	5.982***	5.552***	6.034***	3.656	4.077	6.324***	6.818***
	(5.28)	(5.54)	(5.34)	(5.60)	(5.10)	(5.43)	(5.15)	(5.48)	(1.48)	(1.64)	(5.20)	(5.49)

第六章 董事会资本对企业创新绩效影响的实证分析

续表

变量	模型 6.4									国有企业	非国有企业
	(1)	(2)	(3)	(4)	(5)	(6)	(7)	(8)		
INDP	2.381	1.977	2.387	2.075	2.335	1.892	2.422	1.856	0.447	-0.0116	2.211	1.529
	(1.50)	(1.22)	(1.52)	(1.30)	(1.49)	(1.19)	(1.53)	(1.15)	(0.14)	(-0.00)	(1.22)	(0.83)
LEV	4.393***	4.887***	4.500***	5.003***	4.280***	4.834***	4.370***	4.953***	5.938***	6.266***	4.345***	5.030***
	(4.72)	(5.16)	(4.83)	(5.28)	(4.61)	(5.11)	(4.70)	(5.23)	(3.53)	(3.68)	(3.82)	(4.34)
SIZE	-1.451***	-1.611***	-1.502***	-1.667***	-1.527***	-1.729***	-1.571***	-1.767***	-0.943***	-0.677*	-2.044***	-2.263***
	(-5.98)	(-6.48)	(-6.17)	(-6.69)	(-6.29)	(-6.96)	(-6.45)	(-7.09)	(-2.48)	(-1.73)	(-6.25)	(-6.75)
INST	0.820	1.283	0.949	1.357	0.236	0.596	0.373	0.773	19.52***	17.91***	-5.238	-4.681
	(0.27)	(0.41)	(0.31)	(0.44)	(0.08)	(0.19)	(0.12)	(0.25)	(3.31)	(3.03)	(-1.47)	(-1.29)
GRANT	0.544***	0.555***	0.528***	0.542***	0.554***	0.569***	0.542***	0.545***	0.463**	0.344	0.620***	0.647***
	(3.99)	(3.99)	(3.88)	(3.90)	(4.08)	(4.11)	(3.98)	(3.93)	(2.03)	(1.50)	(3.65)	(3.73)
Constant	11.05***	10.18***	10.50***	9.538***	10.59***	9.745***	10.09***	9.174***	4.945	6.435**	13.22***	11.88***
	(5.97)	(5.39)	(5.64)	(5.02)	(5.73)	(5.16)	(5.43)	(4.83)	(1.60)	(2.06)	(5.45)	(4.80)
YEAR	控制	控制	控制	控制	控制	控制	控制	控制	控制	控制	控制	控制
INDUSTRY	控制	控制	控制	控制	控制	控制	控制	控制	控制	控制	控制	控制
N	8521	8521	8521	8521	8521	8521	8521	8521	2397	2397	6124	6124
R^2	0.089	0.089	0.089	0.090	0.091	0.094	0.092	0.094	0.083	0.091	0.112	0.120
F	22.26	20.74	22.46	20.94	23.06	21.84	22.04	20.03	5.915	5.823	20.79	19.54

注：括号内为经过 White（1963）异方差修正的 T 值，***、** 和 * 分别表示 1%、5% 和 10% 的显著性水平。

— 227 —

12. 股权治理对董事会关系资本与企业创新价值绩效关系调节作用的回归分析

表 6-16 列示股权治理对董事会关系资本与创新价值绩效关系的回归结果（模型 6.8）。列（1）为企业关系（$DIRIL$）对企业创新的 3 年期价值绩效的基础回归，回归系数为 0.824；列（2）为加入股权治理（$SHARE$）调节项的回归，调节项的系数为 0.553。尽管没有达到显著性水平，但方向与原始系数符号相同，表明股权治理对企业关系与企业创新价值绩效的正相关关系有一定增强作用。列（3）为政府关系（FGO）对企业创新的 3 年期价值绩效的基础回归，回归系数为 0.746；列（4）为加入股权治理调节项的回归，调节项（$FGO \times SHARE$）的系数为 0.273。尽管没有达到显著性水平，但方向与原始系数符号相同，表明股权治理对政府关系与企业创新价值绩效的正相关关系有一定增强作用。列（5）为金融关系（FIN）对企业创新的 3 年期价值绩效的基础回归，回归系数为 1.650；列（6）为加入股权治理调节项的回归，调节项（$FIN \times SHARE$）的系数为 -5.544，方向与原始系数符号相反，表明股权治理对金融关系与企业创新价值绩效的正相关关系有一定削弱作用。列（7）为董事会关系资本各维度对企业创新的 3 年期价值绩效共同作用的回归结果，列（8）则为股权治理的调节作用，与前面各列相比各指标的回归系数变化不大，没有通过显著性检验，因此本书的假设 12 股权治理对董事会关系资本与企业创新价值绩效的关系具有增强型调节作用没能得到验证。

为进一步检验股权治理的调节效应，根据产权性质将样本划分为国有企业和非国有企业两个子样本，进行分组回归分析。在国有企业子样本中，董事会企业关系、政府关系和金融关系对创新价值绩效的回归系数分别为 0.142、-0.325 和 0.593，而在非国有企业中，

第六章 董事会资本对企业创新绩效影响的实证分析

表 6-16 股权治理对董事会关系资本与创新价值绩效关系调节作用的回归结果

模型 6.8

变量	(1)	(2)	(3)	(4)	(5)	(6)	(7)	(8)	国有企业		非国有企业	
DIRIL	0.824** (2.02)	0.777* (1.88)					0.578 (1.39)	0.497 (1.17)	0.142 (0.20)	0.118 (0.16)	0.819 (1.59)	0.701 (1.34)
DIRIL × SHARE		0.553 (0.18)						1.268 (0.41)		8.159 (1.55)		-2.427 (-0.63)
FGO			0.746 (1.46)	0.741 (1.42)			0.573 (1.11)	0.554 (1.05)	-0.325 (-0.36)	-0.311 (-0.34)	0.918 (1.44)	0.851 (1.31)
FGO × SHARE				0.273 (0.07)				0.708 (0.19)		-1.712 (-0.27)		3.339 (0.69)
FIN					1.650*** (2.78)	1.891*** (3.13)	1.447** (2.39)	1.717*** (2.79)	0.593 (0.54)	0.931 (0.84)	1.899*** (2.60)	2.159*** (2.89)
FIN × SHARE						-5.544 (-1.25)		-5.887 (-1.30)		-9.700 (-1.23)		-3.941 (-0.71)
SHARE		-0.384 (-0.80)		-0.405 (-0.80)		-0.311 (-0.65)		-0.334 (-0.66)		-0.394 (-0.43)		-0.341 (-0.55)
STATE	0.442*** (3.00)	0.449*** (3.01)	0.443*** (3.00)	0.450*** (3.02)	0.453*** (3.08)	0.456*** (3.07)	0.439*** (2.97)	0.441*** (2.96)				

续表

变量	模型 6.8								国有企业		非国有企业	
	(1)	(2)	(3)	(4)	(5)	(6)	(7)	(8)				
INDP	1.104	1.159	1.256	1.307	1.251	1.291	1.032	1.091	4.100**	3.838**	-0.0348	0.0261
	(1.28)	(1.32)	(1.47)	(1.50)	(1.46)	(1.49)	(1.20)	(1.25)	(2.43)	(2.25)	(-0.03)	(0.03)
CASH	0.718	0.700	0.700	0.686	0.619	0.608	0.643	0.629	0.673	0.827	0.508	0.393
	(1.39)	(1.33)	(1.36)	(1.30)	(1.20)	(1.15)	(1.24)	(1.19)	(0.63)	(0.77)	(0.84)	(0.63)
LEV	0.448	0.434	0.407	0.394	0.368	0.368	0.365	0.364	0.726	0.945	-0.0163	-0.157
	(1.00)	(0.95)	(0.90)	(0.86)	(0.82)	(0.81)	(0.81)	(0.79)	(0.99)	(1.27)	(-0.03)	(-0.26)
INST	-1.884	-1.587	-1.851	-1.569	-2.011	-1.736	-2.103	-1.822	-2.144	-2.037	-1.978	-1.571
	(-1.29)	(-1.07)	(-1.27)	(-1.05)	(-1.38)	(-1.17)	(-1.44)	(-1.22)	(-0.81)	(-0.77)	(-1.13)	(-0.87)
Constant	-3.119***	-2.990***	-3.107***	-2.978***	-3.138***	-3.070***	-3.218***	-3.133***	-3.837***	-3.750***	-2.773***	-2.606***
	(-7.07)	(-6.29)	(-7.03)	(-6.19)	(-7.11)	(-6.44)	(-7.26)	(-6.48)	(-4.79)	(-4.31)	(-5.18)	(-4.40)
N	3513	3513	3513	3513	3513	3513	3513	3513	1129	1129	2384	2384
R^2	0.006	0.006	0.005	0.005	0.007	0.008	0.008	0.009	0.008	0.012	0.007	0.007
F	3.381	2.407	3.052	2.211	3.990	3.293	3.439	2.463	1.294	1.208	2.318	1.551

注：括号内为经过 White（1963）异方差修正的 T 值，***、** 和 * 分别表示 1%、5% 和 10% 的显著性水平。

董事会企业关系、政府关系和金融关系对创新价值绩效的回归系数分别为 0.819、0.918 和 1.899，非国有企业董事会关系资本各维度对创新价值绩效的正向作用和显著性水平均高于国有企业。股权治理的调节效应方面，在国有企业和非国有企业子样本中，股权治理的调节项均没有达到显著性水平，但从方向上企业关系与创新价值绩效的关系在国有企业得到加强，而非国有企业被削弱，政府关系对创新价值绩效的影响在国有企业和非国有企业均得到加强，金融关系对创新价值绩效的影响在国有企业和非国有企业均被削弱。

第四节 董事会资本与企业创新绩效的稳健性检验

为了保障上述研究结果的有效性，本节对董事会资本与企业创新绩效之间的关系进行稳健性检验。对于企业创新技术绩效，不同产业的专利产出差距较大，而高新技术产业的专利产出总量更多且更容易受到外界因素的影响，因而具有更高的代表性，本书选择高新技术产业的样本对董事会资本与创新技术绩效之间的关系进行稳健性检验。而对于企业创新价值绩效，企业的成长机会指标会受到行业景气水平的影响，而行业的景气水平又与国民经济形势密切相关，为了避免受到国民经济增长波动的干扰，本书选用 2010 年之后的数据对董事会资本与创新价值绩效的关系进行稳健性检验。

一 董事会人力资本与企业创新绩效关系的稳健性检验

董事会人力资本与企业创新技术绩效的关系稳健性检验结果如表 6-17 所示。表 6-17 列示了高新技术产业子样本的董事会人力资本对企业创新技术绩效的回归结果，几个分回归模型的拟合优度在 15.1% 到 15.5% 之间，拟合优度相比全样本回归（表 6-5）更为集中。首列是由控制变量组成的基准回归结果。列（1）为受教育程度（EDU）对企业创新技术绩效的回归，回归系数为1.414，且在99%的置信区间上显著，符号与全样本回归相一致但显著性优于全样本，验证了受教育程度较高的董事会对企业创新技术绩效具有促进作用的推断。列（2）为任职期限（TEN）对企业创新技术绩效的回归，回归系数为－0.659，符号与全样本回归相一致但显著性有所降低，表明董事会的任职期限越长则企业创新技术绩效越差的结论相对稳健。列（3）为职业背景（PROIN）对企业创新技术绩效的回归，回归系数为1.183，符号与全样本回归相一致且均没有达到显著性水平。列（4）为董事会人力资本各维度对企业创新技术绩效共同作用的回归结果，与前面各列相比各指标的回归系数符号和显著性均没有改变。稳健性检验结果与全样本回归结果基本一致，说明董事会人力资本对创新技术绩效没有显著正向作用的研究基本稳健。

表6－17 董事会人力资本对企业创新技术绩效的回归结果稳健性检验

变量	模型6.1				
	基准	（1）	（2）	（3）	（4）
EDU		1.414*** (3.52)			1.335*** (3.27)
TEN			－0.659 (－1.63)		－0.570 (－1.41)
PROIN				1.183 (1.26)	0.641 (0.68)
STATE	－0.919** (－2.16)	－1.232*** (－2.84)	－0.975** (－2.29)	－0.902** (－2.12)	－1.255*** (－2.88)
CASH	4.493*** (3.39)	4.297*** (3.25)	4.378*** (3.30)	4.368*** (3.29)	4.140*** (3.12)

续表

变量	模型 6.1				
	基准	（1）	（2）	（3）	（4）
INDP	1.306 (0.60)	0.901 (0.42)	0.917 (0.42)	1.436 (0.66)	0.658 (0.30)
LEV	3.696*** (2.85)	3.535*** (2.73)	3.515*** (2.70)	3.772*** (2.90)	3.428*** (2.63)
SIZE	-1.525*** (-4.03)	-1.452*** (-3.84)	-1.483*** (-3.91)	-1.490*** (-3.93)	-1.400*** (-3.69)
INST	3.542 (0.86)	2.826 (0.69)	3.659 (0.89)	3.347 (0.81)	2.862 (0.70)
GRANT	0.476** (2.47)	0.384** (1.97)	0.483** (2.50)	0.459** (2.37)	0.386** (1.98)
Constant	9.419*** (4.83)	4.909** (2.11)	11.54*** (4.92)	9.146*** (4.67)	6.851** (2.53)
YEAR	控制	控制	控制	控制	控制
INDUSTRY	控制	控制	控制	控制	控制
N	2980	2980	2980	2980	2980
R^2	0.151	0.155	0.152	0.152	0.155
F	29.31	28.53	27.92	27.86	25.93

注：括号内为经过White（1963）异方差修正的T值，***、**和*分别表示1%、5%和10%的显著性水平。

董事会人力资本与企业创新价值绩效的关系的稳健性检验结果如表6-18所示。表6-18列示了董事会人力资本对企业创新价值绩效的回归结果。其中列（1）为受教育程度（EDU）对企业创新的3年期价值绩效的回归，回归系数为0.467，符号与显著性均与全样本回归相同，这表明董事会的受教育程度对企业创新价值绩效具有促进作用的结论稳健。列（2）为任职期限（TEN）对企业创新的3年期价值绩效的回归，回归系数为0.135，符号与全样本回归一致但显著性有所降低，这表明董事会的任期对企业创新价值绩效具有促进作用的结论相对稳健。列（3）为职业背景（PROIN）对企业创新的3年期价值绩效的回归，回归系数为0.846，符号与全样本回归一致，且显著，再次验证了董事会职业背景对企业创新价值绩效具有促进作用的结论。列（4）为受教育程度、任职期限和职业背景对企业创新的3年期价值绩效共同作用的回归结果，与前面各列相比各指标的回归系数的显著性变化不大。因此，假设2提出的董事会人力资本与企业创新价值绩效正相关的回归结果通过了稳健性检验。

表6-18 董事会人力资本对企业创新价值绩效的回归结果稳健性检验

变量	基准	（1）	（2）	（3）	（4）
EDU		0.467 *** (3.36)			0.423 *** (2.99)
TEN			0.135 (1.09)		0.150 (1.21)
PROIN				0.846 ** (2.47)	0.659 * (1.90)
STATE	0.620 *** (4.13)	0.518 *** (3.38)	0.623 *** (4.15)	0.650 *** (4.31)	0.553 *** (3.59)
INDP	0.855 (1.02)	0.754 (0.90)	0.867 (1.04)	0.897 (1.08)	0.809 (0.97)
CASH	0.966 * (1.93)	0.826 (1.64)	1.026 ** (2.03)	0.804 (1.59)	0.777 (1.53)
LEV	0.674 (1.52)	0.638 (1.44)	0.656 (1.47)	0.796 * (1.78)	0.715 (1.60)
INST	-2.760 * (-1.88)	-3.449 ** (-2.33)	-2.698 * (-1.84)	-2.748 * (-1.88)	-3.306 ** (-2.24)
Constant	-2.891 *** (-6.73)	-4.397 *** (-7.08)	-3.394 *** (-5.39)	-3.194 *** (-7.15)	-5.049 *** (-6.45)

（列标题：模型6.5）

续表

变量	模型6.5				
	基准	(1)	(2)	(3)	(4)
N	3084	3084	3084	3084	3084
R^2	0.009	0.013	0.010	0.011	0.015
F	5.833	6.754	5.060	5.885	5.700

注：括号内为经过 White（1963）异方差修正的 T 值，***、** 和 * 分别表示 1%、5% 和 10% 的显著性水平。

二 董事会关系资本与企业创新绩效关系的稳健性检验

董事会关系资本与企业创新技术绩效的关系稳健性检验结果如表6－19所示。表6－19列示了高新技术产业子样本的董事会关系资本对企业创新技术绩效的回归结果，几个分回归的拟合优度在15.1%到15.6%之间。首列是由控制变量组成的基准回归结果。列（1）为企业关系（DIRIL）对企业创新技术绩效的回归，回归系数为0.256，没有达到显著性水平，与全样本回归结果一致。列（2）为政府关系（FGO）对企业创新技术绩效的回归，回归系数为4.192，且在1%水平上显著，与全样本回归相同，表明有政府关系的董事越多则企业创新技术绩效越好的结论是稳健的。列（3）为金融关系（FIN）对企业创新技术绩效的回归，回归系数为4.754，且在1%水平上显著，与全样本回归相同，再次验证了与金融机构关系密切的董事会能提高企业创新技术绩效的结论。列（4）为企业关系、政府关系和金融关系对企业创新技术绩效共同作用的回归结果，与前面各列相比，政府关系和金融关系对企业创新技术绩效依然具有显著的正向影响，与全样本回归一致。由此，董事会关系资本的政府关系和金融关系对企业创新技术绩效有促进作用的结论通过了稳健性检验。

表6-19 董事会关系资本对企业创新技术绩效的回归结果稳健性检验

变量	基准	(1)	(2)	(3)	(4)
			模型6.2		
DIRIL		0.256 (0.25)			-0.551 (-0.52)
FGO			4.192*** (2.69)		4.207*** (2.70)
FIN				4.754*** (2.92)	4.853*** (2.94)
STATE	-0.919** (-2.16)	-0.923** (-2.17)	-0.937** (-2.20)	-0.857** (-2.01)	-0.864** (-2.03)
CASH	4.493*** (3.39)	4.496*** (3.40)	4.559*** (3.45)	4.524*** (3.42)	4.583*** (3.47)
INDP	1.306 (0.60)	1.213 (0.55)	1.106 (0.51)	1.413 (0.65)	1.414 (0.64)
LEV	3.696*** (2.85)	3.684*** (2.83)	3.727*** (2.87)	3.561*** (2.74)	3.615*** (2.79)
SIZE	-1.525*** (-4.03)	-1.525*** (-4.03)	-1.583*** (-4.18)	-1.548*** (-4.10)	-1.606*** (-4.25)
INST	3.542 (0.86)	3.524 (0.86)	4.074 (0.99)	3.150 (0.77)	3.714 (0.90)
GRANT	0.476** (2.47)	0.472** (2.44)	0.435** (2.25)	0.473** (2.45)	0.441** (2.27)
Constant	9.419*** (4.83)	9.417*** (4.83)	8.807*** (4.49)	8.929*** (4.57)	8.309*** (4.23)
YEAR	控制	控制	控制	控制	控制
INDUSTRY	控制	控制	控制	控制	控制
N	2980	2980	2980	2980	2980
R^2	0.151	0.151	0.153	0.154	0.156
F	29.31	27.76	28.21	28.29	25.99

注：括号内为经过White（1963）异方差修正的T值，***、**和*分别表示1%、5%和10%的显著性水平。

第六章 董事会资本对企业创新绩效影响的实证分析

董事会关系资本与企业创新价值绩效的关系稳健性检验结果如表6-20所示。表6-20列示了董事会关系资本对企业创新价值绩效的回归结果。列（1）为企业关系（$DIRIL$）对企业创新的3年期价值绩效的回归，回归系数为0.865，符号与全样本回归相同，且显著，这再次证明了董事会与其他企业的关系对企业创新价值绩效具有促进作用。列（2）为政府关系（FGO）对企业创新的3年期价值绩效的回归，回归系数为0.464，符号与全样本回归相同，表明董事会政府关系对企业创新价值绩效有一定的促进作用。列（3）为金融关系（FIN）对企业创新的3年期价值绩效的回归，回归系数为1.795，符号与全样本回归相同，且显著，表明了董事会与金融机构的联系对企业创新价值绩效具有促进作用的结论是稳健的。列（4）为企业关系、政府关系和金融关系对企业创新的3年期价值绩效共同作用的回归结果，与前面各列相比各指标的回归系数的符号变化不大。因此假设4提出的董事会关系资本与企业创新价值绩效正相关的回归结果通过了稳健性检验。

表6-20 董事会关系资本对企业创新价值绩效的回归结果稳健性检验

变量	模型6.6				
	基准	（1）	（2）	（3）	（4）
$DIRIL$		0.865** (2.15)			0.645 (1.57)
FGO			0.464 (0.90)		0.276 (0.53)
FIN				1.795*** (3.04)	1.610*** (2.68)
$STATE$	0.620*** (4.13)	0.607*** (4.04)	0.617*** (4.10)	0.617*** (4.11)	0.605*** (4.03)

续表

变量	模型 6.6				
	基准	(1)	(2)	(3)	(4)
INDP	0.855	0.597	0.813	0.800	0.588
	(1.02)	(0.71)	(0.97)	(0.96)	(0.70)
CASH	0.966*	0.980*	0.962*	0.897*	0.911*
	(1.93)	(1.95)	(1.92)	(1.79)	(1.82)
LEV	0.674	0.679	0.655	0.600	0.600
	(1.52)	(1.53)	(1.47)	(1.35)	(1.35)
INST	-2.760*	-2.826*	-2.789*	-3.043**	-3.080**
	(-1.88)	(-1.93)	(-1.90)	(-2.07)	(-2.10)
Constant	-2.891***	-2.957***	-2.928***	-3.005***	-3.064***
	(-6.73)	(-6.87)	(-6.78)	(-6.98)	(-7.08)
N	3084	3084	3084	3084	3084
R^2	0.009	0.011	0.010	0.012	0.013
F	5.833	5.635	4.995	6.413	5.183

注：括号内为经过 White（1963）异方差修正的 T 值，***、**和*分别表示1%、5%和10%的显著性水平。

第五节　本章小结

本章对董事会资本与企业创新绩效的关系进行了实证检验。首先，在将企业创新绩效区分为企业创新技术绩效和企业创新价值绩效的基础上，针对董事会人力资本和关系资本与两种创新绩效的关系，提出了相关研究假设。其次，通过研究设计，利用企业年度新申请专利数量与研发投资金额的比值度量创新技术绩效，用企业成长机会的变化情况与专利数量的比值衡量创新价值绩效，构建检验研究假设的OLS回归模型。再次，利用上市公司的数据进行回归分

第六章 董事会资本对企业创新绩效影响的实证分析

析，验证研究假设的正确性。最后，为了保证实证结果的稳健性，本书选择高技术产业的样本对董事会资本与创新技术绩效之间的关系进行稳健性检验，选用金融危机后的数据对董事会资本与创新价值绩效之间的关系进行稳健性检验，检验结果表明本章的实证分析具有较好的稳健性。

研究发现，董事会人力资本的受教育程度和职业背景维度对企业创新技术绩效并没有显著促进作用，而任职期限维度对创新技术绩效呈现抑制作用，董事会人力资本的各维度对企业创新价值绩效具有提升作用，董事会关系资本的企业关系维度有助于创新价值绩效的改善，政府关系和金融关系维度对创新技术绩效和创新价值绩效有提升作用。因此，为了改善创新技术绩效和价值绩效，提高专利产出数量并实现成长机会的增强，企业在建立董事会时应该选择具有较高受教育程度、适当任职期限和丰富专业职业背景且与其他企业、政府部门或金融机构关系密切的董事，并合理利用其能力与专长，以满足创新活动对董事会人力资本和关系资本的需求。

第七章 结 论

本书通过对前人文献的分析梳理,发现现有关于董事会资本与企业创新投资决策关系的研究尚存在分歧,且学者们的研究多关注董事会资本的某些维度对企业创新投资某一阶段的影响,对不同来源董事会资本的作用机理、董事会资本与企业创新投资决策不同阶段之间的关系未能形成系统性的结论。本书以此为研究起点,在对相关文献的收集和整理基础上,对相关概念进行了界定,在资源基础理论、资源依赖理论和企业创新理论等理论框架下厘清了董事会资本与企业创新投资决策之间的作用机理,并据此提出相关研究假设。在经过细致研究设计之后,本书分别从董事会资本对企业创新投资意愿的影响、董事会资本对企业创新投入的影响以及董事会资本对企业创新绩效的影响三个角度进行了实证分析。本部分将对书中研究的主要结论进行概括提炼,并基于此提出相关的政策建议,同时针对本书的局限性进行总结并对未来的研究方向进行展望。

第一节 主要结论

通过实证检验董事会资本的两个类别董事会人力资本与董事会关系资本对企业创新投资意愿、创新投入和创新绩效的影响,得出了以下主要研究结论。

1. 董事会的人力资本和关系资本对企业创新投资意愿具有双重影响

在资源基础理论和资源依赖理论分析下，本书分别检验了董事会人力资本和董事会关系资本对企业创新投资意愿的影响，在此基础上进一步探索了产品市场竞争、股权治理如何影响董事会资本作用的发挥。研究发现，董事会人力资本的受教育程度、任职期限和职业背景维度均对企业创新投资意愿有提升作用。且随着产品市场竞争程度的增加，受教育程度高、任职经验丰富的董事会对创新投资意愿的提升作用也有所增强。但是随着企业股权集中于实际控制人，董事会人力资本的受教育程度、任职期限和职业背景对创新投资意愿的促进作用反而被削弱了。在董事会关系资本方面，企业关系有助于创新投资意愿提升，但这种提升作用会随着股权的集中而被削弱，政府关系和金融关系对创新投资意愿则表现出抑制作用。随着产品市场竞争程度的提升，政府关系和金融关系对创新投资意愿的抑制作用有所减缓，而随着股权集中，政府关系和金融关系的抑制作用反而会加强。

2. 董事会的人力资本和关系资本对企业创新投入的影响存在差异

基于理论分析，本书探索了董事会人力资本和董事会关系资本对企业创新投入的影响，并进一步分析了产品市场竞争、股权治理对上述关系的调节作用。研究发现，董事会人力资本的受教育程度、任职期限和职业背景维度均对企业创新投入有提升作用，而董事会关系资本的企业关系维度有助于创新投入的增加，政府关系和金融关系维度对企业创新投入则表现为抑制作用。产品市场竞争、股权治理对上述关系表现出不同的调节效应，随着产品市场竞争程度的增强，任职经验丰富的董事更加有助于企业增加创新方面的投入，政府关系和金融关系对创新投入的抑制作用也有所减缓。而股权治理则削弱了董事会人力资本的受教育程度、任职期限和职业背景维度以及董事会关系资本的企业关系维度对创新投入的正向作用，增强了董事会关系资本的政府关系维度对创新投入的负向作用。

3. 董事会的人力资本和关系资本对企业创新绩效主要起积极作用

本书在将企业创新绩效区分为企业创新技术绩效和企业创新价值绩效的基础上，针对董事会人力资本和关系资本与两种创新绩效的关系进行了实证分析。研究发现，董事会人力资本的受教育程度、任职期限和职业背景维度均有助于企业创新价值绩效的提升，而任职期限与创新技术绩效负相关，董事会关系资本的企业关系维度有助于创新价值绩效的改善，政府关系和金融关系维度对创新技术绩效和创新价值绩效有提升作用。

综上所述，董事会人力资本的受教育程度和职业背景，以及关系资本的企业关系维度对企业创新投资决策各阶段创新投资意愿、创新投入和创新绩效的影响多表现为促进作用，表明有较高学识、"输出型职能"职业背景以及企业间广泛联系的董事会更加有助于企业提升创新投资意愿，扩大创新投入规模，并且能够较好地保证创新的技术产出和成果转化。而董事会人力资本中的任职期限维度，关系资本中的政府关系和企业关系对于创新投资决策而言是一把"双刃剑"。一方面，董事长期任职促进了董事会成员之间的沟通交流，有助于更加深入地了解企业，从而把握住创新机遇，加大创新投入的力度。然而，董事任期过长会形成固化思维，不利于企业创新投入转化为专利等成果产出。另一方面，董事会关系资本是董事通过与外部组织之间的连锁关系所能获得的潜在资源，这种资源的

第七章 结 论

可获得性以及作用的发挥需要兼顾其他外部组织的利益,当企业赖以获得资源的外部组织有更优的方案选择时,并不倾向于企业在技术创新方面的投资。对于既有的创新投入部分,为了使其能够转化为企业成长的动力,而不是变为沉没成本给企业自身和为之提供资源的外部组织造成损失,董事会关系资本会为创新投入转化为专利成果产出的过程,以及专利成果市场化应用给企业带来价值增值的过程提供有力支持和必要保障,有助于企业创新技术绩效和价值绩效的提升。

第二节 政策建议

1. 针对企业董事会成员选聘的建议

企业尤其是高新技术企业为了改善创新投资状况,提升创新投资的绩效表现,在选聘董事会成员时,应侧重于选聘具有较高受教育水平、研发设计等专业技术背景以及与外部企业联系密切的董事。由本书的研究发现可知,董事会人力资本中受教育程度、职业背景和关系资本中企业关系维度对企业创新投资意愿、创新投入和创新绩效有提升作用。与此同时,要注意董事任职期限、政府关系和金融关系对企业创新投资的正反两方面作用。保持合理的董事任职期限,既要避免董事会成员过于频繁变更对企业创新投资决策过程的不利影响,也要防范董事长期任职思维固化而妨碍创新专利成果的产出。同时企业应拓宽外部资源的获取渠道,避免对于政府和金融机构的过度依赖而降低企业创新投资的意愿和投入,也要善用政府关系和金融关系在企业创新成果产出和转化过程中的积极作用。

2. 对政府创新政策制定部门的建议

政府政策制定部门应当制定更加积极的创新激励政策,加强对于企业创新投资过程的服务和监管，减少对企业决策制定的过度干预。通过分析实证回归的结果可以发现，董事会的政府关系会抑制企业创新投资意愿，也会导致企业减少创新投入，这表明企业与政府建立的联系没能起到刺激创新投资的作用，反而因为这种联系增强了企业向政府的寻租行为，降低了企业在创新方面的投入。因此，政府部门应该通过更加积极的政策导向鼓励企业开展创新活动，同时加大对创新过程的服务和监管力度，有效保障企业创新成果的产出以及企业价值的增值。

3. 对产品市场运行机制改革的建议

政府部门应当建立体制机制维护公平有序的市场竞争环境。依据实证分析的结果可知，随着市场竞争程度的增强，董事会人力资本以及关系资本中企业关系维度对企业创新投资的促进作用也随之增强，并且能够削弱董事会关系资本中政府关系和金融关系对创新投资的抑制作用。因此，为了增强企业创新投资意愿，加大企业创新活动投入规模，应当建立并维护公平有序的市场竞争环境。建立健全法律法规体系，加大对于损害竞争、滥用市场支配地位行为的惩处力度，严厉查处假冒伪劣、盗版等不正当竞争行为，依法保护各类知识产权，营造良性市场竞争环境，以达到激励企业开展技术创新活动的目的。

4. 对完善股权治理机制的建议

企业应当完善公司治理机制，在保障股东权益的同时加强对实际控制人的监督制衡。由实证分析结果可知，随着股权集中，董事会人力资本以及关系资本的企业关系维度对企业创新的促进作用在逐渐减弱，而政府关系和金融关系对创新的抑制作用在逐渐增强。股权过于集中，实际控制人出于自身利益的考量，不愿承担创新活动失败的风险，而导致企业创新意愿不强、投入不足。因此为了提升企业创新能力，保障持续发展，应当完善公司治理中股权治理相关制度安排，引入监督制衡机制，降低股权过于集中而对企业创新造成的不利影响。

5. 对金融监管部门的建议

金融监管部门应该加快金融体制改革，拓宽企业创新投资的融资渠道。企业的创新投资活动具有较高的风险，因此在为创新项目进行债务融资时，往往无法满足有严格限制条件的债务契约条款而导致融资困难，从而使企业的创新投资活动受限。而股权融资的准入门槛较高，并且发行新股会稀释企业原有股东的控制权，对中小型企业而言尤为不利。在这种情况下，企业创新投资的融资渠道拓宽，一方面可以缓解企业资金压力，另一方面能够降低企业对董事会金融关系的过度依赖对企业创新投入产生的不利影响，实现企业间创新融资机会平等，维护市场的公平和秩序。因此，通过金融体制改革，改善企业的融资环境，有利于企业创新活动的开展。

第三节 研究局限与展望

本书对董事会资本与企业创新投资决策之间的关系进行了深入的研究，并引入产品市场竞争、股权治理以探索其对董事会资本与创新投资决策关系的调节效应，具有一定的理论和实践意义。由于研究的工具、数据和方法等方面存在的主观与客观问题，本书的研究还存在一些不足之处，有一定的局限性，期望可以在未来的研究中进一步完善。

首先，本书对于董事会资本与企业创新投资决策的研究主要关注董事会能为企业提供的各种资源对于创新投资决策的影响，因而根据董事会提供资源的来源不同将其划分为董事会人力资本和董事会关系资本，并分别探索其对企业创新投资决策的作用机制，以获悉不同来源的董事会资本对创新投资决策的影响，以便为企业选聘董事会成员提供政策建议。然而，也有学者将董事会资本划分为广度和深度，分别考量董事会所能提供的各种资源的丰富性程度和董事的行业深入程度（Haynes and Hillman，2010），未来亦可以从这一角度综合考量董事会资本对企业创新投资决策的影响。

其次，本书根据国内外已有研究成果（Hambrick and Mason，1984；周建等，2012；Chen，2014；Jermias and Gani，2014；陈悦等，2015），并结合我国转型经济时期的特殊背景，以董事会受教育程度、任职期限和职业背景反映董事会人力资本，以董事会企业关系、政府关系和金融关系反映董事会关系资本，探索董事会资本对企业创新投资决策的影响，这并不能保证全面精确地衡量和分析了董事会人力资本与关系资本，未来的研究中亦可深入挖掘并丰富董事会资本的其他维度和测度方法。

再次，本书根据企业创新投资决策的过程将其分为创新投资意愿、创新投入和创新绩效三个阶段，并分别探索董事会资本在其中的作用机制。然而研究中发现企业创新绩效表现出中等区间的企业差异不大，而处于两端的企业差距明显的特点，这可能是创新投资的门限效应导致的，未来的研究中亦可以考虑董事会资本、创新投入与创新绩效之间传导效应的模型构建，以更加深入地挖掘董事会资本与创新投资决策之间的关系。

最后，本书的研究覆盖面比较广，研究涉及的董事会资本种类和企业创新投资决策的阶段都比较多，可能会对部分细分董事会资本类别和创新投资决策阶段的分析不够深入透彻。未来的研究可以对董事会资本与企业创新投资决策的细分方向进行具体分析，进一步深化和扩展该领域的研究。

参考文献

[1] 白旭云:《企业 R&D 投入行为的 Heckman 两阶段分析——基于中国工业企业面板数据的实证研究》,《商业经济与管理》2014年第5期。

[2] 白重恩等:《中国上市公司治理结构的实证研究》,《经济研究》2005年第2期。

[3] 蔡地等:《民营企业的政治关联与技术创新》,《经济评论》2014年第2期。

[4] 蔡志岳、吴世农:《董事会特征影响上市公司违规行为的实证研究》,《南开管理评论》2007年第6期。

[5] 曾江洪、崔晓云、俞岩:《社会资本对中小企业成长性影响的实证研究》,《中南大学学报(社会科学版)》2011年第5期。

[6] 陈冬华:《地方政府、公司治理与补贴收入——来自我国证券市场的经验证据》,《财经研究》2003年第9期。

[7] 陈爽英等:《民营企业家社会关系资本对研发投资决策影响的实证研究》,《管理世界》2010年第1期。

[8] 陈燕宁:《现金持有与研发投资平滑关系研究——基于融资约束视角》,《中国乡镇企业会计》2017年第1期。

[9] 陈悦、朱晓宇、刘则渊:《董事会资本与企业绩效关系的实证

研究》,《大连理工大学学报(社会科学版)》2015 年第 4 期。

[10] 戴勇、朱桂龙:《以吸收能力为调节变量的社会资本与创新绩效研究——基于广东企业的实证分析》,《软科学》2011 年第 1 期。

[11] 丁重、邓可斌:《政治关系与创新效率:基于公司特质信息的研究》,《财经研究》2010 年第 10 期。

[12] 杜兴强、曾泉、杜颖洁:《政治联系对中国上市公司的 R&D 投资具有"挤出"效应吗?》,《投资研究》2012 年第 5 期。

[13] 范海峰、胡玉明:《机构投资者持股与公司研发支出——基于中国证券市场的理论与实证研究》,《南方经济》2012 第 9 期。

[14] 范建红、陈怀超:《董事会社会资本对企业研发投入的影响研究——董事会权力的调节效应》,《研究与发展管理》2015 年第 5 期。

[15] 冯根福、温军:《中国上市公司治理与企业技术创新关系的实证分析》,《中国工业经济》2008 年第 7 期。

[16] 冯家丛、范馨月、尹贺:《研发投入对高科技公司价值的提升研究——基于滞后性分析与板块效应对比》,《商业会计》2017 年第 9 期。

[17] 龚辉锋、茅宁:《咨询董事、监督董事与董事会治理有效性》,《管理科学学报》2014 年第 2 期。

[18] 顾国爱、魏法杰、单伟:《企业研发经费对专利能力影响的分类研究——基于 2010 年创新型企业的实证分析》,《科学学研究》2012 年第 8 期。

[19] 韩忠雪、周婷婷:《产品市场竞争、融资约束与公司现金持有:基于中国制造业上市公司的实证分析》,《南开管理评论》2011 年第 4 期。

[20] 何强、陈松:《董事会学历分布与 R&D 投入:基于制造业上市

公司的实证研究》,《软科学》2011 年第 2 期。

[21] 何庆丰、陈武、王学军:《直接人力资本投入、R&D 投入与创新绩效的关系——基于我国科技活动面板数据的实证研究》,《技术经济》2009 年第 4 期。

[22] 何玉润、林慧婷、王茂林:《产品市场竞争、高管激励与企业创新——基于中国上市公司的经验证据》,《财贸经济》2015 年第 2 期。

[23] 洪震、金莉:《中小板上市公司高管特征与研发支出——加入政治关联和银企联系特征的分析》,《河北经贸大学学报（综合版）》2013 年第 4 期。

[24] 胡艳、马连福:《创业板高管激励契约组合、融资约束与创新投入》,《山西财经大学学报》2015 年第 8 期。

[25] 姜宁、黄万:《政府补贴对企业 R&D 投入的影响——基于我国高技术产业的实证研究》,《科学学与科学技术管理》2010 年第 7 期。

[26] 李传军:《利益相关者共同治理的理论基础与实践》,《管理科学》2003 年第 4 期。

[27] 李丹蒙、夏立军:《股权性质、制度环境与上市公司 R&D 强度》,《财经研究》2008 年第 4 期。

[28] 李国勇、蒋文定、牛冬梅:《CEO 特征与企业研发投入关系的实证研究》,《统计与信息论坛》2012 年第 1 期。

[29] 李健、陈传明、孙俊华:《企业家政治关联、竞争战略选择与企业价值——基于上市公司动态面板数据的实证研究》,《南开管理评论》2012 年第 6 期。

[30] 李培楠、赵兰香、万劲波:《创新要素对产业创新绩效的影响——基于中国制造业和高技术产业数据的实证分析》,《科学学研究》2014 年第 4 期。

[31] 李平、崔喜君、刘建:《中国自主创新中研发资本投入产出绩效分析——兼论人力资本和知识产权保护的影响》,《中国社会科学》2007年第2期。

[32] 李青原、陈晓、王永海:《产品市场竞争、资产专用性与资本结构——来自中国制造业上市公司的经验证据》,《金融研究》2007年第4期。

[33] 李维安、刘振杰、顾亮:《董事会异质性、断裂带与跨国并购》,《管理科学》2014年第4期。

[34] 李维安、王鹏程、徐业坤:《慈善捐赠、政治关联与债务融资——民营企业与政府的资源交换行为》,《南开管理评论》2015年第1期。

[35] 李小青:《董事会认知异质性对企业价值影响研究——基于创新战略中介作用的视角》,《经济与管理研究》2012年第8期。

[36] 李小青、胡朝霞:《科技创业企业董事会认知特征对技术创新动态能力的影响研究》,《管理学报》2016年第2期。

[37] 李小青、吕靓欣:《董事会社会资本、群体断裂带与企业研发效率——基于随机前沿模型的实证分析》,《研究与发展管理》2017年第4期。

[38] 李英、赵越、潘鹤思:《技术创新、制度创新与产业演化关系研究综述》,《科技进步与对策》2016年第24期。

[39] 李永壮、刘小元:《董事会社会资本与公司成长性分析》,《技术经济与管理研究》2012年第12期。

[40] 李长娥、谢永珍:《产品市场竞争、董事会异质性对技术创新的影响——来自民营上市公司的经验证据》,《华东经济管理》2016年第8期。

[41] 李长娥、谢永珍:《董事会权力层级、创新战略与民营企业成长》,《外国经济与管理》2017年第12期。

[42] 梁莱歆、冯延超：《政治关联与企业过度投资——来自中国民营上市公司的经验证据》，《经济管理》2010 年第 12 期。

[43] 刘浩、唐松、楼俊：《独立董事：监督还是咨询？——银行背景独立董事对企业信贷融资影响研究》，《管理世界》2012 年第 1 期。

[44] 刘圻、杨德伟：《民营企业政治关联影响研发投资的实证研究——来自深市中小板的证据》，《财政研究》2012 年第 5 期。

[45] 刘笑霞、李明辉：《企业研发投入的影响因素——基于我国制造企业调查数据的研究》，《科学学与科学技术管理》2009 年第 3 期。

[46] 刘运国、刘雯：《我国上市公司的高管任期与 R&D 支出》，《管理世界》2007 年第 1 期。

[47] 卢馨：《企业人力资本、R&D 与自主创新——基于高新技术上市企业的经验证据》，《暨南学报（哲学社会科学版）》2013 年第 1 期。

[48] 鲁虹、李晓庆、邢亚楠：《高管团队人力资本与企业成长性关系研究——基于创业板上市公司的实证研究》，《科技管理研究》2014 年第 4 期。

[49] 罗党论、唐清泉：《政府控制、银企关系与企业担保行为研究——来自中国上市公司的经验证据》，《金融研究》2007 年第 3a 期。

[50] 罗党论、唐清泉：《政治关系、社会资本与政策资源获取：来自中国民营上市公司的经验证据》，《世界经济》2009 年第 7 期。

[51] 马连福、冯慧群：《董事会资本对公司治理水平的影响效应研究》，《南开管理评论》2014 年第 2 期。

[52] 马永斌：《公司治理与股权激励》，清华大学出版社，2010。

［53］聂辉华、谭松涛、王宇锋：《创新、企业规模和市场竞争：基于中国企业层面的面板数据分析》，《世界经济》2008年第7期。

［54］彭红星、毛新述：《政府创新补贴、公司高管背景与研发投入——来自我国高科技行业的经验证据》，《财贸经济》2017年第3期。

［55］彭正银、廖天野：《连锁董事治理效应的实证分析——基于内在机理视角的探讨》，《南开管理评论》2008年第1期。

［56］邵毅平、王引晟：《董事会资本与企业绩效的实证研究——基于R&D投资的中介效应视角》，《财经论丛》2015年第6期。

［57］史欣向、梁彤缨：《社会资本影响了研发效率——基于中国省际面板数据的经验研究》，《科研管理》2013年第5期。

［58］孙婷婷、唐五湘：《专利申请量与R&D支出之关系的定量分析》，《北京信息科技大学学报（自然科学版）》2003年第4期。

［59］孙晓华等：《"是否研发"与"投入多少"：兼论企业研发投资的两阶段决策》，《管理工程学报》2017年第4期。

［60］汤湘希、贡峻：《无形资产对企业的价值贡献及其评价》，《湖北财税》2002年第12期。

［61］唐清泉、肖海莲：《融资约束与企业创新投资——现金流敏感性——基于企业R&D异质性视角》，《南方经济》2012年第11期。

［62］王斌、解维敏、曾楚宏：《机构持股、公司治理与上市公司R&D投入——来自中国上市公司的经验证据》，《科技进步与对策》2011年第6期。

［63］王栋、汪波、李晓燕：《新型城镇化视角下地方政府竞争对企业创新投资影响研究》，《软科学》2016年第5期。

［64］王端旭、陈帅：《人力资本投资与组织绩效关系的实证研究——

基于权变的研究视角》,《科学管理研究》2010 年第 2 期。

[65] 王楠、何娇、黄静:《董事会资本、CEO 权力对研发投入的影响——来自创业板上市公司数据的分析》,《商业研究》2017 年第 1 期。

[66] 王维、郑巧慧、乔朋华:《企业家政治关联、研发投入与科技型中小企业成长研究》,《科技进步与对策》2014 年第 18 期。

[67] 王文华、张卓:《金融发展、政府补贴与研发融资约束——来自 A 股高新技术上市公司的经验证据》,《经济与管理研究》2013 年第 11 期。

[68] 王燕妮、王瑛:《中国上市公司董事会治理与研发投入——基于中国制造业上市公司的实证研究》,载《中国管理现代化研究会·第五届（2010）中国管理学年会——公司治理分会场论文集》,中国管理现代化研究会,2010。

[69] 王昱:《金融发展对企业创新投资影响的边界效应研究》,博士学位论文,大连理工大学,2015。

[70] 王卓、宁向东:《研发投入与实际控制人持股比例的关系——基于中国上市公司的实证研究》,《技术经济》2017 年第 4 期。

[71] 魏江、许庆瑞:《企业创新能力的概念、结构、度量与评价》,《科学管理研究》1995 年第 5 期。

[72] 魏蒙、魏澄荣:《创新投入影响融资结构与企业绩效关系的中介效应研究——基于 S-C-P 的分析范式》,《福建论坛（人文社会科学版）》2017 年第 6 期。

[73] 温军、冯根福、刘志勇:《异质债务、企业规模与 R&D 投入》,《金融研究》2011 年第 1 期。

[74] 文芳:《股权集中度、股权制衡与公司 R&D 投资——来自中国上市公司的经验证据》,《南方经济》2008 年第 4 期。

[75] 吴俊杰、戴勇:《企业家社会资本、知识整合能力与技术创新

绩效关系研究》,《科技进步与对策》2013 年第 11 期。

[76] 吴延兵、刘霞辉:《人力资本与研发行为——基于民营企业调研数据的分析》,《经济学:季刊》2009 年第 4 期。

[77] 武力超、孙梦暄、张晓东:《关系型贷款与企业创新问题的研究——基于 Heckman 两阶段选择模型的分析》,《经济科学》2015 年第 1 期。

[78] 肖兴志、王伊攀、李姝:《政府激励、产权性质与企业创新——基于战略性新兴产业 260 家上市公司数据》,《财经问题研究》2013 年第 12 期。

[79] 谢言、高山行、江旭:《外部社会联系能否提升企业自主创新？——一项基于知识创造中介效应的实证研究》,《科学学研究》2010 年第 5 期。

[80] 徐向艺、汤业国:《董事会结构与技术创新绩效的关联性研究——来自中国中小上市公司的经验证据》,《经济与管理研究》2013 年第 2 期。

[81] 严若森、钱晶晶:《董事会资本、CEO 股权激励与企业 R&D 投入——基于中国 A 股高科技电子行业上市公司的经验证据》,《经济管理》2016 年第 7 期。

[82] 严子淳、薛有志:《董事会社会资本、公司领导权结构对企业 R&D 投入程度的影响研究》,《管理学报》2015 年第 4 期。

[83] 杨建君、盛锁:《股权结构对企业技术创新投入影响的实证研究》,《科学学研究》2007 年第 4 期。

[84] 杨俊、李晓羽、杨尘:《技术模仿、人力资本积累与自主创新——基于中国省际面板数据的实证分析》,《财经研究》2007 年第 5 期。

[85] 杨其静:《对国有企业经营者的选择与监控》,《现代经济探讨》2001 年第 3 期。

[86] 杨洋、魏江、罗来军：《谁在利用政府补贴进行创新？——所有制和要素市场扭曲的联合调节效应》，《管理世界》2015 年第 1 期。

[87] 余明桂、潘红波：《政治关系、制度环境与民营企业银行贷款》，《管理世界》2008 年第 8 期。

[88] 俞峰、钟昌标：《企业政治资源真的存在诅咒效应吗？——基于中国科技部创新企业数据的经验证据》，《南开经济研究》2017 年第 2 期。

[89] 袁建国、后青松、程晨：《企业政治资源的诅咒效应——基于政治关联与企业技术创新的考察》，《管理世界》2015 年第 1 期。

[90] 斋藤优：《技术转移理论与方法》，中国发明创造者基金会，1985。

[91] 张保柱、黄辉：《考虑政府干预的企业 R&D 行为研究》，《财经论丛》2009 年第 3 期。

[92] 张汉江、陈声益、李敏：《双头垄断市场中新技术研发投资的不完全信息博弈分析》，《研究与发展管理》2008 年第 2 期。

[93] 张慧、安同良：《中国上市公司董事会学历分布与公司绩效的实证分析》，《南京社会科学》2006 年第 1 期。

[94] 张杰、郑文平、翟福昕：《竞争如何影响创新：中国情景的新检验》，《中国工业经济》2014 年第 11 期。

[95] 张敏、黄继承：《政治关联、多元化与企业风险——来自我国证券市场的经验证据》，《管理世界》2009 年第 7 期。

[96] 张维迎：《产权、政府与信誉》，《读书》2001 年第 6 期。

[97] 张维迎、周黎安、顾全林：《高新技术企业的成长及其影响因素：分位回归模型的一个应用》，《管理世界》2005 年第 10 期。

[98] 赵洪江：《高新技术创业企业融资：融资契约与创业金融体系》，西南财经大学出版社，2009。

[99] 赵洪江、陈学华、夏晖:《公司自主创新投入与治理结构特征实证研究》,《中国软科学》2008年第7期。

[100] 赵旭峰、温军:《董事会治理与企业技术创新:理论与实证》,《当代经济科学》2011年第3期。

[101] 赵卓嘉:《面子对研发人员创新意愿的影响:个体与集体面子的不同作用》,《财经论丛(浙江财经大学学报)》2017年第2期。

[102] 钟廷勇、何玲、孙芳城:《产业政策对企业全要素生产率的影响研究》,《经济纵横》2019年第12期。

[103] 周建、金媛媛、刘小元:《董事会资本研究综述》,《外国经济与管理》2010年第12期。

[104] 周建、金媛媛、袁德利:《董事会人力资本、CEO权力对企业研发投入的影响研究——基于中国沪深两市高科技上市公司的经验证据》,《科学学与科学技术管理》2013年第3期。

[105] 周建、李小青:《董事会认知异质性对企业创新战略影响的实证研究》,《管理科学》2012年第6期。

[106] 周建等:《董事会资本对企业R&D支出的影响研究——基于中国沪深两市高科技上市公司的经验证据》,《研究与发展管理》2012年第1期。

[107] 周杰、薛有志:《公司内部治理机制对R&D投入的影响——基于总经理持股与董事会结构的实证研究》,《研究与发展管理》2008年第3期。

[108] 周黎安:《中国地方官员的晋升锦标赛模式研究》,《经济研究》2007年第7期。

[109] 周黎安、罗凯:《企业规模与创新:来自中国省级水平的经验证据》,《经济学(季刊)》2005年第2期。

[110] 周英豪:《民营上市公司股权结构与经营绩效关系研究》,

《中国流通经济》2005 年第 12 期。

[111] 周瑜胜、宋光辉:《公司控制权配置、行业竞争与研发投资强度》,《科研管理》2016 年第 12 期。

[112] 朱福林等:《社会资本强度导致创新绩效与企业成长差异? ——基于北京市 200 多家科技型中小微企业的实证研究》,《产经评论》2016 年第 5 期。

[113] 朱平芳、徐伟民:《政府的科技激励政策对大中型工业企业 R&D 投入及其专利产出的影响——上海市的实证研究》,《经济研究》2003 年第 6 期。

[114] 朱焱、张孟昌:《企业管理团队人力资本、研发投入与企业绩效的实证研究》,《会计研究》2013 年第 11 期。

[115] Aghion, P., Howitt, P., Violante, G. L., "General Purpose Technology and Wage Inequality", *Journal of Economic Growth* 7 (4), 2002.

[116] Ahuja, G., Coff, R. W., Lee, P. M., "Managerial Foresight and Attempted Rent Appropriation: Insider Trading on Knowledge of Imminent Breakthroughs", *Strategic Management Journal* 26 (9), 2005.

[117] Aiken, L. S., West, S. G., "Multiple Regression: Testing andInterpreting Interactions-Institute for Social and Economic Research (ISER)", *Evaluation Practice* 14 (2), 1991.

[118] Akin, M. S., "Innovation and Investment: Nasdaq-Listed Companies of Israel", *Technology & Investment* 1 (4), 2010.

[119] Alegre, J., Chiva, R., "Linking Entrepreneurial Orientation and Firm Performance: The Role of Organizational Learning Capability and Innovation Performance", *Journal of Small Business Management* 51 (4), 2013.

[120] Allen, J. F., "An Interval-Based Representation of Temporal Knowledge", *International Joint Conference on Artificial Intelligence* 1, 1981.

[121] Allen, S. D., Link, A. N., Dan, T. R., "Entrepreneurship and Human Capital: Evidence of Patenting Activity from the Academic Sector", *Entrepreneurship Theory & Practice* 31 (6), 2007.

[122] Amason, A. C., "Distinguishing the Effects of Functional and Dysfunctional Conflict on Strategic Decision Making: Resolving a Paradox for Top Management Teams", *Academy of Management Journal* 39 (1), 1996.

[123] Amit, R., Schoemaker, P. J. H., "Strategic Assets and Organizational Rent", *Strategic Management Journal* 14 (1), 1993.

[124] Ancona, D. G., Caldwell, D. F., "Bridging the Boundary: External Activity and Performance in Organizational Teams", *Administrative Science Quarterly* 37 (4), 1992.

[125] Anderson, R. C., Reeb, D. M., "Founding-Family Ownership and Firm Performance: Evidence from the S&P 500", *Journal of Finance* 58 (3), 2003.

[126] Anup, A., Knoeber, C., "Firm Performance and Mechanisms to Control Agency Problems between Managers and Shareholders", *Journal of Finance and Quantitative Analysis* 31 (377), 1996.

[127] Anup, A., Knoeber, C., "Do Some Outside Directors Play a Political Role?", *The Journal of Law and Economics* 44 (1), 2001.

[128] Armstrong, C. S., Gow, I. D., Larcker, D. F., "The Efficacy of Shareholder Voting: Evidence from Equity Compensation Plans", *Journal of Accounting Research* 51 (5), 2013.

[129] Arrow, K. J., "The Economic Implications of Learning by Do-

ing", *Review of Economic Studies* 29（3）1962.

[130] Baek, J. S., Kang, J. K., Suh Park, K., "Corporate Governance and Firm Value: Evidence from the Korean Financial Crisis", *Journal of Financial Economics* 71（2）, 2004.

[131] Baker, G. P., "Growth, Corporate Policies, and the Investment Opportunity Set", *Journal of Accounting and Economics* 16（1 - 3）, 1993.

[132] Balachandra, R., Friar, J. H., "Factors for Success in R&D Projects and New Product Innovation: A Contextual Framework", *IEEE Transactions on Engineering Management* 44（3）, 2002.

[133] Bantel, K. A., Jackson, S. E., "Top Management and Innovations in Banking: Does the Composition of the Top Team Make a Difference?", *Strategic Management Journal* 10（S1）, 1989.

[134] Barker Iii, V. L., Mueller, G. C., "CEO Characteristics and Firm R&D Spending", *Management Science* 48（6）, 2002.

[135] Barney, J., "Firm Resources and Sustained Competitive Advantage", *Journal of management* 17（1）, 1991.

[136] Barney, J. B., "Strategic Factor Markets: Expectations, Luck, and Business Strategy", *Management Science* 32（10）, 1986.

[137] Barney, J. B., "Resource-Based Theories of Competitive Advantage: A Ten-Year Retrospective on the Resource-Based View", *Journal of Management* 27（6）, 2001.

[138] Barrick, M. R., Bradley, B. H., Kristof-Brown, A. L., Colbert, A. E., "The Moderating Role of Top Management Team Interdependence: Implications for Real Teams and Working Groups", *Academy of Management Journal* 50（3）, 2007.

[139] Barroso, C., Ma, M. V., Perez-Calero, L., "Board Influence

[140] Bartel, A. P., Lichtenberg, F. R., "The Comparative Advantage of Educated Workers in Implementing New Technology", *Review of Economics & Statistics* 69 (1), 1987.

[141] Baysinger, B., Hoskisson, R. E., "Diversification Strategy and R&D Intensity in Multiproduct Firms", *Academy of Management journal* 32 (2), 1989.

[142] Baysinger, B. D., Butler, H. N., "Corporate Governance and the Board of Directors: Performance Effects of Changes in Board Composition", *Journal of Law, Economics, & Organization* 1 (1), 1985.

[143] Becker, G. S., *Human Capital* (New York: Columbia University Press, 1964).

[144] Becker, G. S., *Human Capital* (Chicago: University of Chicago Press, 1993).

[145] Becker, M. H., "Sociometric Location and Innovativeness: Reformulation and Extension of the Diffusion Model", *American Sociological Review* 35 (2), 1970.

[146] Bellettini, G., Berti Ceroni, C., Prarolo, G., "Knowing the Right Person in the Right Place: Political Connections and Economic Growth", *Social Science Electronic Publishing* 12 (3), 2009.

[147] Bhagat, S., Welch, I., "Corporate Research & Development Investments International Comparisons", *Journal of Accounting & Economics* 19 (2-3), 1995.

[148] Biemans, W. G., "User and Third-Party Involvement in Developing Medical Equipment Innovations", *Technovation* 11 (3), 1991.

[149] Billings, B. A., Fried, Y., "The Effects of Taxes and Organi-

zational Variables on Research and Development Intensity", *R&D Management* 29 (3), 1999.

[150] Black, J. A., Boal, K. B., "Strategic Resources: Traits, Configurations and Paths to Sustainable Competitive Advantage", *Strategic Management Journal* 15 (S2), 1994.

[151] Blau, P. M., *Inequality and Heterogeneity: A Primitive Theory of Social Structure* (New York: Free Press, 1977).

[152] Blundell, R., Griffith, R., Reenen, J. V., "Market Share, Market Value and Innovation: Evidence from British Manufacturing Firms", *Review of Economic Studies* 66 (3), 1999.

[153] Boeker, W., "Executive Migration and Strategic Change: The Effect of Top Manager Movement on Product-Market Entry", *Administrative Science Quarterly*, 1997.

[154] Boeker, W., Goodstein, J., "Organizational Performance and Adaptation: Effects of Environment and Performance on Changes in Board Composition", *Academy of Management Journal* 34 (4), 1991.

[155] Bogliacino, F., Pianta, M., "Profits, R&D, and Innovation—A Model and a Test", *Industrial & Corporate Change* 22 (3), 2013.

[156] Bollen, M., *Understanding Power Quality Problems: Voltage Sags and Interruptions* (Hoboken NJ: Wiley-IEEE Press, 1999).

[157] Bond, S., Harhoff, D., Van Reenen, J., "Investment, R&D and Financial Constraints in Britain and Germany", *Annals of Economics and Statistics* 3, 1999.

[158] Boone, N. M., "Creating an Effective Study Group", *Journal of Financial Planning*, 2007.

[159] Booth, J. R., Deli, D. N., "On Executives of Financial Institu-

tions as Outside Directors", *Journal of Corporate Finance* 5 (3), 1999.

[160] Booyens, I., "Are Small, Medium-and Micro-Sized Enterprises Engines of Innovation? The Reality in South Africa", *Science & Public Policy* 38 (1), 2011.

[161] Bourdieu, P., *Distinction: A Social Critique of the Judgement of Taste* (Boston: Harvard University Press, 1984).

[162] Boyd, B., "Corporate Linkages and Organizational Environment: A Test of the Resource Dependence Model", *Strategic Management Journal* 11 (6), 1990.

[163] Bruce, M., Rodgus, G., "Innovation Strategies in the Enzyme Industry", *R&D Management* 21 (4), 1991.

[164] Burt, R. S., "Cooptive Corporate Actor Networks: A Reconsideration of Interlocking Directorates Involving American Manufacturing", *Administrative Science Quarterly*, 1980.

[165] Burt, R. S., *Corporate Profits and Cooptation: Networks of Market Constraints and Directorate Ties in the American Economy* (New York: Academic Press, 1983).

[166] Burt, R. S., *Structural Holes* (Cambridge: Harvard University Press, 1992).

[167] Cainelli, G., Mancinelli, S., Mazzanti, M., "Social Capital and Innovation Dynamics in District-Based Local Systems", *The Journal of Socio-Economics* 36 (6), 2007.

[168] Caner, T., Sun, J., Prescott, J. E., *When a Firm's Centrality in R&D Alliance Network Is (Not) the Answer for Invention* (Elsevier Science Publishers B. V., 2014).

[169] Carpenter, M. A., Sanders, G., Gregersen, H. B., "Bund-

ling Human Capital with Organizational Context: The Impact of International Assignment Experience on Multinational Firm Performance and CEO Pay", *Academy of Management Journal* 44 (3), 2001.

[170] Carpenter, M. A., Westphal, J. D., "The Strategic Context of External Network Ties: Examining the Impact of Director Appointments on Board Involvement in Strategic Decision Making", *Academy of Management journal* 44 (4), 2001.

[171] Certo, S. T., "Influencing Initial Public Offering Investors with Prestige: Signaling with Board Structure", *Academy of Management Review* 28 (3), 2003.

[172] Chen, H. L., "Board Capital, CEO Power and R&D Investment in Electronics Firms", *Corporate Governance: An International Review* 22 (5), 2014.

[173] Chen, H. L., Hsu, W. T., "Family Ownership, Board Independence, and R&D Investment", *Family Business Review* 22 (4), 2009.

[174] Choi, J. P., "Tying and Innovation: A Dynamic Analysis of Tying Arrangements", *The Economic Journal* 114 (492), 2004.

[175] Claessens, S., Djankov, S., Lang, L. H. P., "The Separation of Ownership and Control in East Asian Corporations", *Journal of Financial Economics* 58 (12), 2000.

[176] Cohen, W. M., Levinthal, D. A., "Absorptive Capacity: A New Perspective on Learning and Innovation", *Administrative Science Quarterly* 35, 1990.

[177] Coleman, J. S., "Social Capital in the Creation of Human Capital", *American Journal of Sociology* 94, 1988.

[178] Combs, J. G., Ketchen, D. J., "Explaining Interfirm Cooperation and Performance: Toward a Reconciliation of Predictions from the Resource-Based View and Organizational Economics", *Strategic Management Journal* 20 (9), 1999.

[179] Conger, J., Lawler, E. E., Finegold, D., "Building a Better Board", *Journal of Business Strategy* 22 (6), 2001.

[180] Cooper, R. G., "The Dimensions of Industrial New Product Success and Failure", *Journal of Marketing* 43 (3), 1979.

[181] Cosci, S., Meliciani, V., Sabato, V., "Relationship Lending and Innovation: Empirical Evidence on a Sample of European Firms", *Economics of Innovation & New Technology* 25 (4), 2016.

[182] Covin, J. G., Slevin, D. P., "A Conceptual Model of Entrepreneurship as Firm Behavior", *Social Science Electronic Publishing* 16 (1), 1991.

[183] Croppenstedt, A., Demeke, M., Meschi, M. M., "Technology Adoption in the Presence of Constraints: The Case of Fertilizer Demand in Ethiopia", *Review of Development Economics* 7 (1), 2003.

[184] Cushing, R., Florida, R., Gates, G., "When Social Capital Stifles Innovation", *Harvard Business Review* 80 (8), 2002.

[185] Dacin, M. T., Goodstein, J., Scott, W. R., "Institutional Theory and Institutional Change: Introduction to the Special Research Forum", *Academy of Management Journal* 45 (1), 2002.

[186] Daellenbach, U. S., Mccarthy, A. M., Schoenecker, T. S., "Commitment to Innovation: The Impact of Top Management Team Characteristics", *R&D Management* 29 (3), 1999.

[187] Daily, C. M., Schwenk, C., "Chief Executive Officers, Top Management Teams, and Boards of Directors: Congruent or Coun-

tervailing Forces?", *Journal of Management* 22 (2), 1996.

[188] Dakhli, M., De Clercq, D., "Human Capital, Social Capital, and Innovation: A Multi-Country Study", *Entrepreneurship & Regional Development* 16 (2), 2004.

[189] Dalziel, T., Gentry, R. J., Bowerman, M., "An Integrated Agency-Resource Dependence View of the Influence of Directors' Human and Relational Capital on Firms' R&D Spending", *Journal of Management Studies* 48 (6), 2011.

[190] Dáveni, R. A., "Top Managerial Prestige and Organizational Bankruptcy", *Organization Science* 1 (2), 1990.

[191] David, P., O'brien, J. P., Yoshikawa, T., "The Implications of Debt Heterogeneity for R&D Investment and Firm Performance", *Academy of Management Journal* 51 (1), 2008.

[192] Davis, L. E., North, D. C., *Institutional Change and American Economic Growth* (Cambridge: Cambridge University Press, 1971).

[193] De Carolis, D. M., "Competencies and Imitability in the Pharmaceutical Industry: An Analysis of Their Relationship with Firm Performance", *Journal of Management* 29 (1), 2003.

[194] De Jong, J. P. J., Kemp, R., "Determinants of Co-Workers' Innovative Behaviour: An Investigation into Knowledge Intensive Services", *International Journal of Innovation Management* 7 (2), 2003.

[195] Dearborn, D. C., Simon, H. A., "Selective Perception: A Note on the Departmental Identifications of Executives", *Sociometry* 21 (2), 1958.

[196] Del Canto, J. G., González, I. S., "A Resource-Based Analy-

sis of the Factors Determining a Firm's R&D Activities", *Research Policy* 28 (8), 1999.

[197] Dewar, R. D., Dutton, J. E., "The Adoption of Radical and Incremental Innovations: An Empirical Analysis", *Management Science* 32 (11), 1986.

[198] Dierickx, I., Cool, K., "Asset Stock Accumulation and Sustainability of Competitive Advantage", *Management Science* 35 (12), 1989.

[199] Dixon, A. J., Seddi, H. R., "An Analysis of R&D Activities in North East England Manufacturing Firms: The Results of a Sample Survey", *Regional Studies* 30 (3), 1996.

[200] Drucker, P. F., *Innovation and Entrepreneurship: Practice and Principles* (New York: Harper and Row, 1985).

[201] Drucker, P. F., *The Practice of Management* (New York: Harper & Row, 1986).

[202] Eisenhardt, K. M., Schoonhoven, C. B., "Resource-Based View of Strategic Alliance Formation: Strategic and Social Effects in Entrepreneurial Firms", *Organization Science* 7 (2), 1996.

[203] Emerson, R. M., "Power-Dependence Relations", *American Sociological Review* 27 (1), 1962.

[204] Falk, M., "Quantile Estimates of the Impact of R&D Intensity on Firm Performance", *Small Business Economics* 39 (1), 2012.

[205] Fama, E. F., "Agency Problems and the Theory of the Firm", *Journal of Political Economy* 88 (2), 1980.

[206] Fama, E. F., Jensen, M. C., "Agency Problems and Residual Claims", *The Journal of Law and Economics* 26 (2), 1983.

[207] Finkelstein, S., Hambrick, D. C., Cannella, A. A., Strate-

gic Leadership (St. Paul, Minn: West, 1996).

[208] Fischer, H. M., Pollock, T. G., "Effects of Social Capital and Power on Surviving Transformational Change: The Case of Initial Public Offerings", *Academy of Management Journal* 47 (4), 2004.

[209] Fisher, B. I., *The Nature of Capital and Income* (New York: The Macmillan Company, 1906).

[210] Fisher, F. M., Temin, P., "Returns to Scale in Research and Development: What Does the Schumpeterian Hypothesis Imply?", *Journal of Political Economy* 81 (1), 1973.

[211] Folster, S., "Do Subsidies to Cooperative R&D Actually Stimulate R&D Investment and Cooperation?", *Research Policy* 24 (3), 1995.

[212] Foss, N. J., Ishikawa, I., "Towards a Dynamic Resource-Based View: Insights from Austrian Capital and Entrepreneurship Theory", *Organization Studies* 28 (5), 2007.

[213] Francis, J., Smith, A., "Agency Costs and Innovation Some Empirical Evidence", *Journal of Accounting and Economics* 19 (2-3), 1995.

[214] Freeman, C., "The Economics of Industrial Innovation", *Social Science Electronic Publishing* 7 (2), 1982.

[215] Fried, V. H., Bruton, G. D., Hisrich, R. D., "Strategy and the Board of Directors in Venture Capital-Backed Firms", *Journal of Business Venturing* 13 (6), 1998.

[216] Friedman, E., Johnson, S., Mitton, T., "Propping and Tunneling", *Journal of Comparative Economics* 31 (4), 2003.

[217] Galaskiewicz, J., "Interorganizational Relations", *Annual Review of Sociology* 11 (1), 1985.

[218] Gales, L. M., Kesner, I. F., "An Analysis of Board of Director Size and Composition in Bankrupt Organizations", *Journal of Business Research* 30 (3), 1994.

[219] Geletkanycz, M. A., Hambrick, D. C., "The External Ties of Top Executives: Implications for Strategic Choice and Performance", *Administrative Science Quarterly* 42 (4), 1997.

[220] George, J. M., Zhou, J., "When Openness to Experience and Conscientiousness Are Related to Creative Behavior: An Interactional Approach", *Journal of Applied Psychology* 86 (3), 2001.

[221] Ghosh, S., "Banker on Board and Innovative Activity", *Journal of Business Research* 69 (10), 2016.

[222] Gradstein, M., Justman, M., "Human Capital, Social Capital, and Public Schooling", *European Economic Review* 44 (4), 2000.

[223] Grandori, A., Soda, G., "Inter-Firm Networks: Antecedents, Mechanisms and Forms", *Organization Studies* 16 (2), 1995.

[224] Granovetter, M., "The Strength of Weak Ties: A Network Theory Revisited", *Sociological Theory* 1 (6), 1983.

[225] Grant, R. M., "Toward a Knowledge-Based Theory of the Firm", *Strategic Management Journal* 17 (S2), 1996.

[226] Graves, S. B., Waddock, S. A., "The Corporate Social Performance-Financial Performance Link", *Strategic Management Journal* 18 (4), 1997.

[227] Griliches, Z., "Market Value, R&D, and Patents", *Economics Letters* 7 (2), 1981.

[228] Grimm, C. M., Smith, K. G., "Research Notes and Communications Management and Organizational Change: A Note on the Rail-

road Industry", *Strategic Management Journal* 12 (7), 1991.

[229] Grimpe, C., Kaiser, U., "Balancing Internal and External Knowledge Acquisition: The Gains and Pains from R&D Outsourcing", *Journal of Management Studies* 47 (8), 2010.

[230] Gulati, R., Westphal, J. D., "Cooperative or Controlling? The Effects of CEO-Board Relations and the Content of Interlocks on the Formation of Joint Ventures", *Administrative Science Quarterly* 44 (3), 1999.

[231] Guner, A. B., Malmendier, U., Tate, G., "Financial Expertise of Directors", *Journal of Financial Economics* 88 (2), 2008.

[232] Haleblian, J., Finkelstein, S., "Top Management Team Size, CEO Dominance, and Firm Performance: The Moderating Roles of Environmental Turbulence and Discretion", *Academy of Management Journal* 36 (4), 1993.

[233] Hall, B. H., "Investment and Research and Development at the Firm Level: Does the Source of Financing Matter?", *National Bureau of Economic Research* 6, 1992.

[234] Hall, B. H., Griliches, Z., Hausman, J. A., "Patents and R&D—Is There a Lag?", *International Economic Review* 27 (2), 1984.

[235] Hambrick, D. C., "The Top Management Team: Key to Strategic Success", *California Management Review* 30 (1), 1987.

[236] Hambrick, D. C., Cho, T. S., Chen, M. J., "The Influence of Top Management Team Heterogeneity on Firms' Competitive Moves", *Administrative Science Quarterly* 41 (4), 1996.

[237] Hambrick, D. C., D'aveni, R. A., "Top Team Deterioration as Part of the Downward Spiral of Large Corporate Bankruptcies",

Management Science 38 (10), 1992.

[238] Hambrick, D. C., Fukutomi, G. D., "The Seasons of a CEO's Tenure", *Academy of Management Review Academy of Management* 16 (4), 1991.

[239] Hambrick, D. C., Mason, P. A., "Upper Echelons: The Organization as a Reflection of Its Top Managers", *Academy of Management Review* 9 (2), 1984.

[240] Haunschild, P. R., Beckman, C. M., "When Do Interlocks Matter? Alternate Sources of Information and Interlock Influence", *Administrative Science Quarterly* 43 (4), 1998.

[241] Haynes, K. T., Hillman, A. J., "The Effect of Board Capital and CEO Power on Strategic Change", *Strategic Management Journal* 31 (11), 2010.

[242] Hayton, J. C., "Competing in the New Economy: The Effect of Intellectual Capital on Corporate Entrepreneurship in High-Technology New Ventures", *R&D Management* 35 (2), 2005.

[243] Herrera, A. M., Minetti, R., "Informed Finance and Technological Change: Evidence from Credit Relationships", *Journal of Financial Economics* 83 (1), 2007.

[244] Hillman, A. J., Cannella, A. A., Paetzold, R. L., "The Resource Dependence Role of Corporate Directors: Strategic Adaptation of Board Composition in Response to Environmental Change", *Journal of Management Studies* 37 (2), 2000.

[245] Hillman, A. J., Dalziel, T., "Boards of Directors and Firm Performance: Integrating Agency and Resource Dependence Perspectives", *Academy of Management Review* 28 (3), 2003.

[246] Hillman, A. J., Hitt, M. A., "Corporate Political Strategy For-

mulation: A Model of Approach, Participation, and Strategy Decisions", *Academy of Management Review* 24 (4), 1999.

[247] Hillman, A. J., Keim, G. D., Luce, R. A., "Board Composition and Stakeholder Performance: Do Stakeholder Directors Make a Difference?", *Business & Society* 40 (3), 2001.

[248] Hillman, A. J., Withers, M. C., Collins, B. J., "Resource Dependence Theory: A Review", *Journal of Management* 35 (6), 2009.

[249] Hinloopen, J., "More on Subsidizing Cooperative and Noncooperative R&D in Duopoly with Spillovers", *Journal of Economics* 72 (3), 2000.

[250] Hitt, M. A., Bierman, L., Shimizu, K., Kochhar, R., "Direct and Moderating Effects of Human Capital on Strategy and Performance in Professional Service Firms: A Resource-Based Perspective", *Academy of Management journal* 44 (1), 2001.

[251] Hitt, M. A., Tyler, B. B., "Strategic Decision Models: Integrating Different Perspectives", *Strategic Management Journal* 12 (5), 1991.

[252] Holderness, C. G., Sheehan, D. P., "The Role of Majority Shareholders in Publicly Held Corporations: An Exploratory Analysis", *Journal of Financial Economics* 20, 1988.

[253] Huff, A. S., "Industry Influences on Strategy Reformulation", *Strategic Management Journal* 3 (2), 1982.

[254] Jackson, S. E., May, K. E., Whitney, K., "Understanding the Dynamics of Diversity in Decision Making Teams", *Team Dffectiveness and Decision Making in Organizations* 204, 1995.

[255] Jacobs, J., *The Death and Life of Great American Cities* (New

York: Penguin, 1965).

[256] Jamison, D. T., Moock, P. R., "Farmer Education and Farm Efficiency in Nepal: The Role of Schooling, Extension Services, and Cognitive Skills", *World Development* 12 (1), 1984.

[257] Janis, I. L., *Victims of Groupthink: A Psychological Study of Foreign-Policy Decisions and Fiascoes* (Oxford: Houghton Mifflin, 1972).

[258] Jeanjean, T., Cazavan-Jeny, A., "The Negative Impact of R&D Capitalization: A Value Relevance Approach", *European Accounting Review* 15 (1), 2006.

[259] Jensen, M., "Theory of Firm: Managerial Behavior, Agency Costs and Ownership", *Journal of Financial Economics* 3 (4), 1976.

[260] Jermias, J., Gani, L., "The Impact of Board Capital and Board Characteristics on Firm Performance", *The British Accounting Review* 46 (2), 2014.

[261] Johnson, S., Porta, R. L., Lopez-De-Silanes, F., "Tunneling", *American Economic Review* 90 (2), 2000.

[262] Judge, W. Q., Zeithaml, C. P., "Institutional and Strategic Choice Perspectives on Board Involvement in the Strategic Decision Process", *Academy of management Journal* 35 (4), 1992.

[263] Kaasa, A., "Effects of Different Dimensions of Social Capital on Innovative Activity: Evidence from Europe at the Regional Level", *Technovation* 29 (3), 2009.

[264] Kale, P., Singh, H., Perlmutter, H., "Learning and Protection of Proprietary Assets in Strategic Alliances: Building Relational Capital", *Strategic Management Journal* 21 (3), 2000.

[265] Kamien, M. I, Schwartz, N. L, "Self-Financing of an R&D Pro-

ject", *Am Econ Rev (United States)* 3 (3), 1978.

[266] Kamien, M. I., Schwartz, N. L., "Market Structure and Innovation: A Survey", *Journal of Economic Literature* 13 (1), 1975.

[267] Katz, R., "The Effects of Group Longevity on Project Communication and Performance", *Administrative Science Quarterly* 27 (1), 1982.

[268] Keefer, P., Knack, S., "Why Don't Poor Countries Catch Up? A Cross-National Test of an Institutional Explanation", *Economic Inquiry* 35 (3), 1997.

[269] Khwaja, A. I., Mian, A., "Unchecked Intermediaries: Price Manipulation in an Emerging Stock Market", *Journal of Financial Economics* 78 (1), 2005.

[270] Kim, K., Mauldin, E., Patro, S., "Outside Directors and Board Advising and Monitoring Performance", *Journal of Accounting & Economics* 57 (2-3), 2014.

[271] Kim, N., Kim, E., "Board Capital and Exploration: From a Resource Provisional Perspective", *Management Decision* 53 (9), 2015.

[272] Kim, Y., Cannella Jr, A. A., "Toward a Social Capital Theory of Director Selection", *Corporate Governance An International Review* 16 (4), 2008.

[273] Kimberly, J. R., Evanisko, M. J., "Organizational Innovation: The Influence of Individual, Organizational, and Contextual Factors on Hospital Adoption of Technological and Administrative Innovations", *Academy of Management Journal Academy of Management* 24 (4), 1981.

[274] Kleinbaum, D. G., Kupper, L. L., Muller, K. E., *Applied*

Regression Analysis and Other Multivariable Methods (Boston: PWS Publishing, 1988).

[275] Klingebiel, R., Rammer, C., "Resource Allocation Strategy for Innovation Portfolio Management", *Strategic Management Journal* 35 (2), 2014.

[276] Kor, Y. Y., "Experience-Based Top Management Team Competence and Sustained Growth", *Organization Science* 14 (6), 2003.

[277] Kor, Y. Y., "Direct and Interaction Effects of Top Management Team and Board Compositions on R&D Investment Strategy", *Strategic Management Journal* 27 (11), 2006.

[278] Kor, Y. Y., Leblebici, H., "How Do Interdependencies among Human-Capital Deployment, Development, and Diversification Strategies Affect Firms' Financial Performance?", *Strategic Management Journal* 26 (10), 2005.

[279] Kor, Y. Y., Sundaramurthy, C., "Experience-Based Human Capital and Social Capital of Outside Directors", *Journal of Management* 35 (4), 2009.

[280] Kozlowski, S. W. J., Klein, K. J. "A Multilevel Approach to Theory and Research in Organizations: Contextual, Temporal, and Emergent Processes", *Multilevel Theory, Research, and Methods in Organizations: Foundations, Extensions, and New Directions*, ed. Klein K. J. and Kozlowski, S. W. J. (San Francisco: Jossey-Bass, 2000).

[281] La Porta, R., Lopez-De-Silanes, F., Shleifer, A., "Corporate Ownership around the World", *The Journal of Finance* 54 (2), 1999.

[282] La Porta, R., Lopez-De-Silanes, F., Shleifer, A., Vishny,

R. W. , "Law and Finance", *Journal of Political Economy* 106 (6), 1998.

[283] Lach, S. , "Do R&D Subsidies Stimulate or Displace Private R&D? Evidence from Israel", *Journal of Industrial Economics* 50 (4), 2002.

[284] Leana, C. R. , Buren, H. J. V. , "Organizational Social Capital and Employment Practices", *Academy of Management Review* 24 (3), 1999.

[285] Lee, P. M. , O'neill, H. M. , "Ownership Structures and R&D Investments of Us and Japanese Firms: Agency and Stewardship Perspectives", *Academy of Management Journal* 46 (2), 2003.

[286] Lee, Y. , Cavusgil, S. T. , "Enhancing Alliance Performance: The Effects of Contractual-Based Versus Relational-Based Governance", *Journal of Business Research* 59 (8), 2006.

[287] Letendre, L. , "The Dynamics of the Boardroom", *The Academy of Management Executive* (1993 - 2005) 18 (1), 2004.

[288] Li, H. , Atuahene-Gima, K. , "Product Innovation Strategy and the Performance of New Technology Ventures in China", *Academy of Management Journal* 44 (6), 2001.

[289] Lin, C. , Lin, P. , Song, F. M. , "Property Rights Protection and Corporate R&D: Evidence from China", *Journal of Development Economics* 93 (1), 2010.

[290] Lin, C. , Officer, M. S. , Zou, H. , "Directors' and Officers' Liability Insurance and Acquisition Outcomes", *Journal of Financial Economics* 102 (3), 2011.

[291] Lin, N. , *Social Resources and Instrumental Action: Social Structure and Network Analysis* (London: Sage Publications, 1982).

[292] Lippman, S. A., Rumelt, R. P., "Uncertain Imitability: An Analysis of Interfirm Differences in Efficiency under Competition", *The Bell Journal of Economics* 13 (2), 1982.

[293] Lokshin, B., Van Gils, A., Bauer, E., "Crafting Firm Competencies to Improve Innovative Performance", *European Management Journal* 27 (3), 2009.

[294] Lorsch, J. W., Maciver, E., *Pawns or Potentates: The Reality of America's Corporate Boards* (Boston: Harvard Business School Press, 1989).

[295] Love, J. H., Ashcroft, B., Dunlop, S., "Corporate Structure, Ownership and the Likelihood of Innovation", *Applied Economics* 28 (6), 1996.

[296] Lucas, R. E., "On the Mechanics of Economic Development", *Journal of Monetary Economics* 22 (1), 1988.

[297] Madhok, A., Tallman, S. B., "Resources, Transactions and Rents: Managing Value through Interfirm Collaborative Relationships", *Organization Science* 9 (3), 1998.

[298] Maere, J. D., Jorissen, A., Uhlaner, L. M., "Board Capital and the Downward Spiral: Antecedents of Bankruptcy in a Sample of Unlisted Firms", *Corporate Governance An International Review* 22 (5), 2014.

[299] Makri, M., Lane, P. J., Gomez-Mejia, L. R., "CEO Incentives, Innovation, and Performance in Technology-Intensive Firms: A Reconciliation of Outcome and Behavior-Based Incentive Schemes", *Strategic Management Journal* 27 (11), 2006.

[300] Mansfield, E., "Technical Change and the Rate of Imitation", *Econometrica: Journal of the Econometric Society*, 1961.

［301］ Mansfield, E., Schwartz, M., Wagner, S., "Imitation Costs and Patents: An Empirical Study", *The Economic Journal* 91 (364), 1981.

［302］ Marshall, A., *Principles of Political Economy* (New York: Maxmillan, 1890).

［303］ Martinsson, G., "Finance and R&D Investment: Is There a Debt Overhang Effect on R&D Investment?", *Electrinic Working Paper Series* 174, 2009.

［304］ Marvel, M. R., Lumpkin, G. T., "Technology Entrepreneurs' Human Capital and Its Effects on Innovation Radicalness", *Entrepreneurship Theory & Practice* 31 (6), 2007.

［305］ Maznevski, M. L., "Understanding Our Differences: Performance in Decision-Making Groups with Diverse Members", *Human Relations* 47 (5), 1994.

［306］ Mcelroy, T., Seta, J. J., Waring, D. A., "Reflections of the Self: How Self-Esteem Determines Decision Framing and Increases Risk Taking", *Journal of Behavioral Decision Making* 20 (3), 2007.

［307］ Mckelvie, A., Davidsson, P., "From Resource Base to Dynamic Capabilities: An Investigation of New Firms", *British Journal of Management* 20 (s1), 2009.

［308］ Meeus, M. T., Oerlemans, L. A., "Firm Behaviour and Innovative Performance: An Empirical Exploration of the Selection-Adaptation Debate", *Research Policy* 29 (1), 2000.

［309］ Mintzberg, H., *Power in and around Organizations* (Englewood Cliffs, NJ: Prentice-Hall, 1983).

［310］ Mitchell, J. C., "Social Networks in Urban Situations: Analyses of Personal Relationships in Central African Towns", *American Journal of Sociology* 22 (7), 1964.

[311] Mizruchi, M. S., Stearns, L. B., "A Longitudinal Study of the Formation of Interlocking Directorates", *Administrative Science Quarterly*, 1988.

[312] Monks, R., Minow, N., *Corporate Governance* (Cambridge: Basil Blackwell, 1995).

[313] Müller, E., "Benefits of Control, Capital Structure and Company Growth", *Applied Economics* 40 (21), 2008.

[314] Myers, S., Marquis, D. G., *Successful Industrial Innovation*: Institute of Public Administration, 1969).

[315] Nahapiet, J., Ghoshal, S., "Social Capital, Intellectual Capital, and the Organizational Advantage", *Academy of Management Review* 23 (2), 1998.

[316] Nelson, R. R., *National Innovation Systems: A Comparative Analysis* (New York: Oxford University Press on Demand, 1993).

[317] Nelson, R. R., Phelps, E. S., "Investment in Humans, Technological Diffusion, and Economic Growth", *Studies in Macroeconomic Theory* 56 (1/2), 1965.

[318] Nickell, S. J., "Competition and Corporate Performance", *Journal of Political Economy* 104 (4), 1996.

[319] Nurmi, S., "Plant Size, Age and Growth in Finnish Manufacturing", *Finnish Economic Papers* 17 (1), 2004.

[320] O'Hagan, S. B., Green, M. B., "Corporate Knowledge Transfer Via Interlocking Directorates: A Network Analysis Approach", *Geoforum* 35 (1), 2004.

[321] Ogawa, K., "Debt, R&D Investment and Technological Progress: A Panel Study of Japanese Manufacturing Firms' Behavior During the 1990s", *Journal of the Japanese & International Economies* 21 (4), 2007.

[322] Oh, H., Labianca, G., Chung, M. H., "A Multilevel Model of Group Social Capital", *Academy of Management Review* 31 (3), 2006.

[323] Oliver, C., "Sustainable Competitive Advantage: Combining Institutional and Resource-Based Views", *Strategic Management Journal*, 1997.

[324] Opler, T., Pinkowitz, L., Stulz, R., Williamson, R., "The Determinants and Implications of Corporate Cash Holdings", *Social Science Electronic Publishing* 52 (1), 1999.

[325] Palmer, D., "Broken Ties: Interlocking Directorates and Intercorporate Coordination", *Administrative Science Quarterly* 28 (1), 1983.

[326] Patterson, M. L., "From Experience: Linking Product Innovation to Business Growth", *Journal of Product Innovation Management* 15 (5), 1998.

[327] Pavitt, K., "Characteristics of Innovative Activities in British Industry", *Omega* 11 (2), 1983.

[328] Pennings, J. M., Lee, K., Witteloostuijn, A. V., "Human Capital, Social Capital, and Firm Dissolution", *Academy of Management Journal* 41 (4), 1998.

[329] Penrose, E. T., *The Theory of the Growth of the Firm* (New York: Sharpe, 1959).

[330] Peteraf, M. A., "The Cornerstones of Competitive Advantage: A Re-

source-Based View", *Strategic Management Journal* 14 (3), 1993.

[331] Pfeffer, J., "Size and Composition of Corporate Boards of Directors: The Organization and Its Environment", *Administrative Science Quarterly* 17 (2), 1972.

[332] Pfeffer, J., Salancik, G. R., *The External Control of Organizations: A Resource Dependence Perspective* (New York: Harper & Row, 1978).

[333] Pitcher, P., Smith, A. D., "Top Management Team Heterogeneity: Personality, Power, and Proxies", *Organization Science* 12 (1), 2001.

[334] Polanyi, M., *Personal Knowledge: Towards a Post-Critical Philosophy* (Chicago: University of Chicago Press, 1962).

[335] Porter, M. E., "Competitive Strategy: Techniques for Analyzing Industries and Competitors", *Social Science Electronic Publishing* 2, 1980.

[336] Postrel, S., "Islands of Shared Knowledge: Specialization and Mutual Understanding in Problem-Solving Teams", *Organization Science* 13 (3), 2002.

[337] Prahalad, C. K., Hamel, G., "The Core Competence of the Corporation", *Harvard Business Review* 68 (3), 1990.

[338] Putnam, R. D., Leonardi, R., Nanetti, R. Y., *Making Democracy Work: Civic Traditions in Modern Italy* (Princeton: Princeton University Press, 1994).

[339] Rajan, R. G., Zingales, L., "The Governance of the New Enterprise", *National Bureau of Economic Research* 10, 2000.

[340] Ren, S., Eisingerich, A. B., Tsai, H., "How Do Marketing, Research and Development Capabilities, and Degree of Interna-

tionalization Synergistically Affect the Innovation Performance of Small and Medium-Sized Enterprises (Smes)? A Panel Data Study of Chinese Smes", *International Business Review* 24 (4), 2015.

[341] Rhodes-Kropf, M., Robinson, D. T., Viswanathan, S., "Valuation Waves and Merger Activity: The Empirical Evidence", *Journal of Financial Economics* 77 (3), 2005.

[342] Romer, P. M., "Endogenous Technological Change", *Journal of Political Economy* 98 (5, Part 2) 1990.

[343] Rothwell, R., Dodgson, M., "External Linkages and Innovation in Small and Medium-Sized Enterprises", *R&D Management* 21 (2), 1991.

[344] Rowley, T., Behrens, D., Krackhardt, D., "Reundant Governance Structures: An Analysis of Structural and Relational Embeddness in the Steel and Semicondutor Industries", *Strategic Management Journal*, 2000.

[345] Rumelt, R. P., *Toward a Strategic Theory of the Firm* (Englewood Cliffs, NJ: Prentice-Hall, 1984).

[346] Rumelt, R. P., "How Much Does Industry Matter?", *Strategic Management Journal* 12 (3), 1991.

[347] Scherer, F. M., "Size of Firm, Oligopoly, and Research: A Comment", *Canadian Journal of Economics & Political Science* 31 (2), 1965.

[348] Scherer, F. M., "No Boon in the Merger Boom", *Business and Society Review*, 1980.

[349] Schmidt, K. M., "Managerial Incentives and Product Market Competition", *Review of Economic Studies* 64 (2), 1997.

[350] Schneider, L., Günther, J., Brandenburg, B., "Innovation

and Skills from a Sectoral Perspective: A Linked Employer-Employee Analysis", *Economics of Innovation & New Technology* 19 (2), 2010.

[351] Schultz, T. W., "Investment in Human Capital", *The American Economic Review* 51 (1), 1961.

[352] Schumpeter, J. A., *Business Cycles* (New York: McGraw-Hill, 1939).

[353] Schumpeter, J. A., *The Theory of Economic Development* (New York: Springer US, 1912).

[354] Schumpeter, J. A., "Cost and Demand Functions of the Individual Firm", *American Economic Review* 1, 1942.

[355] Schwenk, C. R., "Conflict in Organizational Decision Making: An Exploratory Study of Its Effects in for-Profit and Not-for-Profit Organizations", *Management Science* 36 (4), 1990.

[356] Scott, W. R., Davis, G. F., "Organizations and Organizing: Pearson New International Edition: Rational, Natural and Open Systems Perspectives", *Comparative Biochemistry & Physiology Part A Physiology* 40 (2), 2013.

[357] Selznick, P., *Tva and the Grass Roots: A Study in the Sociology of Formal Organization* (New York: Univ of California Press, 1949).

[358] Shleifer, A., Vishny, R. W., "A Survey of Corporate Governance", *The Journal of Finance* 52 (2), 1997.

[359] Simonton, D. K., *Origins of Genius: Darwinian Perspectives on Creativity* (New York: Oxford University Press, 1999).

[360] Smith, A., *An Inquiry into the Wealth of Nations* (London: Strahan and Cadell, 1776).

[361] Soete, L. L. G., "Firm Size and Inventive Activity : The Evidence Reconsidered", *European Economic Review* 12 (4), 1979.

[362] Solow, R. M., "Technical Change and the Aggregate Production Function", *The review of Economics and Statistics*, 1957.

[363] Song, M., Ai, H., Li, X., "Political Connections, Financing Constraints, and the Optimization of Innovation Efficiency among China's Private Enterprises", *Technological Forecasting and Social Change* 92, 2015.

[364] Souder, W. E., Mandakovic, T., "R&D Project Selection Models", *Journal of Product Innovation Management* 3 (4), 1986.

[365] Souitaris, V., "Technological Trajectories as Moderators of Firm-Level Determinants of Innovation", *Research Policy* 31 (6), 2002.

[366] Spender, J.-C., Grant, R. M., "Knowledge and the Firm: Overview", *Strategic Management Journal*, 1996.

[367] Stopford, J. M., Baden-Fuller, C., "Creating Corporate Entrepreneurship", *Strategic Management Journal* 15 (7), 1994.

[368] Stuart, T. E., Podolny, J. M., "Local Search and the Evolution of Technological Capabilities", *Strategic Management Journal* 17 (S1), 1996.

[369] Subrahmanya, M. H. B., "Technological Innovations in Indian Engineering Industry: Industry and Firm Level Case Studies", *International Journal of Entrepreneurship & Innovation Management* 5 (5), 2005.

[370] Subramaniam, M., Youndt, M. A., "The Influence of Intellectual Capital on the Types of Innovative Capabilities", *Academy of Management Journal* 48 (3), 2005.

[371] Sundaramurthy, C., Lewis, M., "Control and Collaboration:

Paradoxes of Governance", *Academy of Management Review* 28 (3), 2003.

[372] Teece, D. J., Pisano, G., Shuen, A., "Dynamic Capabilities and Strategic Management", *Strategic Management Journal* 18 (7), 1997.

[373] Thompson, J. D., *Organizations in Action: Social Science Bases of Administrative Theory* (Newark: Transaction Publishers, 1967).

[374] Tian, J. J., Haleblian, J. J., Rajagopalan, N., "The Effects of Board Human and Social Capital on Investor Reactions to New CEO Selection", *Strategic Management Journal* 32 (7), 2011.

[375] Tihanyi, L., Ellstrand, A. E., Daily, C. M., Dalton, D. R., "Composition of the Top Management Team and Firm International Diversification", *Journal of Management* 26 (6), 2000.

[376] Tsoukas, H., "The Firm as a Distributed Knowledge System: A Constructionist Approach", *Strategic Management Journal* 17 (S2), 1996.

[377] Tuggle, C. S., Sirmon, D. G., Reutzel, C. R., Bierman, L., "Commanding Board of Director Attention: Investigating How Organizational Performance and CEO Duality Affect Board Members' Attention to Monitoring", *Strategic Management Journal* 31 (9), 2010.

[378] Utterback, J. M., Abernathy, W. J., "A Dynamic Model of Process and Product Innovation", *Omega* 3 (6), 1975.

[379] Valenzuela, A., Srivastava, J., Lee, S., "The Role of Cultural Orientation in Bargaining under Incomplete Information: Differences in Causal Attributions", *Organizational Behavior &*

Human Decision Processes 96 (1), 2005.

[380] Van Der Vegt, G. S., Janssen, O., "Joint Impact of Interdependence and Group Diversity on Innovation", *Journal of management* 29 (5), 2003.

[381] Wahal, S., Mcconnell, J. J., "Do Institutional Investors Exacerbate Managerial Myopia?", *Purdue University Economics Working Papers* 6, 1998.

[382] Walls, J. L., Berrone, P., "The Power of One to Make a Difference: How Informal and Formal CEO Power Affect Environmental Sustainability", *Journal of Business Ethics*, 2015.

[383] Weir, S., Knight, J., "Externality Effects of Education: Dynamics of the Adoption and Diffusion of an Innovation in Rural Ethiopia", *Economic Development & Cultural Change* 53 (1), 2004.

[384] Wernerfelt, B., "A Resource-Based View of the Firm", *Strategic Management Journal* 5 (2), 1984.

[385] Westphal, J. D., "Collaboration in the Boardroom: Behavioral and Performance Consequences of CEO-Board Social Ties", *Academy of Management Journal* 42 (1), 1999.

[386] Westphal, J. D., Bednar, M. K., "Pluralistic Ignorance in Corporate Boards and Firms' Strategic Persistence in Response to Low Firm Performance", *Administrative Science Quarterly* 50 (2), 2005.

[387] Westphal, J. D., Fredrickson, J. W., "Who Directs Strategic Change? Director Experience, the Selection of New CEOs, and Change in Corporate Strategy", *Strategic Management Journal* 22 (12), 2001.

[388] White, H. C., "Management Conflict and Sociometric Struc-

ture", *American Journal of Sociology* 67 (2), 1961.

[389] White, H. C., "Cause and Effect in Social Mobility Tables", *Systems Research and Behavioral Science* 8 (1), 1963.

[390] Wincent, J., Anokhin, S., Örtqvist, D., "Does Network Board Capital Matter? A Study of Innovative Performance in Strategic Sme Networks", *Journal of Business Research* 63 (3), 2010.

[391] Winne, S. D., Sels, L., "Interrelationships between Human Capital, Hrm and Innovation in Belgian Start-Ups Aiming at an Innovation Strategy", *International Journal of Human Resource Management* 21 (11), 2010.

[392] Wright, P. M., Mcmahan, G. C., Mcwilliams, A., "Human Resources and Sustained Competitive Advantage: A Resource-Based Perspective", *International Journal of Human Resource Management* 5 (2), 1994.

[393] Wright, R. M., Western, D., "Erratum: Natural Connections: Perspectives in Community-Based Conservation", *Conservation Biology* 10 (1), 1996.

[394] Wu, S., Levitas, E., Priem, R. L., "CEO Tenure and Company Invention under Differing Levels of Technological Dynamism", *Academy of Management Journal* 48 (5), 2005.

[395] Wu, W. Y., Chang, M. L., Chen, C. W., "Promoting Innovation through the Accumulation of Intellectual Capital, Social Capital, and Entrepreneurial Orientation", *R&D Management* 38 (3), 2008.

[396] Yager, L., Schmidt, R., Policy, A. E. I. F. P., *The Advanced Technology Program : A Case Study in Federal Technology Policy* (Washington DC: AEI Press, 1997).

[397] Yasuda, T., "Firm Growth, Size, Age and Behavior in Japanese Manufacturing", *Small Business Economics* 24 (1), 2005.

[398] Zahra, S. A., Pearce, J. A., "Board of Directors and Corporate Financial Performance: A Review and Integrated Model", *Journal of Management* 15 (2), 1989.

[399] Zald, M. N., "The Power and Functions of Boards of Directors: A Theoretical Synthesis", *American Journal of Sociology* 75 (1), 1969.

[400] Zenger, T. R., Lazzarini, S. G., "Compensating for Innovation: Do Small Firms Offer High-Powered Incentives That Lure Talent and Motivate Effort?", *Managerial and Decision Economics* 25 (6-7), 2004.

[401] Zhou, K. Z., Gao, G. Y., Zhao, H., "State Ownership and Firm Innovation in China: An Integrated View of Institutional and Efficiency Logics", *Administrative Science Quarterly* 62 (2), 2017.

[402] Zona, F., Zattoni, A., Minichilli, A., "A Contingency Model of Boards of Directors and Firm Innovation: The Moderating Role of Firm Size", *British Journal of Management* 24 (3), 2013.

图书在版编目(CIP)数据

董事会资本与企业创新投资决策/邵方婧著. -- 北京：社会科学文献出版社，2021.1
ISBN 978 - 7 - 5201 - 7836 - 5

Ⅰ.①董… Ⅱ.①邵… Ⅲ.①董事会 - 关系 - 企业 - 投资决策 - 研究 Ⅳ.①F271.5②F279.23

中国版本图书馆 CIP 数据核字(2021)第 022027 号

董事会资本与企业创新投资决策

著　　者 / 邵方婧
出 版 人 / 王利民
责任编辑 / 高　雁

出　　版 / 社会科学文献出版社·经济与管理分社 (010) 59367226
地址：北京市北三环中路甲29号院华龙大厦　邮编：100029
网址：www.ssap.com.cn

发　　行 / 市场营销中心 (010) 59367081　59367083
印　　装 / 三河市尚艺印装有限公司

规　　格 / 开　本：787mm × 1092mm　1/16
印　张：18.5　字　数：241千字

版　　次 / 2021年1月第1版　2021年1月第1次印刷
书　　号 / ISBN 978 - 7 - 5201 - 7836 - 5
定　　价 / 128.00元

本书如有印装质量问题，请与读者服务中心 (010 - 59367028) 联系

▲ 版权所有 翻印必究